ABUSE OF MEN BY WOMEN:

It happens, it hurts, and it's time to get real about it

女性から虐待されている男性へ

女性はなぜ傷つけ、男性はなぜ留まってしまうのか

アン・シルバース＝著　上田勢子＝訳

明石書店

献辞

この本を、目に涙をためて私を見つめ、「この本を書くべきだ」と言ってくれた男性に捧げます。そして、女性による男性への虐待の体験を本書につづってほしいと言ってくれた人たち、問題にたった一人で立ち向かっている男性や女性たちの助けになることを願っています。この問題に光を当てることができれば幸いです。

まえがき

この本は、パートナー間の虐待、特に女性に
よる男性へ
の虐待について書かれています。「による」「への」を強調したのは、私が「男性の虐待」というテーマで講演をし始めた頃、それが「男性による虐待」についての話だとよく勘違いされたからです。私たちの社会では、男性の方が虐待者だと自動的に考えるように慣らされてしまっています。しかし、この問題で私が強調したいのは、虐待の対象となった男性と虐待の行為者である女性についてであって、その逆ではありません。

この本で紹介した虐待例のいくつかはニュースから抜粋したものですが、ほとんどは私が直接会って話をした男性や、虐待を受けていた男性のパートナーや家族や友人などから個人的に聞いた話です。

すでにニュースやその他メディアで公表された事件については実名やそれが分かるような詳細な情報を記していますが、それ以外の話については個人情報保護のため名前などを変えています。しかし、内容の誇張や意図的な歪曲はまったく行っていません。虐待を受けた男性とその家族や、虐待者である女性からの引用では、名前を伏せて掲載しています（自己啓発本でよく使われる「偽名」は敢えて使用していません）。

女性による男性への虐待は日常的に起きています。私たちの周囲にもよく見られるはずです。それに気づかないのは、見ようとしていないからです。

私について、そして本書で伝えたいこと

私は、パートナー間の虐待についてよく理解しています。目の当たりにし、研究し、実際に体験もしてきたからです。

私のどちらの両親の家系にも、虐待という負の遺産があります。母側は祖父を含む3人の兄弟で3人姉妹と結婚していました。3兄弟とも暴君で、妻たちと子どもたちを虐待していました。父側は、まったく逆でした。父方の祖母ラヴィーナは、妻としても母親としても虐待的で、物静かで疲れ果てた夫より長生きしました。

パートナーの虐待の標的になるのがどんなことなのか、私にはよく分かっています。私自身も、ボーイフレンドからの経済的、心理的、感情的な虐待を体験したからです。何が起こっているのかを理解するのに長い時間がかかりました。彼は私を破滅させようとしていたのです。でも私はそうさせないと決心しました。

女性による男性への虐待というテーマを認識することに反対する人もいます。それによって女性の人権

が損なわれるのではないかと心配なのです。でも、私は決して反女性的ではありませんし、女性の人権に反対するものでもありません。私も女性の人権運動に目覚め、参加してきました。女性による男性への虐待というテーマに関心を持つようになるずっと以前から、女性が虐待の対象となるパートナー間虐待について、多くの時間とエネルギーを費やして研究してきました。

30代になってカウンセラーの資格を得るために大学に戻ったときにも、女性学を副専攻しました。1995年北京で開催された国連女性会議をはじめ、女性の地位向上のための多くのイベントにも参加してきました。

友人の男性が妻から虐待されているのを目撃するまでは、私は、男性が女性パートナーから受ける虐待の多さや、そのもたらす惨状について理解できない大多数の一人でした。しかし、友人の虐待によって私の目が開かれたのです。

すると、女性による男性への虐待がいかにまん延しているかを知りました。私がカウンセリングしてきた患者さんのケースにおいても、虐待の徴候を見逃してきたと気づきました。そして女性が虐待的である場合や、男性が虐待を受けている場合に見られる徴候に気づけるようになりました。

女性による男性への虐待についての関心を語り始めてからというもの、実に多くの人が自分の話を聞かせてくれるようになりました。妻やガールフレンドや元恋人から虐待を受けてきた、あるいは今も受けていると言う男性や、兄弟や父親や息子が虐待されたり操られたりしているのを心配する家族が話をしてくれました。中には、彼が理不尽なパートナーを喜ばせることに一生懸命で、家族や友人から孤立してしまったことを嘆く人たちもいました。

この広範囲に及ぶ問題について理解し、慣れたと思える今でも、男性を虐待する女性から直接影響を受けた人たちに偶然出会うことが頻繁にあって驚いています。

虐待の状況にある男性、女性、家族についての、そして彼らのための情報が空白になっていることを痛感しています。パートナー虐待の資料では、女性による男性への虐待の存在に言及はしていても、例として挙げられているのは「彼」から「彼女」への虐待ばかりです。これにも失望させられています。

本書が、その空白を埋め、女性による男性への虐待から直接影響を受けるすべての人たちの助けになり、この問題への認識と関心を高めるきっかけとなることを願っています。さあ、始めましょう。

女性から虐待されている男性へ——目次

パート3　女性が男性を虐待する理由

パート1

まずはじめに

第1章

女性が男性を虐待？　そんなことがあるの？

男性は、たとえ女性から虐げられていても、自分の状況をなかなか理解できません。女性による男性への虐待の現象は広範囲に及びますが、無視されたり軽視されたりすることが非常に多いのです。

一体どういうこと？

妻と別れて借家に住む男性の玄関先に、元妻がファイルボックスを置いていきました。そこには、彼女が払ったと言っていた数年分の税金の請求書が入っていました。「これは一体どういうことだ！」男はひどいショックを受けました。

ある女性は自分の不安な気持ちに対処せず、夫に自分のやり方を押し付け、思い通りにならないと夫に怒りをぶつけていました。

ある男性は、夜中に妻に目覚まし時計で叩かれて目を覚ましました。彼は腕や胸や目元を殴られ、やっとの思いで家から逃げ出しました。

女性による男性への虐待は、社会のジェンダー期待に反した行動だ。

うそ、操作、資金悪用、執拗な質問、身体的な攻撃などは、女性による男性への虐待の手口の一部でしかありません。

このような虐待の標的になった男性は、ショックを受け困惑するかもしれません。それが社会のジェンダー期待にそぐわない行為だからです。女性は思いやりがあって、世話をすることに長けていると思われ、男性は強く支配的であることが期待されています。

女性が男性を虐待する状況は他にもありますが、ここでは恋愛関係や婚姻関係にある男女間の虐待に焦点を当てていきます。交際、同棲、結婚、離婚、離婚後、破局後について述べていきましょう。

私は、女性が虐待的だと言っているのでは決してありません。虐待をする女性がいると言っているのです。すべての女性や、多くの女性が男性を虐待すると言っているのでも断じてありません。私が言いたいのは、女性が虐待することもあるので、そのことについて話すのが重要だということです。

女性による男性への虐待は、現実的な問題ですか？

「認識しても、何かを傷つけるわけではない」

そうです！　非常によくある問題なのです。

どれほどの頻度で起きているかは正確には分かりません。パートナー間虐待の調査の統計には議論の余地があると言えます。虚偽の陳述や隠蔽が疑われるからです（虐待の調査結果について詳しく知りたい方は、第30章「リソース」の関連記事や書籍をご覧ください）。

女性による男性への虐待について沈黙する文化、男性は主導権や問題解決能力を持っているのだから男は個人的なことは話すなという教育などのせいで、研究結果に歪みが生じているのです。男性は、女性のパートナーから虐待を受けていることを報告したり認めたりしようとしないものです。

しかし、女性による男性への虐待が現実に頻繁に起きていると私は確信しています。それは、虐待を受けている男性、その子ども、友人、職場の同僚、家族、さらには虐待をしている女性にも破滅的な影響を与えます。

この50年の間に、女性の権利向上と、男性による虐待に焦点が当てられるようになりました。そのため、女性による男性への虐待は、不人気なテーマとなっています。女性が男性を虐待すると認めることは、女性が受けてきた虐待への認識を弱体化するものだと主張して、この問題を厳しく封じ込めようとする人もいます。現実には、そのどちらも起きていて、どちらにも目を向ける必要があります。一方を認めることによって、もう一方が損なわれるわけではありません。

虐待が認識されないことを不満に思うある男性が言うように、「認識しても、何かを傷つけるわけではない」のですから。

ある新築祝いのパーティで、友人の知り合いの中年女性と言葉を交わしました。仕事について聞かれたので、男性への虐待が自分の専門分野の一つだと答えました。すると、彼女は「そう、そうなのよ。私も前の夫にすごく虐待されたのよ」と、いかに巧妙な手口で虐待されたかを語り始めました。彼女の話を聞き終えてから、「でも私の専門は、女性による男性への虐待なの」と言うと、彼女はショックを受けた様子で「そんなことが、現実にあり得るの？」と私に尋ねました。

私は、女性が男性を虐待するやり方の一部について説明しました。その一つが、意図的な「偶然の」妊娠で男性を陥れることだと話すと、彼女は「それは、まさにうちの息子に起きたことよ！」と言うのです。

「別れようと思っていたガールフレンドから妊娠を告げられたと、息子が私に泣きついてきたの。

息子は『良心的な行動』をすべきだと結婚する決心をしたの」。

この息子にとって幸運だったのは、賢い母親が、彼女が本当に妊娠しているのか、そして息子が医師の診察に付き添ったかと尋ねたことでした。母親の質問に勇気づけられた息子は、ガールフレンドを問い詰めて、医師の診察に立ち合いたいと主張しました。

結局、彼女は妊娠などしていないと白状しました。

この中年女性は、前夫のさまざまな手口は虐待だと認識していましたが、息子がガールフレンドから受けた悪意ある操作もまた虐待であるということに、その日私と話をするまで、気づかなかったのです。

振り子を揺らし続ける必要はありません

女性解放運動は、男性から女性への虐待による破壊的な影響を暴くのに成功しました。文化的に是認され無視されてきた男性パートナーによる女性虐待が、広く非難されるようになりました。これはまさに正しいことです。

しかし、女性による男性への虐待はそうなっていません。女性の中には、それを男性への仕返しだと考える人もいます。

女性による男性への虐待について女性に話すと、驚く人も、問題提起をする人が現れたと興奮する人も、こんな問題が注目されるなんてと腹を立てる人もいます。

ときには女性からのこんな反応もあります。「男性が女性を虐待してきたのだから、今度は男性に不利な方向に振り子を揺らすべきよ！」実際、カウンセラー仲間からもこんなコメントが一度ならずありました。こうした態度が浸透し、まん延しているのは残念です。

男性のパートナーからひどい扱いを受けたり、今でも受けていたりする女性がいるからと言って、男性だけが非難の的にされる必要はないと思います。

バランスを取るために、振り子を揺らし続ける必要はないのです。私たちは頭脳と自由意思を持つ人間です。自分で選択すればバランスを作り出すことができるはずです。

反男性的・親女性的な社会の風潮

私たちは、いろいろな意味で反男性的、親女性的な文化の時代に生きています。こうした固定観念や偏見によって、女性からの虐待で男性が苦しむこともあり得るのだという認識が妨げられます。女性から（肉体的、精神的、経済的に）傷つけられた男性を思いやることすらできなくなっているのです。

最近のアメリカの研究によって、ハリケーンの名前という、実に意外なところにジェンダー偏見があることが暴露されました。

健全な社会は、男性、女性、子ども、だれに対する虐待であっても容認することはない。

> 女性名をつけたハリケーンは、（男性的な名前のハリケーンと比べて）より多くの死者を出すことが顕著だが、それは危険への認識が低いため準備がおろそかになるからだ（中略）このハリケーンの命名法（男性と女性の名前をつける慣習）もまた、すでに出来上がった根強いジェンダーの固定観念を利用しているものであり、致命的な結果を招きかねない。[1]

男性は女性よりも危険だと思われる傾向があり、男性は悪いことをし、女性は無実だと見なされます。

私たちは悪いことを男性のせいにしがちです。逆に、女性が悪いことをしても許しがちです。男性が「悪いこと」をするのは、そもそも男性が「悪い」からで、女性が「悪いこと」をしても、正当な理由があったのだろうと推測します。そこに男性が少しでも関わっていれば、彼のした何らかの「悪い」ことが原因だったのだろうと、男性に返ってくるのです。

これは男性にとって二重拘束となります。男という者は自分の行動に責任があると同時に女性の行動にも責任があるというわけです。女性が何か悪いことをしたら、それは男性のせいに違いありません。

> 男性は自分の行動に責任があると同時に彼女の行動にも責任がある。

「The Gender Paradigm and the Architecture of Antiscience（ジェンダー・パラダイムと反科学の構造）」という論文でドナルド・ダットン博士はこのように述べています。

２００８年３月にＡＢＣニュースが、公園である場面を演出した。ベンチに座った男性が女性を大声で怒鳴りつけ平手打ちをするといういやがらせをした。すると人々が即座に仲裁に入った。しかし、男女の役を逆にすると、だれも介入しようとしなかっただけでなく、一人の女性は、加害者の女性を応援したのだ。「男が浮気か何か、悪いことをしたに違いない」からだと言うのだ。

　こうして、パートナー間の虐待についてのツァイトガイスト（時代の思潮）が確立した。「男が何かをしたせいで」虐待が起きるという時代の思潮が。[2]

女性の行動を許し、男性に責任を負わせるという現象は、フェミニスト運動が起こる前の男女不平等から、できるだけ遠ざかろうという願望から生まれたものかもしれません。振り子が逆方向に揺れているのかもしれません。

　女性の行動を許容する現象は、女性を無能だと決めつける長年続いた固定観念の残留物かもしれません。女性は理性的でないし、弱くて精神力もないので、責任を負わせることができないというわけです。

　私たちが偏見の目隠しを取り払い、人の本当の姿を見て、その行動や状況を正しく判断するためには、こうした文化的反動や固定観念による制限を超えていかなくてはなりません。

ツァイトガイスト（時代の思潮）：「その時代の思想や信条によって示される、ある特定の時代の精神や雰囲気」（グーグルによる定義）

メディアは文化の鏡

メディアが表す男女関係のパターンは、実際に社会で文化的に起きていることを反映しています。メディアは文化の鏡なのです。

映画やテレビでは、女性による男性への虐待が受け入れられるだけでなく、愉快でひどく傑作なものとして扱われています。

「Fool's Gold」というラブコメディの予告編で、ケイト・ハドソン演じるキャラクターが、マシュー・マコノヒー演じる前夫の頭を、ゴルフクラブで思い切り殴りつけています。相手を殺しかねないほどひどい虐待的な行動が、おもしろおかしく描かれ、笑いを誘っているのです。もしジェンダー設定を逆にしたら、現代のラブコメディに相応しいストーリーとは見なされないでしょう。

メディアで、男性は妻が側にいて指示しなければ靴紐さえ結べない不器用な馬鹿として描かれることがあります。妻が上から目線で靴の結び方を指導するのは、まったく問題ないのです。

2011年スーパーボウル（フットボール）の放映中に流れた、ある低カロリーソーダのCMでは、パイをうっとり眺めている夫の背後に妻らしき女性が近づき、突然夫の頭をパイの中に突っ込みます。

次のシーンで、彼女はシャワーカーテンをさっと引いて、隠れてハンバーガーを食べている夫の姿をさらします。夫の口からハンバーガーをつかみ取って、代わりに石鹸を口に突っ込むのです。

「夫を37回刺した女性の話、聞いた？　その回数で抑えられたことに感服するわ」（ロザンヌ・バー：アメリカのコメディアン）

次のシーンでは、公園のベンチに妻と夫が並んで座っています。夫はCMで宣伝している低カロリーソーダを飲んでいます。妻も同じものを飲みながら、彼を満足げに見ています。隣のベンチにきれいな女性が座っています。夫がその女性を称賛するように眺めていると、妻がソーダ缶を夫に投げつけます。彼が身をかわすと、缶は隣のベンチの女性の頭に当たって、彼女は倒れてしまいます。

妻はショックを受け心配そうにします。女性の頭に当たったことが問題になるのではないかと心配しているのです。妻と夫は、公園から逃げ出します。

妻は女性に缶をぶつけたことが問題にならないかと心配しているのに、ぶつけた相手が夫だったらまずいことになったとは思わないようです。

この女性は夫に対して、支配的で、要求が多く、侮辱的で、ひどく嫉妬深く、身体的な虐待さえ加えています。それなのに広告主は明らかに、このCMが人々を引きつけ、ソーダが買いたくなるだろうと考えているのです。

広告主は、もし男女設定が逆なら、こんなCMスクリプトを考えるでしょうか？

このような男女のやりとりの後味が快く感じられるということは、私たちの文化について何を物語っているのでしょう？

女性による男性への虐待が、商品を売るためのよくあるストーリーになっている。

第2章

パートナー虐待

〃Abuse〃の定義

「不適切または過剰な使用や処理。誤用」（Merriam-Webster.com）

「ひどい扱いによって傷つけたりけがをさせたりすること。酷使」（TheFreeDictionary.com）

「損害や害を与えるような方法で使用したり、扱ったりすること」（OxfordDictionaries.com）

パートナー虐待とは?

パートナー虐待とは、交際中や同棲中、婚姻中や、関係が終わった後の行動や態度を支配したり、侮辱したり、罰したりすることです。パートナー虐待は、本質的に自己中心的な動機によって引き起こされるものです。

パートナー虐待は、異性愛、同性愛を問わず、すべての恋愛関係に起こり得ます。カップルのうちの男性が虐待する場合も、女性が虐待する場合も、ときには双方がお互いを虐待し合う場合もあります。

パートナー虐待と聞くと私たちは、よく身体的な暴力を思い浮かべますが、相手を支配したり、侮辱したり、罰したりする方法はいくつもあります。

パートナー虐待は次のようなさまざまな形で行われます。

- 言葉によるもの
- 性的なもの
- 経済的なもの
- 身体的なもの
- スピリチュアル(信仰・信条に関連する)なもの
- 法的なもの

・感情的・心理的なもの

虐待には軽度なものから重度なものまであります。一度だけであってもひどく虐待的な行為である場合もあるし、何度も繰り返されるために非常にひどい虐待だと見なされる場合もあります。さまざまな虐待行為が組み合わさって、虐待の深刻度が高まることもあります。

パートナー虐待とは、本質的に自己中心的な動機によって引き起こされる、パートナーに対する支配したり、侮辱したり、罰したりする行動や態度のパターンだ。

虐待のサイクル

パートナーからの虐待が見分けにくい要素の一つに、それが常に行われていない場合が多いことが挙げられます。虐待が激しいときとそうでもないときがあり、場合によっては、後悔や謝罪や、「変わる」と約束する時期もあります。

いつもそうだとは言えませんが、*虐待がサイクルになることもあります。緊張が高まって虐待が起こり、緊張が和らいで、また緊張が高まるという周期です。

サイクルの間の時間は必ずしも一定でもなく一貫性もなく、月単位や分単位で繰り返されることもあります。

緊張が高まる段階では、虐待の対象となる人は、いつ何がきっかけで虐待が起きるかとハラハラしていることでしょう。

緊張が和らぐ段階では、謝罪**、後悔の表明、もしくは変わるという約束が行われる場合も、そうでない場合もあります。虐待が一時的に静まると、関係性が改善されるのではないかという希望に灯がつくことがあります。この段階は、パートナーが一緒にいて楽しい愉快な人で、思いやりがあるように思えるすばらしい状況に思えるかもしれません。でも、支配的で侮辱的で加虐的な行動にまた戻るのです。

虐待行動のグラデーション

パートナー虐待が見分けにくい、もう一つの要素は、ある行動が「虐待的」なのか「正常」なのか解釈が難しいことです。虐待的な行動と健全な行動の違いが、その動機による場合があります。

＊ある関係では、高い緊張感が執拗に続き、またある関係では、突然どこからともなく暴力が爆発するように思えることがあります。

＊＊虐待的なパートナーは決して謝らないかもしれませんし、たとえ謝罪したとしても、「ごめんね。でもあなたが○○○○をしなければ、私はそんなことをしなかったのに」というような、本当の謝罪ではない場合があります。

非虐待的　叫ぶ　非常に虐待的

非虐待的：緊急事態を知らせるために大声を上げること
やや虐待的：何かについて、大声で攻撃的に話すこと
より虐待的：大声で悪口を叫ぶこと
非常に虐待的：危害を加えると大声で攻撃的に脅すこと

非虐待的　身体への攻撃　非常に虐待的

非虐待的：自己防衛としての攻撃
やや虐待的：身体的危険や危害を受ける恐れに繋がらない攻撃を始めること
より虐待的：危害や、疑いの余地なく恐れを起こすような攻撃を開始すること
非常に虐待的：殺害

行動のグラデーションの例

虐待の可能性のある行動は、非虐待的（まったく健全）から非常に虐待的までのグラデーションのどこかに位置します。このグラデーションが、ある状況における行動が虐待的かどうかの判断を難しくしている要因の一つです。

だれでもときにはイライラするものです。たまに不愛想だったり、声を荒げたりするくらいでは虐待と呼べる基準には達していません。こうした行動はグラデーションの非虐待の側に位置しています。

パートナーが親になることを同意していないのに、わざと妊娠して結婚に追い込むのは虐待ですが、すべての予定外妊娠が意図的なわけではありません。避妊努力に失敗した結果に起きた本当に予想外の妊娠は虐待とは見なされません。

パートナーの携帯やメールを監視することは、疑う正当な理由のない偏執的なものであれば虐待

と言えます。しかし、壊れた信頼関係を2人が協力して回復しようとしている場合は、あり得ることかもしれません。このケースの場合は携帯やメールを監視しても、非虐待的だと言えるかもしれません。

虐待判定におけるジェンダーバイアス

女性の行為をたいていの場合善と見なし、男性の行為をたいてい悪と見なす文化的傾向があるとしたら、女性による男性への虐待が起きても、その行為は誤って虐待グラデーションの非虐待側に位置づけられて不当に過小評価されるかもしれません。

そのような状況では、たとえ女性から男性への身体的な攻撃が正当防衛ではなくても、そうだと見なされるかもしれません。同様に男性は、女性から受けた攻撃的な行動が正当なものだと勘違いし、自分が虐待を受けていることを認識できなくなるかもしれません。

北米には確かにこうした文化的な偏見が見られますし、さらにジェンダー期待が加わると、男性への虐待がますます見えにくくなります。私たちは女性を信じ、男性を信じない傾向があります。女性が真実を述べ、男性は真実を歪曲すると思い込むのです。こうしたことによって、女性から男性への非難が不当に重視され、男性から女性への非難が軽視されるよう

女性の潜在的な虐待的行為が虐待グラデーションのどの位置にあるかは、次のような文化的信念によって歪められている可能性がある。
女性＝善
男性＝悪
女性＝真実を述べる
男性＝うそをつく

になります。

Sexually Aggressive Women: Current Perspectives and Controversies（性的に攻撃的な女性：現在の視点と論争）という本の共編者であるピーター・アンダーソンとシンディ・ストラックマン＝ジョンソンは、この分野の研究を妨げている要因の一つは「女性は男性に危害を与えることができないという神話が受け入れられているから」だと断言しています。(1)

虐待の程度

パートナー間の虐待を判断し理解する際には、虐待の質と量の両方を考慮に入れることが重要です。パートナー間の虐待は、パートナーの行為だけが、虐待度を決める要因ではありません。その頻度も要因の一つです。虐待の可能性のある行動や態度の頻度も、虐待の程度や与える影響に関わってきます。頻度とは、同じ行為がどのくらい繰り返されるかということや、いくつかの行為が組み合わさる場合もあります。パートナーへの支配、侮辱、懲罰などといった行動のさまざまなメカニズムが組み合わさることで、非常に虐待的になることもあるのです。

相手への行動や態度をまとめて、累積的効果を考慮に入れた虐待のグラデーションの中に位置づけることができます。集合的な虐待の程度やレベルも「非虐待的」から「非常に虐待的」までさまざまなのです。次のような行為によって、集合的グラデーションの非常に虐待的なレベルになることがあります。

質と量が共に関わって、虐待の程度が決まる。

- 非常に虐待的な行為を一度でも行う
- 虐待的行為や態度を何度も繰り返す
- いくつもの虐待的行為や態度を組み合わせる

例を挙げましょう。

一度だけのひどい行為

相手を刺して、それが正当防衛ではない場合は、たとえ一度だけであっても、その人は虐待グラデーションの端の、虐待的な側にいると見なされます。

攻撃を繰り返す

絶えず毎日のように、パートナーの欠点を探し続ければ相手を疲弊させます。こうした行為も同様に見なされます。

組み合わせる

経済的に家計に貢献することを拒否したり、セックスを拒んだり、罵倒したり、パートナーに家族との関係を絶つよう要求したり。こうした行為が組み合わさると、非常に虐待的な影響を与える可能性があります。

虐待的な行動の集合的な効果は、虐待が与える影響を知る上で非常に重要です。虐待を受けている側は、なぜ自分がこれほど消耗しているのか、周囲の人や、自分自身にさえ説明することが非常に困難です。個別のできごとについて考えたり思い出したりしても、それぞれはそれほどひどくはないと思ってしまうかもしれません。個別のできごとは、普通の健全な関係でも起きるかもしれません。それが累積した場合に問題になるのです。

一発のジャブはたいしたことではないかもしれませんが、毎日、あるいは断続的に何千発ものジャブが繰り返されれば、苦痛になり消耗してしまいます。それが虐待的だというのです。

本書の内容の簡単な説明

以下のパートでは、虐待について、だれが、何を、いつ、どこで、なぜ、どのように行うかを詳しく述べていきます。

パート1：女性による男性への虐待の背景と一般的なパートナー虐待について。

パート2：女性がどのように男性パートナーを虐待するのかを述べ、そして女性による男性への虐待が、男性による女性への虐待とどう同じで、どう異なっているかを洞察します。

パート3：虐待をする女性がなぜ、そのようなことをするのか理由を述べます。

パート4：男性がどのようにして虐待的関係に陥るのか、なぜそこに留まるのか、虐待が男性にどのような影響を与えるかを説明します。

パート5：関係を続けるにせよ終わらせるにせよ、虐待を受けている男性の選択肢について説明します。

パート6：すべての人への呼びかけ。パートナーを虐待している女性、虐待を受けている男性の家族、支援の専門家、すべての男性と女性が、女性による男性への虐待についてできることは何かを述べています。

本書はこのテーマについて包括的な説明を行っています。皆さんの読みたい部分を選んで読んでいただいてもかまいません。女性による男性への虐待から回復中の男性の多くが、自分に起きていたことを理解し、前進するために本書が役に立ち、自分に合ったペースで読むことによって、認識や気づきを整理することができたと言っています。同じセクションを時間をあけて、複数回読むことをお勧めします。

パート2

女性による男性への虐待

第3章

さまざまな虐待

棒や石は、骨を砕くかもしれない
言葉は、心を折るかもしれない
浪費は、経済状態を破綻させるかもしれない
操作は、精神を壊すかもしれない
それから……

虐待をする人は、侮辱したり、支配したり、罰を与えたりといった、さまざまな方法から選んで標的を

虐待します。虐待の目的は、状況や標的となる人を支配することですが、標的の人にとって大切な人たちを操作することさえ目的になります。

女性による男性への虐待にも、他のパートナー間虐待と同じような方法が見られます。その一つが、パートナーを友人や家族から孤立させることです。

他にも、男性の女性に対する虐待方法と似たものもありますが、違いも少しあります。男性のパートナーに身体的暴力をふるう女性は、体の大きさや力のハンディを克服する方法を好みます。女性特有の方法を使って男性を虐待するやり方に、たとえば、相手をだまして妊娠するというものがあります。

女性による男性への虐待のカテゴリーには次のようなものがあります。

- 言葉による虐待
- 性的虐待
- 経済的虐待
- 身体的虐待
- 信仰・信条に関する虐待
- 法的虐待
- 感情的・心理的虐待

虐待的な行為が、いくつかの虐待タイプをまたぐ場合もある。たとえば、悪意を持って、言葉や身振りで男性を誘惑するのは、言葉による、性的、かつ心理的な虐待と言える。

第4章

言葉による虐待

「彼女は自分が人生で感じたすべての痛みを私に向けたのです」

言葉による虐待とは

言葉による虐待は、激しいものから、パッシブアグレッシブ（受動的攻撃性）なもの、無言のものまでさまざまです。面と向かっていじめるようなものから、裏で破壊的なことを言うものもあります。言葉による虐待では、大声で、あるいは静かに、相手を侮辱したり、支配したり、罰したりする目的を果たします。

言葉による虐待は、コミュニケーション虐待と呼ぶ方がより適切かもしれません。言葉だけが虐待のメカニズムではありません。口調や身振りも虐待のツールとなります。言葉による虐待の手段は多岐にわたります。

- 脅し
- 支配
- 要求
- ヒストリオニクス（芝居がかった大げさな感情表現）
- あら探し
- 非難
- 屈辱を与えること
- あざけり
- 痛烈な皮肉
- 誹謗中傷
- 相手が屈服するまでの言い張り
- 堂々巡りの議論
- 無視

言葉による虐待では、大声で、あるいは静かに、相手を侮辱したり、支配したり、罰したりする目的を果たす。

「身体的暴力が体を傷つけるように、言葉による虐待は心と精神を傷つけ、癒すのが非常に困難な傷となる」（ビバリー・エンゲル *Emotionally Abusive Relationship*（感情的な虐待の関係）[1]）

虐待的な口調と身振り

口調や身振りも、言葉によるコミュニケーションの一部です。

虐待的な口調や身振りは、恥ずかしそうなふりをするものから、攻撃的なものまでさまざまです。相手を侮辱し、支配し、罰するために、さまざまな方法が使われる場合も、磨きぬかれた演技が使われる場合もあるでしょう。

次に挙げる口調や身振りによる行為が必ずしもすべて「虐待」とは言えませんが、そうした行為が虐待の程度を測るグラデーションのどこに位置するかを判断するカギとなるのが、動機です。彼女はただ悲しくて、泣いたり、すねたり、背を向けたりしているのかもしれません。でも、支配するために泣いたり、操作するためにすねたり、相手を罰するために背を向けたりしているかもしれないのです。

虐待的な身振りはさまざまです。

- すねる
- 誘惑する（第5章「性的虐待」で詳しく説明します）

- 目をそらす、または背を向ける
- 立ち去る
- 攻撃的に向かってくる
- 責任を転嫁する
- 引きこもる
- 拳を見せる
- うすら笑いをする
- 癇癪を起こす
- 泣く
- にらむ
- 威嚇する
- マウンティング、あるいは物理的に優位に立つ
- あきれる
- 侮辱する、支配する、または罰するような視線

虐待的な視線を向けられた男性は、それまでの経験からそれが何を意味するかを知っています。「お前は馬鹿だ」「そんなことはするな」「お前のことを怒ってるんだ」といったメッセージを理解するよう慣ら

されているのです。
次のような口調は、どれも虐待的になり得ます。

- 誘惑するような口調
- か弱さを装った口調
- 無力さを装った口調
- 威圧的な口調
- 見下すような口調
- 大声
- 攻撃的な口調
- 威嚇的な口調
- 静かな口調
- 泣きごとを言う
- 恥ずかしそうなふりをする
- からかうような口調
- 愛嬌のある口調
- 甘い言葉でおだてる

ある男性が、皆から尊敬されている親切な友人のホームパーティに行ったときの居心地の悪さについて、こう語っています。「彼の家に一歩足を踏み入れるとまるで地獄に行ったようだったよ。空中にダイナマイトの粉が舞っていて、ちょっとした火花で今にも爆発しそうな雰囲気だった。だれかが彼をうっかり褒めれば、彼の妻があきれたように、うすら笑いを浮かべたり、彼女自身が褒められるまで、相手にしつこく迫ったりした。だれかが彼が用意した料理を礼儀正しく褒めたら、妻の顔つきがとたんに変わるんだ。そして悲しいことにいつだって、一方的な怒鳴り合いの中で、パーティが終わってしまう。客たちは、自分の姿が見えなくなればいいと願いながら、ただ無言で座っているだけ。状況によっては、彼の妻が泣いたり癇癪を起こしたりする場面もあった」。

脅す

「○○をしないと後悔するよ」といったタイプの脅しは、相手に十分な恐怖心を与えて、○○が何であろうとさせることになります。

女性でも、支配したり罰したりするために、こうした脅しを使うことがあります。自分がしてほしいことや、してほしくないことを受け入れさせるために、脅しを使うのです。また相手に恐怖感を与えるために使うこともあります。

次のような脅し方をすることがあります。

- 怒る、落ち込む
- 子どもたちとの面会を認めない
- パートナーや元パートナーの仕事を馬鹿にする
- 相手の秘密を暴露する
- セックスを拒否する
- パートナー、自分、子ども、ペットを傷つける
- 関係を終わらせる
- 虚偽の告発をする
- くじける
- 彼をもう愛さない
- 目的達成のためならどんなこともする

一方、女性がパートナーに対して正当な期待を持ち、その期待を如才なくパートナーに伝え、それが達成されない場合には自然に起こり得る結果を表明することは、虐待ではありません。

たとえば、毎晩酔ってけんか腰になる夫に妻が、「お酒を飲むのをやめなければ、あなたと別れるわ。お酒をやめないのなら、子どもたちに会わせないようにするわよ」と言うのは、虐待ではありません。この女性の夫の飲酒に対する不快感や心配は理解できます。彼女は正当な境界を決め、自分自身と子どもの

> 「私に愛が与えられなければ、恐怖を引き起こすだろう」
> ——メアリー・シェリー『フランケンシュタイン』

幸福のための責任を守ろうとしているのです。これは、夫が要求に応じない場合の脅しと呼べるかもしれませんが、虐待グラデーションの上では、非虐待側に位置する行為と言えます。

一方で、手当たり次第に脅すことによって、理不尽な期待や要求を突きつけ、身勝手な動機を充たそうとするのは、虐待です。たとえば、妻が夫に「私の浮気を忘れてくれなければ、離婚して、子どもたちに会わせないようにするわ」と言ったり、「あなたが2年前からお酒を飲まなくなったのは知ってるけど、以前あなたは飲酒運転したんだから、もし離婚なんてしたら、あなたには子どもを任せられないと裁判官を簡単に説得できるんだからね！」と言ったりするのは虐待なのです。

脅迫のねじれた形が殉難です。殉難は脅しの代理行為です。「私はこんなに重荷を背負っているのです。それにあなたが文句を言うのなら、私はもう崩れてしまいます」。殉難者は、自己批判によって疲弊しきっているように見えるため、パートナーは問題や懸念を指摘する権利を奪われてしまいます。

殉難は脅迫のねじれた、きょうだいだ。

ある男性が、妻の不倫を発見しました。妻は反省して、結婚生活を続けたいと言います。彼女がひどく自分を責めている様子なので、夫は自分の失望について語ることも、本当に不倫が終わったのかという不安も、口にすることができませんでした。夫の痛みや心配に応えるには妻があまりにも、脆く見えたからです。

支配する

虐待の主な目的は支配です。言葉や口調や身振りなどを駆使してパートナーを操ったり、支配したりすることができます。この章や本の中に出てくるさまざまなタイプの虐待の多くは、支配を行使するための方法です。

人は一瞬にして、あるいは時間をかけて相手を疲弊させたり、条件づけをしたりすることによって、支配することができます。

それには、直接的で明白な方法も、分かりにくい方法もあります。

- 要求や脅しは直接支配します。
- 視線をそらしたり、話の方向を変えたり、あからさまな沈黙といった回避行為は、パートナーの要求が充たされる可能性を排除することによって、パートナーを支配します。
- 言葉や口調や身振りを使った誘惑やはにかみやおだては、言葉による虐待の中でも比較的分かりにくい支配の方法です。

「殉難は数多くの罪を覆い隠す」――マーク・トウェイン

虐待をする女性が、パートナーの生活の次のような側面を支配しようとすることがあります。

- 時間
- 空間
- 活動
- 他の人々への接触
- リソースへのアクセス
- 外見
- 意見や思考

要求する

要求には「言う通りにしろ。さもなければ」という態度が含まれています。「私のやり方しかあり得ない」という厳密な態度です。

要求の多い女性は、パートナーに対して理不尽な期待を持ち、その要求には、期待に応えられない場合の代償が伴います。その代償とは、彼女の怒りや沈黙や不服への償いかもしれません。

口うるさい妻やガールフレンドは要求の多い女性の典型です。しかし、正当な期待や不満を持つ女性も典型だと言えます。

正当な期待や、それがかなえられない不満をきちんと相手に告げて、状況について双方の考えや態度を話し合おうとする女性は、要求の多い女性ではあ﹅り﹅ま﹅せ﹅ん﹅。

しかし、理不尽な基準や身勝手な規則をパートナーに押し付け、それが充たされないと罰を与えるような女性は、要求の多い人だと言えます。

ヒストリオニクス

ヒストリオニクスとは、過剰に感情的で芝居がかった行動のことです。女性がそういう行動をすると、パートナーが火消しに躍起になったり、彼女の大げさな反応を避けるために先手を打ったりするようになります。

このような女性との暮らしは大混乱をきたし、悪い意味でドラマチックです。些細な問題でもこのような大惨事に膨れ上がってしまいます。

- パーティに着ていくものが気に入らないと、叫んだり、クローゼットの服を床に投げつけたり、パーティに行くのを拒んだりします。
- 料理が思い通りにできないと、作ったものをゴミ箱に投げ捨てたり、足を踏み鳴らしてベッドに向かったりします。すると家族で何とか対処しなくてはならなくなります。

パートナーへの理不尽な要求	正当な要求
決まった時間に決まった方法で皿を洗うよう彼に要求する。その通りにしないと地獄を見ることになる。	彼が「自分がやる」と言うくせに、結局、いつも私が皿洗いをすることになるのはおかしい、と彼に言う。
仕事が終わったらまっすぐ家に帰ることを彼に要求する。例外は認めない。その通りにしないと無視する。	私が子どもの世話をしているのに、彼がしょっちゅう仕事後に仲間と出かけるのは、おかしいと彼に言う。

泣きわめくことはヒストリオニクスの一例です。欲しいものを手に入れるために大げさに泣くのです。いやな話題の会話を終わらせたり、注意をそらせたいときによく使われる方法です。彼が重要なことについて話そうとしても、大げさに泣いて彼を罰することもあります。

お金のことを話そうとしたら、妻に大泣きされたという話を何人もの男性から聞きました。どのケースでも妻がお金の管理をしていて、最終的には請求書の未払いや、お金の紛失が発覚していました。妻は泣くことによって、金銭的な操作を発見する夫の能力を封じるという目的を果たしたのです。

あら探し

パートナーとの間に何か問題が生じたのならそれを指摘するのは問題ありませんが、批判の仕方や頻度や正当性によって、その指摘が虐待のグラデーションのどこに位置するかが決まります。

相手を非難する目的で積極的に問題点を探すのは、あら探しです。そこには相手のことを、悪いとか、ムカつくとか、馬鹿げているとか、狂っているとかと示したいとする欲求があります。

虐待的な人は、しばしば自分の過ちは最小化しますが、相手の過ちは最大化します。

泣きわめくというのは、欲しいものを手に入れるために用いる度を超えた泣き方のこと。

パートナーを批判したり、責めたり、否定的に判断したり、非難することで満足を得ます。あら探しには次のようなやり方があります。

- 批判する
- 責める
- 否定的に判断する
- 非難する
- 相手のミスや欠点を誇張する
- でっち上げる
- 上記の方法を使って相手の弱点を利用する
- 自分の過ちを最小化する
- 責任を放棄する（すべてを相手のせいにする）
- 自分の〝悪い〟行動を謝罪し、そうさせたのは相手だと責める
- 決断の責任を相手に負わせ、その結果を批判する
- 〝悪い〟行動を行っているのは自分でなくて、相手の側だと押し付ける（プロジェクション）

あら探しが事実に基づいているとは限りません。パートナーのミスや欠点を誇張したり、でっち上げた

りすることもあります。

虐待的な女性と関係を持つ男性は、彼女のせいであっても、自分のせいにされるという経験があるかもしれません。「あなたのせいで、こんなことになったわ！」「あなたが○○しなければ、こんなことはしなかったのに」のように。

虐待的な人は決断の責任を放棄し、自分の望む結果が得られない際に決断した相手を責めます。「決断してもしなくても自分のせい」という立場に相手を追い込んでしまうのです。

あら探しがプロジェクションである場合もあります。スクリーンに絵を映し出すプロジェクターのように、人は自分自身のネガティブな行為を他者に投影することがあるのです。自分自身の好ましくない特質や、自分の「悪い」行為を相手のせいにすることがあります。

たとえば、

- 妻自身が不倫をしているのに、夫が浮気をしていると不当に非難します。
- 夫が穏やかに上手に、家計について話そうと提案すると、妻が立ち上がって「このままあなたに怒鳴りつけられるなんて、ごめんだわ！」と叫び出します。
- 夫が妻や家族の世話をするために時間を作っているにもかかわらず、妻は、「思いやりがない」と夫を責めます。

「ごめんなさい」で始めて、「でもあなたが、そうさせたのよ」と続けるのは、**謝りながら欠点を相手になすりつける**方法だ。

とがめる

とがめるとは、激しく怒ってこき下ろすことです。次のような言い方も同じ意味です。

- 厳しく批判する
- 叱責する
- 激しく非難する
- 爆発する
- 強く糾弾する
- くどくどと叱る
- 痛めつける

とがめる、という言葉で私が思い浮かべるのは、相手を見下す耐え難い侮辱的な批判です。とがめられた人は、ひどく軽蔑的で屈辱的な言動を必死に止めようとします。

引き金となるのは、

- 実際のできごと

- 大げさにされた些細な違反やミス
- 彼女の思い込み
- 彼女の妄想
- 彼女のでっち上げ

ある男性が、妻にとがめられた経験をこう語っています。「彼女は、すぐに結論に飛びつくんだ。まるでそれが彼女のエクササイズのようにね」と。

「彼女は、すぐに結論に飛びつくんだ。まるでそれが彼女のエクササイズのようにね」

屈辱を与える

人に屈辱を与えるというのは、侮辱したり、見下したり、困らせたりすることです。それは特に冷酷な虐待のタイプです。恥ずかしさ、困惑、恐怖に加えて裏切られたという気持ちによってさらに傷つけられるからです。

恋愛関係が屈辱への独特の脆弱さを作り出すことがあります。それは、以下のような理由でです。

- パートナーに尊敬されたいという自然な願望が自分にあるため

- 友人や家族や同僚など、自分をよく思ってほしい人たちに、パートナーは近づくことができるため
- しばしばパートナーが自分の秘密を知っていることがあるため
- 2人だけの間のできごとについて誤った非難を受けても、自分を守ることが難しいため

2人だけのところで、女性が、パートナーをこき下ろしたり見下したりするようなことを言ったり、相手の価値観に反するようなことで責めたり、相手がすでに恥ずかしい思いを抱いている過去のできごとを攻撃したりして屈辱を与えることがあります。

現在のパートナーを人前でこき下ろしたり、別れたパートナーを罰したりするために、公共の場で屈辱を与えることもあります。そのために使う物語は真実である場合もそうでない場合もあります。

ある男性の言うように「あなたの傷を知り、それを利用してあなたを傷つけるような人はパートナーとは言えない」。

ある男性は、元妻には彼を人前で侮辱する傾向があったと言います。「カップルで参加するイベントは、どれも危険でした。次第に社交の場やパーティや親戚の集まりに行くのがいやになりました。元妻はとても賢い女性で、ぼくに関する歪曲した話を、友人や知り合いや、ときには見ず知らずの人たちとの会話の中に、巧みに組み入れたものです」。

「もし他の女性が自分の夫自慢をすれば、ぼくの元妻は、目を潤ませ深いため息をつきながら、そ

の女性の夫を褒めて、彼女が自分と比べていかに幸せであるかを語るのです。友人や親戚の前で、ぼくは常に標的にされ、何も正しいことができない夫だと公然と批判されていました。冷たい視線と不信感が人を殺すことができるのなら、ぼくはとっくに死んでいたでしょう」。

ＳＮＳによって屈辱を与える方法の選択肢は広がります。同意なしに写真を投稿したり、うそや噂を流したり、ネット上でパートナーや元パートナーになりすまして、わざと中傷的なメッセージやメールを送ったりすることがあります。

全米犯罪防止評議会は、ネットいじめとは「だれかを傷つけたり困らせたりするために、インターネットや携帯やその他のデバイスを使ってメッセージや画像を投稿すること」(2) と述べています。

虐待をする女性が、パートナーや元パートナーに関わる人や、大切にしている人にまで、屈辱の輪を広げることがあります。

ある女性Ａが深夜に友人Ｂから電話を受けました。友人Ｂは、Ａが数年前にＢの夫と性関係を持ったと非難するメールを、たった今受け取ったと言います。そのメールをＢに送って来たのは、Ａの現在のボーイフレンドの元カノでした（登場人物が多すぎて分かりにくいかもしれませんね）。

その元カノは同じメールを別れた元カレや彼の新しいガールフレンドの成人した子どもたちや、それぞれの家族や友人にも送っていました。それは本当ではありませんでしたし、だれも信じませんでしたが、元カノの行為は、現在のカップルにとってどれほど恐怖だったことでしょう。

あざける

あざけりは、相手を笑いものにするという意味で、人を馬鹿にすることです。相手への尊敬の欠如を表します。自分が笑いものにされているのを、子どもや友人や同僚や家族に見られると、特につらいし恥ずかしい思いをします。

ちょっとしたからかいが行きすぎて意図せずに相手を傷つけてしまうこともありますが、あざけりは、（それが無意識にでも意識的にであっても）意図的に人を傷つけ、卑しめるものです。相手を、無能で不適切で本質的に欠点があるような気持ちにさせてしまいます。

男性を嘲笑するのは、アメリカの娯楽にさえなっています。スポーツであり、エンターテインメントでもあるのです。ＣＭや映画やテレビのホームコメディでは、男性が愚かで無能で、女性の助けなしには自分の面倒すら見ることができない存在として描かれています。

パートナーや元パートナーをあざける女性は、おもしろがっているだけかもしれませんし、彼を挑発して、逆に自分が虐待されていると偽ったり接近禁止命令を得ようとしているのかもしれません。

ある男性の妻は、夫の欠点を妄想して、そのことで彼を嘲笑し続けていました。男らしいことができないと繰り返しからかうのを好みました。友人や家族の前で「彼は実用的なことができない役立たずよ」「どれほどダメ男なのか、あなたも知っているでしょう?」のような発言をよくしていました。

しかし実際は、彼は働き者で、仕事でも成功し、家事もほとんどこなしていました。それ以外にも、家のベランダを作るような男らしいこともたくさんしていました。「役立たず」などではないことを示す証拠がこれほどあるにもかかわらず、あまりにも頻繁に妻からネガティブなことを言われるので、彼自身も自分が役立たずなのでは、と思い始めてしまいました。

痛烈な皮肉

ユーモアとはすばらしいものです。ユーモアは人生の喜びを増やし、困難な状況にも対処しやすくしてくれます。皮肉はおもしろくて機知に富んだ、一種の芸術です。

しかし、痛烈な皮肉は、たとえ機知に富んでいても、標的になる人にとっては楽しいものではありません。痛烈な皮肉は、侮辱の不正な手段と言えます。

皮肉屋(痛烈な皮肉を言う人)は、ユーモアに包むことによって責められることなく、標的を巧みに侮辱しているのです。

皮肉を言われた人はたいてい傷つき、混乱しますが、「ただの冗談だよ」と言われてしまえば、皮肉から受けた影響について話すことすらできません。

皮肉を言った際に相手の反応を知る手がかりを探そうとするのが健全なことです。相手の気持ちが傷ついた徴候があるようなら、その皮肉は言いすぎで撤回が必要です。謝罪が適切かもしれません。

人を傷つけても、「気にしすぎだよ」と軽くあしらうような皮肉は、健全とは言えません。

相手の気持ちよりも自分がおもしろがる気持ちを優先するのは、健全な皮肉ではありません。

「おかしさが、与える傷に勝ってはいけない」――キム・ウェイアンズ（訳注：アメリカの黒人の女優でコメディアン）

誹謗中傷

意見が合わなくても、お互いの考えを理解し、協力して解決しようとするのが、健全な人間関係です。誹謗中傷はその真逆です。

誹謗中傷は言葉による強烈なパンチです。相手について間違ったことを言う場合はなおさらです。よくある誹謗中傷に、相手を相手がなりたくないタイプの男たちと一括りにすることがあります。男らしくないと攻撃されたり、そうならないように日頃から努力してきた男のタイプに分類されたりすると、男性は特に傷つくものです。

ある男性が妻に暴力をふるわれ、その翌日に急いで荷物を取りまとめて家から出ようとしたところ、玄関の外で妻に「出ていけ！　浮気者！」と近所に聞こえるような大声で怒鳴られました。彼は浮気などしていませんでした。これまで一度もしていません。彼の価値観にも行動にも反しているからです。妻の言葉による平手打ちは、夫を貶め、屈辱を与え、近所の人の信用をも失わせることを意図した行為でした。

次のような誹謗中傷は、虐待のグラデーションの中の非虐待的な方向に位置づけられるでしょう。ある女性が、夫が最低なことをしたのを発見し、彼を一度だけ「最低な奴！」と罵りました。でもすぐその後で、罵ったことを謝り、自分の懸念について健全に話し合う努力をしました。

循環論争（延々と話を繰り返したり、話をそらしたりする）

戦いに「勝つ」方法の一つは、相手が降伏するまで戦いをやめないことです。相手を消耗させれば、あなたの方が正しいと確信していないでしょうが、抵抗をやめます。

「相手が降参するまで延々と主張し続ける」手口には、けんか腰になる攻撃的なやり方も、粘り強いゆっくりした穏やかなやり方もあります。

この作戦を使う女性は、パートナーが自分と同じように物事を見るように説得

「相手の主張に応酬できなくても、まだ手は残っている。相手に罵詈雑言を浴びせることができる」――エルバート・ハバード（アメリカの作家、哲学者）

できたと勘違いするかもしれません。しかしパートナーは、またしても自分の考えは聞いてもらえず考慮もされなかったと感じるだけです。

「循環論争」とは、延々と繰り返される非理論的な議論で、聞き手は相手の言っていることを理解しようとしても混乱するばかりです。こうした議論の道筋を追うのは困難です。合理的でもないし、同じところをぐるぐる回っているだけだからです。

女性がパートナーに対して循環論争を行えば、話し合いを支配することができます。パートナーはヘッドライトに照らされて恐怖で動けなくなった鹿のように、トランス状態に陥り、どう応答していいか分からなくなります。会話は行き場を失います。もう終わりです。

循環論争はこのように行われます。「今日それをやってほしいって、あなたが言ってたけど、今日は空が青いじゃない。空が青い日には、私は、それはやらないよ」。聞き手は「それ」と天候や空の色には何ら関係がないと知りながらも、理不尽な言い分に混乱し唖然とします。

沈黙による黙殺

虐待はいつも、あからさまに声を荒げるものとは限りません。まったく逆の場合もあります。パートナーに腹を立てていたり、相手の注意を引きたいときに、沈黙したり、ふくれっ面をしたりする場合があります。長引く沈黙によって、相手を罰したり、蔑んだり、支配したりし得るのです。

考えを整理しようとして会話を中断することや、後で後悔するようなことを言わずに黙っていることと、沈黙による黙殺とは同じではありません。

沈黙による黙殺は拷問的ですらあります。相手は拒絶されたと感じ、自分に不十分なところがあるのではないかと感じます。彼女がどうして怒っているのか分からず、拷問のような苦しみを味わいます。

沈黙による黙殺で得られる成果には、次のようなものがあります。

- 反対意見を封じ込めて議論に勝つ
- 沈黙によって相手から注目され、自尊心が高まる
- 相手は注意を払う価値さえないほど、ひどかったりムカつくような存在だったり、馬鹿だったりクレージーだというメッセージを明確に送る

沈黙による黙殺の標的になった人は、それがどれほどつらいことか、周囲の人になかなか理解してもらえません。そういう扱いを受けていると証明することが非常に難しいのです。なぜなら、「起きていないこと」を証明しなくてはならないからです。ないものを証明するのは困難です。

沈黙による黙殺の同義語：
冷たくあしらう
無視する
除け者にする
拒絶する
歓迎しない
軽視する
つれなくする
見て見ぬふりをする
避ける
はねつける

第5章

性的虐待

「女性は性に対して受動的で『興味がない』というステレオタイプに反して、成人や青年男性に性的関係を要求したり、圧力をかけたり、強要したり、強引に迫る女性もいるのです」

――ピーター・アンダーソン、シンディ・ストラックマン＝ジョンソン共著『性的に攻撃的な女性たち――現在の展望と論争』

性的虐待とは？

セックスを虐待のメカニズムにするのが性的虐待です。

女性が男性を性的に虐待するという考え方にショックを受ける人もいるでしょう。しかし、女性も男性に対して性的虐待を行うことができるし、実際に行っているのです。典型的な男性による女性への性的虐待とは異なっているように見えるかもしれませんが、女性がセックスを、支配するような、あるいは屈辱や懲罰を与える道具として用いたり、セックスによって支配したり、貶めたり、罰を与えたりすれば、それは性的虐待と言えます。

セックスをする時間や場所ややり方について直接支配する場合も、セックスの結果について支配する場合もあるでしょう。また、生活領域の性的ではない部分の支配にも、セックスを道具として使うこともあるでしょう。

女性による男性への性的虐待には、次のような方法があります。

- セックスを強要したり、圧力をかけたりする
- セックスを拒絶する
- セックスを操作の道具に使う
- セックスで誘惑し罠にかける

恋愛関係のどんな局面でもどんな関係でも、男性への性的虐待は起こり得ます。
・一夜だけの関係
・交際中
・同棲中
・婚姻中
・別れた後

- 「偶然」または強制的な妊娠
- 他の男性といちゃついたり浮気をする
- 性的なからかい
- 誘惑
- 相手のセックスをけなす
- レイプや性的虐待をされたとうそをつく

セックスの強要

この文化において、男性とは、魅力を感じるジェンダーの相手からなら、どのように誘われても、いつでもセックスをしたがるものだと考えられています。

しかし、その固定観念をよく検証してみれば、常にそうとは限らないことが分かるでしょう。男性は性欲が強いようにできているかもしれませんが、性的行動について無制限というわけではありません。

「男はいつだってセックスをしたがっている」というステレオタイプのせいで、この非現実的な固定観念に当てはまらない男性は、からかわれるようになります。女性がその固定観念や、他の方法を使って、男性にセックスを強要したり、彼が望んでいる以上のことをさせたり、彼が望まない特定のセックスを無理強いしたりすることがあるのです。

性欲があるのは男性だけではありません。女性にもあるのです。特定の女性の性欲が、特定の男性の性欲より強い場合も弱い場合もあるでしょう。典型的な男性の性欲ほど一定ではないにしても、強い欲求の高まりを持つ女性もいます。こうした女性の性欲の高まりが、その時点でパートナーとなり得る男性の性的興味と一致しないかもしれません。

あまり早く性的な関係になりたくないという男性もいます。恋愛関係にセックスを持ち込んだとたんに、ホルモンの霧に惑わされて、相手の本質を見抜くことができなくなった痛い経験があるからかもしれません。他にも、早急にセックスに進みたくない理由があるかもしれません。そういう場合に、交際相手からセックスを強要されることがよくあります。望まないのに触られ、それがほんの始まりとなって、より積極的な行動に発展するかもしれません。

健全な恋愛関係ではお互いに、相手の望むときや場所やセックスのタイプを尊重しながら、相手を性的に刺激してセックスを求めることがあります。パートナーが、「今は興味がない」というシグナルを出せば、それ以上求めることはありません。健全なパートナーはセックスについて話し合うことができ、相手の気持ちより自分の願望や希望を優先することはありません。

女性がセックスを強要したり圧力をかけたりする場合、それが性欲による場合もあるかもしれませんが、相手を辱めたり支配したり罰したりしたいという欲求が動機になっている場合もあります。

自分の希望に関係なく、彼女に特定のときと場所と方法でセックスを要求されることは、直接彼女の支配欲によるものかもしれません。

強制や圧力は肉体的なものかもしれないし、心理的や感情的なものかもしれません。パートナーが応じないと、何らかの代償を課したり、脅したりという方法で強要や圧力がかけられる場合もあります。代償には次のようなものがあります。

- 相手に恥をかかせたり、屈辱を与えたりする
- 相手の人生を惨めにする
- 関係を終わらせる、あるいはもう嫌いになると脅す

標的となる男性が妥協せざるを得ないような状況を作ったり、弱い立場や状態にある人につけ込んだりすることもあります。次のような場合には拒絶できなくなるかもしれません。

- 酔っていたり、ドラッグを使っていたりするとき
- 孤立しているとき
- 眠っていたり、疲れ切っていたりするとき
- 束縛されているとき

ピーター・アンダーソンとシンディ・ストラックマン＝ジョンソンは、共著『性的に攻撃的な女性たち

――現在の展望と論争』で次のように述べています。

「女性による異性愛的攻撃とは、女性が圧力や力を使って成人や青年の男性の意思に反して性的接触を得ようとすることだと、私たちは定義しています。

本書に寄稿してくれた人たちは、身体的な拘束、身体的危害の脅しや行使、武器の使用といった力による方策を使う女性はごく少数で、ほとんどの場合は、言葉による要求、感情的な操作、だまし、強迫、酔わせる、といった形による圧力を使うことが多いと述べています[1]」

ある男性は、妻が早朝にしかセックスをしたがらないということを、初めて結婚後に知ったと言います。彼は長時間労働なので、疲れている朝の時間帯にセックスをしたくありません。しかし彼女は彼の反対を無視し、彼にのしかかり、生理的な反応を強要したのです。

夫が寝ていようが起きていようが関係ありません。ロマンティックでも親密でもありません。彼の意見など聞き入れません。それは彼にとって屈辱的でした。それは妻が彼を支配し厳しい要求をする方法の一つでしかありませんでした。

オーストラリアの「One In Three」というウェブサイトでアランという男性がこ

望まない性的接触は、心理的や感情的にセックスに興味がないときでも、男性の生理的な反応を刺激することがある。

う述べています。「ぼくの不本意な体に対する彼女の性的な侵害には、名前がありませんでした。彼女の要求は、ただ単なる時たまの思いやりに欠ける要求などというものではありませんでした。それは、残忍で恐ろしい脅威でした」。

セックスを拒絶する

女性のセックスへの要求が強い時期と弱い時期があるのは、珍しいことではありません。普通の健全な関係であれば、セックスをそれほどしない時期があってもおかしくありません。疲れやストレスや病気やホルモン変動によって、女性の性欲が低下することもあります。また、パートナーとの関係がストレスになっていると、セックスへの興味が失せる場合もあるでしょう。

セックスの拒絶は、セックスをする気分になれないとか、セックスをしたいと思うほど相手に親密感を感じないというのとは、異なっています。セックスの虐待的な拒絶は、自己中心的な理由や、パートナーへの思いやりの不足や、相手を罰したいと思うことなどが理由になっています。

恋愛の典型的なルールは、一夫一婦主義です。すると、2人の間がセックスレスになると、まったくセックスができなくなり、それは男性にとってつらいことかもしれません。

結婚や恋愛関係においてセックスレスになると、男性は欲求不満になるだけでなく、次のような気持ちになることがあります。

- 拒絶感
- 自分には魅力がない
- 自分は十分ではない
- 自分は不適切だ
- 自分は好ましくない
- 性欲を持つことが恥ずかしい

ある若い男性は、要求の多い妻から、常にセックスを拒絶されていると感じていました。3週間に一度ぐらいしかセックスをしていません。彼は、彼女の出すサインが分からなくなっていました。セックスを求めても、求めなくても非難されるのです。そんな状態が何年も続きました。そして、妻が知り合いの男性と性関係を持ったことが傷口に塩を塗ることになり、結婚は破綻しました。

セックスを操作の道具に使う

女性はセックスを操作の道具として使うことがあります。パートナーに何かを強要したり、彼を罰したりするために、セックスを保留したり、希望する行動をかなえる報酬としてセックスを使ったりします。男性にとってセックスの約束は、強力な誘惑となります。

これが、北米でよく使われる「Vaginally Whipped（膣で鞭打っ）」という意味の、より猥褻なスラングがある（ここでは敢えて記しませんが）理由です。これは性的関係を維持するためにパートナーのどんな要求にも、それがどれほど理不尽なものであっても従ってしまう男性についてのスラングです。

私はかねがね、こうした下品な言い方は女性に対する不当な冒瀆だと思っていました。しかし、セックスで相手を操作して自分の気まぐれに屈服させ、セックスを飴と鞭、すなわち報酬と罰として使っている女性たちに出会ってからは、こんなスラングがなぜ存在しているのかを理解しました。

飴でじれったがらせ、「私の言う通りにすれば、セックスというご褒美をあげるわ（あるいは、あなたの望むことをしてあげるわ）」、鞭で脅して「言う通りにしなければ、もうしないわよ」というわけです。

「膣で鞭打たれている」男性へのメッセージ：「言う通りにすれば、セックスというご褒美をあげるわ」「言う通りにしなければ、もうしないわよ」

ある男性が結婚生活での経験を語ってくれました。

「彼女と会ったとき、ぼくは性的に未熟でした。彼女は強く迫ってきて、性的にぼくをからかいました。セックスを使って罠にかけたのです。でも結婚後には、セックスの回数がどんどん減っていきました。ぼくが『いい子』だったら、セックスに応じてくれますが、『悪い子』だったら、応じてくれないのです。ぼくは次第に、セックスをしようとしなくなりました。そして抗うつ剤を飲むようになってからは、性欲が減退して安心したのです」。

セックスで誘惑し罠にかける

「ルアー（lure）」をメリアム・ウェブスターのオンライン辞書は、次のように定義しています。

1．鷹匠が鷹を呼び寄せたり訓練したりするために使う、通常は長い紐に革や羽をつけたもの

2．a．快楽や利益を得るための誘因や誘惑

b．魅力、魅惑

3．動物を誘引して捕獲するためのおとり

a．魚を捕まえるための人工餌

b．獲物を引きつけるために、有柄魚の頭部にある一般的に発光性のもの

2番目の定義は、セックスで男性を誘惑する女性の定義そのものですが、1番目と3番目の定義も、人間の行動と、動物や魚にルアーがどう使われるかの類似性を見る上で興味深いものがあります。「動物を誘引して捕獲するためのおとり」「獲物を引きつける」といった表現や、ルアーが「革や羽でできている」ことも、人間がセックスに誘惑される体験と強い結びつきがあります。

セックスができること自体が魅惑的かもしれませんし、女性が、とてもセクシーな様子や男性の性的妄想を行動で示したりすることで、特に気持ちがそそられるような罠を仕掛けることもあるでしょう。これは交際中や、関係が危機に瀕しているときによく行われる手口です。

女性が男性をセックスで罠にかけた後、セックスを拒絶するようになることがあります。ルアーと罠は、すなわち飴と鞭となるのです。

ある男性とある女性が付き合い始めて間もないうちに、ワイルドで情熱的なセックスをするようになりました。セックスを扇動するのはいつも女性の方で、彼の性的妄想を一生懸命充たしてくれました。彼はすばらしいパートナーを見つけたことに興奮していました。彼女には他にもよい気質や、好ましい性質があり、彼は彼女と結婚できたことを非常に喜びました。

しかし、結婚して子どもができてからは、事情が変わりました。結婚生活は永遠にセックスレスとなり、彼が肉体的な親密さを求めることを蔑むようになりました。いじめや支配も始まりました。彼女がそんな性格だったとは、結婚するまで気づきませんでした。

別の男性は、彼と同じセックスを望むと言ってくれた女性に惹かれました。彼の性的妄想は、特に危険でも暴力的でもありませんが、ごく普通のパートナーが望むものではありません。彼は、自分と同じ性的な興味を持つパートナーを見つけたことで興奮していました。

彼が妄想していたセックスに一度だけ参加した後、彼女は結婚の約束を交わさなければ、また同じことはできないと言うようになりました。２人は同居し、家計を共にし、彼は彼女の息子の育児を手伝うようになりましたが、（少なくとも彼にとって）不思議なことに、もう彼の性的妄想に応じてくれる様子はなくなりました。

通常、恋愛において、はじめの情熱が持続することはありません。しかし、長年続く関係に普通に見られる情熱の満ち引きと、性的な飴と鞭とは別のものです。性的な飴と鞭は、「いったん自分のものになりさえすれば、もう同じことを続けはしない」という計画的な考えによって、意図的にセックスを罠として使うことなのです。

性的な飴と鞭の隠れた意図は、「いったん自分のものになりさえすれば、もう同じことを続けはしない」というものだ。

「偶然」または強制的な妊娠

妊娠は、男性を罠にかけるのに最も効果的な方法です。恋愛関係、結婚や子どもの養育に引きずりこむ罠です。自己中心的な女性は、男性の生殖に関する権利を侵害して罠にかけることがあります。逆に子どもが欲しくて男性を利用し、妊娠後は子どもに関わらせない場合もあります。

女性が男性をこんな罠にかけることがあります。

●男性が子どもを欲していなくても、女性の子どもを欲しいと言う願望に屈服するよう操作する
●わざと妊娠したのに「偶然」だと主張する
●妊娠していないのに、妊娠したふりをする
●男性を精子提供者として利用する

妊娠したふりをする女性は、婚姻届を確保した後に流産したふりをすることもあります。偶然の妊娠はよくあることです。それが意図的な偶然だったのか、あるいは合理的な避妊措置をしていたのに失敗したのかを見極めるのはとても難しいことです。

男性は通常、妊娠や避妊についてそれほど詳しくないため、妊娠が本当に偶然だったのかを読み解く不利な立場にあります。基本的な概念は分かっていても、虚偽の説明をされても、疑問を抱くほどの知識を持ち合わせていないことが多いのです。

「意図的な偶然」の妊娠のよくある言い訳として、避妊薬の「飲み忘れ」や、何らかの理由で避妊薬服用をしばらく休まなくてはならなかったり、他の避妊具をまったく使えなかったり、うまく使うことができなかったり、というものがあります。そして「あら！　私たちの赤ちゃんができたわ！」となるわけです。

女性はこっそり避妊ピルを飲み止めたり、避妊の試みを妨害したりすることがある。

気乗りしない男性を父親にするために、コンドームに小さな穴をあけたり、本当は妊娠しやすい時期な

のに「今は大丈夫」だとその場の勢いで相手を説得したりする人もいます。

第1章で、別れようとしていたガールフレンドから赤ちゃんができたと言われて母親に泣きついてきた息子の話を紹介しました。息子は結婚することが良心的なことだと感じていましたが、母親は妊娠が本当かどうか確かめるようにと、息子に助言しました。

結局、ガールフレンドの主張は崩れ、恋人を罠にかけようとしたうそが暴かれました。彼から別れ話を持ち出されると確信した彼女が、何とかしようと焦ったのは明らかでした。

別の男性は、結婚後すぐに子どもを作ろうと妻に圧力をかけられました。彼は1年ぐらい待ちたいと言いましたが、彼女は聞き入れません。IUD（子宮内避妊用具）は違和感があるから取り外したいと言うのです。それに、コンドームも快楽を損ねると使用を拒否しました。それから間もなく彼女の希望がかないました。

ある男性の妻は偽装工作すらしませんでした。彼は、もうこれ以上子どもは欲しくないとはっきり妻に伝えてありましたが、妻はある日、内緒で避妊ピルの服用をやめました。そして3人目の子どもができました。

他の男性といちゃついたり浮気をする

現在のパートナー以外の人に惹かれることもあるでしょう。今の恋愛相手以外の人と浮気をすることもあるかもしれません。しかし、こうした行為の動機が、パートナーを支配したり、屈辱や罰を与えようとする場合は、虐待の範疇に入ります。

ガールフレンドと別れた後に、ある男性がメールを受け取りました。別れたガールフレンドが、彼の親しい男友だち（マークと呼んでおきましょう）に宛てたメールが誤って送られてきたようです。とても親密な内容でした。彼は別れて間もないガールフレンドと、自分の友人がさっそくうまくやっていることに、ひどく傷つきました。

「間違い」メールはまだ序の口でした。別れたガールフレンドが、夜中に彼に電話をしてくるようになったのです。そしてあるとき、偶然に「今マークの家を出たところよ」というようなことを言うようになりました。その度に、彼は心臓をナイフでえぐられるようでした。混乱状態に陥ってしまったのです。

彼女とよりを戻すべきなのかと考えました。でもやっと彼女のこうした行動は、操作や侮辱や要求や支配的な行動のパターンの一部だと気づいて、自分には彼女がいない方がずっといいのだと理解できたと言います。

ある女性は、夫とけんかをして、お互いに浮気をして相手を傷つけようとしたと言います。そしてバーで夫と口論しているときに、怒りに任せてその辺にいる客と、おおっぴらにいちゃつき始めました。これは意図的に相手を懲らしめようとする行為でした。

誘惑と性的からかい

誘惑や性的なからかいは、双方にとって楽しい遊びの場合もあります。しかし、虐待的な誘惑や性的なからかいは、体験の共有が目的ではありません。それは、パートナーに対して力や支配力を持とうとすることなのです。

虐待的な女性が、男性を誘惑して次のようなことをさせようとすることがあります。

- 自分とセックスをさせる
- 物を買わせる
- 自分の望みをかなえさせる
- 恋愛関係を約束させる
- 自分を求めさせる

ある男性は、同僚の女性に誘惑されて性的関係になりました。彼女はその力を利用して自分のキャリアの野心を彼にサポートさせました。自分のアイディアに賛同させたいときは、自分たちの関係を上司にばらして問題を起こすと脅したのです。

トラヴィス・アレグザンダーという男性は、元カノのジョディ・アリアスに殺害されるという悲劇に見舞われました。ジョディは、まずトラヴィスを捕らえるために誘惑し、彼が関係を終わらせようとする度に誘惑し、最後の日にも会って危害を与えるために誘惑しました。

虐待的な性的からかいは、意図的に宙ぶらりんな状態にして相手を興奮させます。これは、性的な関係になることをためらうのとは違います。相手を操作して楽しむためにからかうのです。こうした虐待をする女性は、相手に自分を「欲しがらせ」、じらす苦痛を与えて楽しみます。女性のエゴを充たすやり方なのです。

相手のセックスをけなす

健全な関係では、それぞれの性的嗜好についてパートナー間で話し合うことができます。性的なファンタジーを相手と共有できるのは、こうしたプライベートな会話が2人だけの秘密であること、そして、もし相手が自分の性的ファンタジーに参加したくない場合でもお互いの気持ちを理解するし、口外しないという期待があるからです。

健全なパートナー同士なら、お互いの性的欲求がどのように刺激され満足しているかを、如才なく知らせ合うことができます。「もっと左」「もう少し右」「ゆっくり」「はやく」「もっと前戯がしたい」「こういう前戯が好き」のように。

相手の性的パフォーマンスに関するひどいコメントや態度は、思いやりにも理解にも欠けています。次のような事柄に関する屈辱的なコメントが女性からパートナーに投げかけられることがあります。

- 相手の体や外見について
- 相手の性的パフォーマンスについて
- 相手の性的な好ましさについて
- 相手のファンタジーについて
- 相手が嫌悪感や屈辱感を抱くようなセックスに進んで参加しようとしないことについて

パートナーが正常な性欲を持つだけで侮辱する女性もいます。女性が相手の過剰なセックスに対して線引きをするのは虐待ではありません。私は、セックスを毎日、あるいは不適当なときにはしたくないと、相手にきちんと伝えられる女性について言っているのではありません。パートナーが男性としてごくノーマルな性欲を持つことを侮辱するような女性について言っているのです。

レイプや性的虐待をされたとうそをつく

レイプ、性的暴行、性的虐待をされたと虚偽の非難を受けるのは、罪のない男性にとって大きな打撃となります。性的虐待のうその告発は、それ自体が性的虐待です。自分や子どもに性的虐待を加えたと、虚偽の告発をする女性は男性に対して虐待をしているのです。レイプや性的暴力を受けたと言う人が、すべて本当にそれらを受けているとは限りません。パートナーが自分の子どもに性的虐待を加えたと言うのが、すべて真実とも限らないのです。女性が男性に対してこのような歪んだ策略を企てる場合、そこには、さまざまな意識下の理由や意図的な動機が存在しています。

性的虐待の虚偽の告発は、それ自体が相手に対する性的虐待に他ならない。

ある別居中の女性が、親権争いで優位に立とうとして、男性から性的虐待を受けたと訴えました。まず、彼が娘を泣き出すまでくすぐったと責めました。「くすぐったこと」が性的動機によるものだと言うのです。また婚姻中に、彼女は、彼から動物とセックスをするように仕向けられたと、さらに男性を責めました。

男性はこうした告発に面食らって言いました。「そんなくすぐりをしていないことは、天命に誓って確かだし、動物とのセックスについても、まったくの作り話だ。なぜそんなことを言うのか？　どうしてぼくを破滅させようとするのか？　まったくもってひどいことだ！」

また別の男性は、妻から性的虐待の虚偽の告発をされた苦悩についてこう語っています。「性的虐待なんて、ぼくにとって最悪の事態だ。そういうことをする男たちと一緒にされるなんて！　彼女が訴えたようなことを実際にする男に対して、ぼくは、強い嫌悪感を抱いているのですから」。

第6章

経済的虐待

「毎晩疲れ切って家に帰ると、妻は『お帰りなさい』とも言わず、『お金が必要なんだけど』と笑顔で言うんだ」

経済的虐待とは?

男性が女性を経済的に虐待する例として、女性をコントロールして働く能力を制限したり、家庭のお金を使わせなかったり、ということがよく挙げられます。男女が逆の場合でも、同じような経済的虐待が見られるかもしれません。女性が伝統的なジェンダー役割を利用して、男性を経済的に虐待する場合もあります。

パートナーよりずっと多くの収入を得ていて、家計を管理する立場にある女性もいるでしょう。あるいは、男性の「供給者」という役割を利用して、途方もない稼ぎを要求したり、理不尽な方法でお金を要求する女性もいるかもしれません。要求を充たせないパートナーは代償を払うことになります。そういう女性、あるいは他の女性の中でも、女性に期待されるジェンダー役割を利用して、経済的な責任を回避したりします。

女性による男性への経済的虐待にはさまざまなものがあります。

- 自分の欲しいものを買わせる
- 家計を支配する
- 彼が家の経済的な情報にアクセスできないように制限する
- もっと稼ぐように要求する
- 資金を悪用する
- 彼や家計からお金を盗む
- 彼の信用を落とす
- 家計に経済的負担をかけ続ける

「彼女は人ではなく、財布に首ったけだ！」

- 家計に貢献をするのを拒む
- 彼が働くのを制限する
- 彼の財産を破壊する

自分の欲しいものを買わせる

パートナーや家族を経済的に支えるのが男の役割で、男性はそれを証明しなくてはならないと教えられてきました。しかしそれによって男性は、経済的虐待を目論む女性に対して弱い立場に立たされることがあります。

男女同権によって、女性は職業の選択などの分野で大きな前進を遂げました。一方で、女性に有利な不平等な権利に、今でも必死にしがみつく女性も多いのです。たとえば、デートの食事代からダイヤの指輪まで、文字通りすべての代金を男性に支払わせるのは、一部の女性が好んで利用する昔の名残と言えます。多くの男性は、自分が贈り物をする役割であることに疑問を持たないように慣らされています。そのように利用されても、何がそれほどひどいのか理解できないのです。不公平だと分かっていても恥ずかしくて認められなかったり、そうした考えに少ししか賛同できなかったりします。

「現金前払いなら、どんな男に言い寄られても歓迎よ」——ザ・ザ・ガボール（ハンガリー生まれのアメリカの女優）（訳注：原文は、advance＝「前払い」と「言い寄る」にかけています）

■ ある男性のガールフレンドは宝石商の仕事をしているので、よく海外に出張します。彼女は、出張先で婚約指輪を買うためのお金を彼に出させました。仕事のコネで安く買えるからと彼を説得したのです。彼女はダイヤの指輪を手に出張から戻りました。すべてうまくいっているようでした。ある日、彼の家に、ガールフレンドの夫だと言う人が現れました。そのときの彼のショックを想像してみてください。彼にとってのフィアンセは他の男の妻で、海外出張などしていなかったのです。いつも一緒にいられない口実として出張を使っていたのでした。彼のお金をどのくらい彼女がくすねたのか、「婚約」指輪にいくら払ったのかは分かりませんが、お金も指輪も戻ってくることはありませんでした。

支配し制限する

一家の主な稼ぎ手である女性が家計をコントロールしている場合もあります。一方、経済的に大きな貢献をしていなかったり、あるいは貢献をまったくしていなかったりしても、家計を管理する女性もいます。パートナーの方が家計の予算管理をする時間や能力があると信じた結果、家計へのアクセスや必要な買い物がどんどんできなくなっていることに気づく男性もいるでしょう。あるいは、女性がもっと直接的に経済的に男性をコントロールするかもしれません。

妻の方が金銭管理がうまい場合や、浪費癖のある夫の家計へのアクセスを制限した方がよい場合など、夫婦で話し合って同意できれば、妻が家計をコントロールするのは健全で正当なことです。

しかし虐待的な状況では、女性が少しずつ、あるいは急速に家計をコントロールするようになり、お金の使い道についてのパートナーの考えや、家計の情報へのアクセスも制限するようになることがあります。強制、支配、操作、侮辱などの手口を組み合わせて家計を握り続けます。

強制、支配、操作、侮辱などの手口を組み合わせて、家計を握り続ける虐待的な女性もいる。

第Ⅰ章の「女性が男性を虐待？　そんなことがあるの？」で、別居後初めて、妻が何年も税金を滞納していたことを知った男性の話をしました。毎年、支払いのためのお金を渡していたので、妻が当然払っていたと思っていたのです。しかし、実際には払っていませんでした。

夫は家計もビジネスの経理も、妻を信用して任せていました。彼は体力を使う仕事でくたくたに疲れていたし、彼女は支払いをきちんとこなしているようでした。彼は時折、家計の状態についてもっと知りたいと言いましたが、妻に話をそらされるか、彼女の仕事がかえって増えるだけだと責められてばかりでした。

妻は自分のために派手にお金を使っていましたが、彼が仕事に必要な天候に合った服や、他にも欲しいものがあっても、買わせてもらえませんでした。給料収入から捻出してほしいと要求しても、妻は買う余裕がない理由を感情的に繰り返すだけでした。

いつもお金が足りないのだから、家族のために我慢すべきだと、妻は夫を説得しました。長年にわたって妻のためのお金はあっても、夫のためのお金はないと何度も繰り返されて、自分は「倹約疲れ」になってしまったと当時の気持ちを語っています。

離婚に際してビジネスと家計の混乱を解きほぐすために、法定会計まで必要になりました。離婚の話が持ち上がる1年以上前から、妻は夫のビジネスの資金を、自分の秘密の口座に移していたことも発覚しました。

さらには、傷に塩を塗るように、――いや、正確には、傷に傷で追い打ちをかけるように――離婚調停によって、夫と妻は税金未払い額を半分ずつ負担することになりましたが、妻は国税庁に「無実の配偶者の負債免除」を申請したのです。彼は元妻の申請に異議を唱えるための強力な証拠書類を提出しましたが、国税庁は妻を「無実の配偶者」として認め、婚姻期間中に滞納した税金の全額を彼が払うはめになりました。

もっと稼ぐよう要求する

通常、男性はパートナーや家族のためのよき供給者になろうとするものです。それが文化的に男性に期待されていることでもあり、自尊心の主な源となるものでもあります。

虐待的な女性は、よき供給者でありたいという男性の願望を利用して、泣いたり、怒ったり、叫んだり……あるいはセックスという褒美によって、男性に不当な要求をしたり、無理矢理従わせたりすることがあります。

ある男性は、大きな家を買うよう妻に説得されました。実用的で、賢明で、必要だと思うよりもはるかに大きな家でした。家の購入後、妻はますます働かなくなり、夫はローンの重荷で苦しむようになりました。

何度も妻と話し合おうとしましたが、その都度、話をはぐらかされました。彼の不安はどんどん大きくなり、話すべきだと妻に強く主張しました。

妻は落胆し、引っ越しなんて耐えられない、この家に住み続ける安定が必要だと言い張ります。夫は妻を慰めるために、家を売るという考えを捨て去ることに同意しました。妻を気の毒に思った夫は仕事を増やし、家計をやりくりするために、週7日、1日10時間働くことにしました。

やがて住宅市場が低迷し、家を売る機会を失ってしまいました。妻は自分のためにお金を使い続けましたが、家のローンの払いをやめました。そして家が差し押さえられる直前に、妻は、別の男性のところへと去っていきました。

資金を悪用する

次のようなやり方で、パートナーとの共同資金や、パートナー個人の資金を悪用し、その責任をパートナーに押し付ける女性もいます。

- ギャンブルをする
- 買い物に依存する
- 浪費を隠す
- 不相応な買い物をする
- 請求書の未払いについてうそをつく
- ドラッグや酒に浪費する
- クレジットカードの負債を重ねる
- 自分の個人口座に資金を移す
- 彼の家族からの借金の返済を妨害する

パートナーが買い物やギャンブル依存症の場合、男性はその浪費癖について説得を試みるかもしれませんが、彼女は依存し続けるために彼を操作しようとするでしょう。どんな依存症にも言えることですが、依存する人はうそや操作によって、依存の対象物を手に入れようとします。女性を説得しようとしても、怒ったり泣いたりして相手を黙らせようとするかもしれません。彼を供給者として頼っているとだましたり、ただ彼の訴えを無視したりするかもしれません。

ある男性は高収入な専門職についていますが、多額の借金があるため、自由に使える収入が制限されています。彼は何度も妻に支出を減らすよう話そうとしました。しかし一貫して彼女の答えは「私は好きなものを買い続けるわ」というものでした。これ以上そのことで夫に煩わされるなら、子どもを連れて家を出ると脅します。

妻が払っていたと思っていたのに、未払いの請求書がたまっていたという話を多くの男性から聞きます。妻が家計を管理していたのに、実は支払っていなかったというのです。

ある男性は、以前の結婚相手に養育費を払っていたはずなのに、支払いを任せていた現在の妻が払っていなかったことに気づきました。

また、ある男性は新妻から、家計を任せてほしいと説得されました。「あなたはしっかり働いて、お金を稼いでね。私は経理が得意だから任せて」。彼女はたまにしか、夫に財務記録を見せませんでした。2人は大きな家に住んでいましたが、ローンは早々と完済していました。投資もしていましたが、その管理は彼女に任せていました。

彼は「2人のための」投資だと思っていましたが、実際は彼女だけの名義になっていました。しかも、もし離婚した場合はすべてが彼女のものになるという条項を、どういうわけか、投資契約書に加えさせてありました。まさか妻から自分を守らなくてはならないなんて、彼は考えてもいませんでした。2人の利益のために、妻が投資の管理をしていたと信じていたのです。

夫が仕事や、家庭のことや、子どものことで手一杯だったのを、妻に利用されたのです。彼女に任せたことについて、モニターする余力が残っていなかったのです。

子どもが成人して家を離れると、妻がこう言いました。「この家の世話をするのはもうやめるわ。家を売ってマンションに引っ越して、残ったお金を貯金しましょう」。

家を売ったお金は共同名義の口座に入れました。しかし、新しいマンションに引っ越して間もなく、彼女は共同名義の口座から全額を引き出して、彼のもとを去っていきました。長年にわたって、彼女は投資の名義を操作しただけでなく、彼が追跡できないほどの大金を流用していたのです。

盗む

初デートの日、交際中や婚姻期間中、関係に終止符を打って出ていくとき、別れた後でさえも、パートナーから金銭や物を盗む女性がいます。

しかし、結婚相手の一方が、相手に知らせずに共通財産を持ち出しても、法律上は窃盗と見なされないことが多いのです。お金は2人のものであると同時に、それぞれのものだと考えられているからです。正式に結婚していないカップルの共同名義の銀行口座についても同じことが言えます。

交際期間中や同棲中に、パートナーのお金や所有物を、相手に分からないように着服したり、返すつもりのないお金を「借りる」と見せかけて盗んだりする場合もあるでしょう。

元妻や元カノから返済されることのない「貸付け」という空っぽの袋を抱えることになった男性は、彼女を信用した自分を責め、落ち込んだことでしょう。彼女は、巧みなセールストークで、お金の必要性や、状況が変わったら返済する意図があることを彼に納得させたのでしょう。

悪意のある人は、まず少額を借りて返済することで、借りたものは必ず返すと信用させます。これは、相手から多額を引き出す詐欺行為の始まりでしかありません。

貸し借りを文書化していなくて、それは贈り物だったと主張されれば、法的手段に訴えることができません。たとえ文書化されていて、貸した金額に対する判決を勝ち得たとしても、多くの場合、実際に返済を得るのは困難か不可能です。

ガールフレンドが返すつもりのないお金を「借りる」と見せかけて、ボーイフレンドから盗んでしまう場合もあるだろう。

通常、結婚したカップルが物理的に別れると収入も別々になり、各々の財産となります。その時点からの負債もそれぞれの負債となるのが一般的です。

ある男性は、自分と妻を養うために、ほとんど常に二つの仕事を掛け持ちしていました。妻の方は、最低賃金の仕事を一つしていただけでしたが、稼いだお金は自分のために散財していました。支配的で、要求が多く、夫を蔑む、不誠実な妻でした。結局、2人は別れることになりました。

離婚から半年後、お金がないと言って彼女が泣きついてきました。「クレジットヒストリーが悪くてクレジットカードが作れない。そのため、いざというときのお金がない」と言うのです。彼は彼女を気の毒に思い（彼は長年の間、妻に同情するよう条件づけられていたのです）自分のカードに彼女の名前を加えることに同意しました。彼女は、万が一カードを使わなくてはならないことがあったら、必ず彼に返済すると約束しました。

その約束は守られませんでした。

彼女はカードを使って、友人のためにコンサートチケットを購入したり、パーソナルトレーナーに何百ドルも前払いしたり、高価なブランドもののハンドバッグを買ったりしました。そんなものを買える余裕は、彼女にも彼にもありませんでした。

別れた妻はクレジットカードの支払いを一切しませんでした。自分が使った分は必ず返金すると彼を安心させ続けましたが、その実、まるで払おうとしなかったのです。

やっと彼は目を覚まし、もうカードを使わせないと彼女に告げて、彼女の名前をカードから削除しました。それから彼女はどうしたでしょうか？　またしてもカードを使おうとして、「カードが使えないんだけどどうして？」と彼に苦言を呈したのです。

クレジットカードの乱用

クレジットカードを使いすぎてパートナーの信用を落としたり、彼の「悪い行動」への罰として、あるいは単におもしろがって、相手の信用を意図的に傷つけたりする人もいます。これも虐待です。

親密な関係になると、マイナンバーのような相手の個人情報へアクセスできるようになります。別れた後でも、それを悪用して、相手の個人情報を盗んでクレジットカードやローンを作ったりする女性もいます。彼女が支払いをしなければ、彼の信用がガタ落ちになるのです。

「離婚後も長い間、あなたの経済状態は元妻のそれと絡み合い続けるかもしれない」
——キンバリー・パーマー
（US News & World Reportより）

ある男性は、ガールフレンドが引っ越してくる前から家を所有していました。彼女と結婚し、住宅ローンを借り換えることにし、家もローンも2人の共同名義にしました。しかし、1年も経たないうちに2人は離婚しました。そして、彼女が家に住み続けることになりました。

離婚が成立するまでの1年の間、彼女はわざと何度も住宅ローンの支払いを滞納して彼の信用を落としました。彼女に支払い能力があったにもかかわらず、家を差し押さえられる直前まで支払いを毎回遅らせましたが、それは彼のクレジット・スコアにダメージを与えるに十分でした。

彼が自分用に家を借りようとしたときも、賃貸契約を交わす前に、彼女が滞納していた家の電気代

250ドルを支払って、クレジット信用を取り戻さなければなりませんでした。彼女には電気代を払う十分なお金があったにもかかわらず、敢えて支払いをしていなかったのです。そしてそれは、彼の信用度に悪影響を及ぼしました。

家計に経済的負担をかけ続ける

家計に負担をかけ続けることによって、意図的に、パートナーが関係から抜け出せないように制限することがあります。このような束縛が、利己的な浪費や、経済的に貢献しないことから生じる、さほど意図的でない副作用である場合もあります。

請求書や負債の処理に追われる男性には、自分たちの関係について見直す時間もエネルギーも残っていないかもしれません。人生があまりにも高速で過ぎ去っていくため、視野がぼやけてしまうのです。

妻が夫を縛り付けておくために、こうした状況を利用することがあります。借金を重ねたり、不相応な浪費を彼に強要したりすることによって、夫は経済的な義務に追われて走り続け、何も見えなくなってしまいます。

これは従業員に借金をさせ、過大な経済的責任を負わせることで、従業員を仕事に縛り付けようとするあくどいビジネスの手口と何ら変わりはありません。会社の購買部で食料品をつけで買わせることによって、上司に恩義を感じさせ、負債額を支払わなければ会社をやめることができなくなります。支払いができない場合も多く、労働の条件や要求がひどくても、その仕事から逃れられなくなるのです。

自分がパートナーからこんな風に利用されているとはっきり分かっていても、彼女の金銭感覚がどれほど理不尽か気づいていても、彼は、すっからかんなので、彼女との関係を終わらせられないと思います。たとえ別れたいという考えが頭に浮かんだとしても、別れるための費用や、自分自身の家計を（もしかしたら彼女の家計も）支えていく費用などを考えると、その気が失せてしまいます。

家計に貢献することを拒む

次のように、家計への貢献を拒む女性もいます。

- 意図的な不完全雇用
- 失業
- 働けないふりをする
- 自分が稼いだお金はすべて自分だけのものだと主張する

自分の得た収入は自分だけのもので、彼の収入は家族のものだと主張する女性もいるかもしれません。この古い考え方は、退屈な中流階級の女性が小遣い稼ぎにパートタイムの仕事をしていた時代に端を発しています。まだ女性が高収入を得る選択肢や機会があまりなかった時代の話です。このような不平等な考え方は、女性解放運動による男女平等の実現と共に消え失せるべきでした。

ある男性の妻は結婚前も結婚後も仕事をしていましたが、子どもが生まれたのを機に退職しました。子どもが学齢になるまで子育てに専念するのはよい考えだと、夫も同意していました。妻が復職する時期が来て、去っていきました。彼女は仕事に就かない言い訳をいくつも言い続けました。自分があくせく働いている間に、妻が友人とランチに行くのを見て、夫は利用されていると感じ、落胆しました。

妻が興味を持てることで収入を得られるように、夫は、彼女が見つけてきたビジネスのための材料の購入に同意しました。材料が揃って、彼女はビジネスに精を出しているようでした。しかし、しばらくして夫は、妻がとっくにその仕事に失望してすっかりやめてしまっていたことを知りました。働いているように見せかけていただけなのです。

交際中や婚姻中に、パートナーと平等な経済的貢献をするのを拒む女性もいますが、それが離婚調停の際に、特に男性にとって不利になることがよくあります。

離婚裁判で男性が無職や不完全雇用中だと述べると、「何とかすべきですね」と裁判官に叱責されるでしょう。しかしそれが女性なら、裁判官が、男性に女性をサポートするよう命じることがよくあるのです。

女性は十分な収入がない理由を説明しなくてはならないかもしれませんが、操作の巧みな女性はそうした状況を切り抜けるのが得意です。

元妻に稼ぐ能力が十分にあるにもかかわらず、とても払えないような扶養義務に縛り付けられてきた男性がいかに多いことか（私は正しい事実に基づいた扶養義務を否定しているわけではありません。また、男性が合法的に支払うべきものを払わない場合があるのを軽視しているわけでもありません）。

最も有利な条件で扶養を受けられるように、病気を装う女性もいます。希望する診断が得られるまでドクターショッピング（医者を渡り歩くこと）をしたり、症状があるとうそを言ったり、わざと症状を作り出したりすることさえあります。

（本の名前は伏せますが）離婚調停中の女性に夫をうまく利用する方法を教える本があります。そこには、離婚申請前のできるだけ長い期間、無職の状態を保つことや、働けない理由をでっち上げるアイディアのリストが記されています。

彼が働くのを制限する

パートナーにキャリアアップのための勉強やトレーニングを受けさせないようにして、働く能力を制限し支配しようとする人もいます。勉強で忙しくなると自分への注意や時間が減るのではと心配したり、相手が優位に立つのを恐れたりするからかもしれません。

彼が関係を終わらせようとすると、罰として仕事を邪魔するかもしれません。あるいは、ただ単に相手を破滅させて楽しむかもしれません。パートナーを侮辱したり貶めたりするような作り話を、彼の上司や同僚にしたり、そういうことをすると脅して、虐待の目的を果たそうとするかもしれません。

嫉妬や、自分の欲求を充たすために、パートナーの仕事の邪魔をする場合もあるでしょう。仕事に時間を費やして自分を置き去りにしないよう要求します。仕事中にひっきりなしにメールを送り、返事が来なければ怒ることもあるでしょう。


ある男性が離婚の危機に迫られていました。彼は、結婚前にすでに優れたキャリアと貯蓄を構築していました。結婚してから、妻のひどい感情的、身体的虐待に耐えていましたが、まだ2人で幸せになれると希望を持ち続けていたのです。結婚維持のための最後の努力として、彼は夫婦カウンセリングを受けることにしました。

カウンセラーは2人に、相手に望むことをリストにするように告げました。妻のリストは短いものでした。夫に診療所を閉鎖して、自分にもっと時間を費やしてほしいということ、そして婚姻前に行った財産契約を、彼女に有利な婚姻後契約に変更してほしいというものでした。

彼に好きな仕事をやめさせ、婚姻前に築き上げた貯蓄を自分と共有させるという図々しい要求を知って、彼は結婚をあきらめざるを得ないとはっきり認識しました。

彼の財産を破壊する

支配欲や嫉妬心から、パートナーの財産を破壊する人もいます。ある女性は夫の交際前の写真をすべて削除してしまいました。

よくあるのは、罰を与えるために相手の所有物を壊すことです。自分が「蔑まれている」と思い込んだり、彼への愛情が憎悪に変わったりすると、相手の所有物を壊す自由を得たと思うのです。

- ある女性は、ボーイフレンドに振られた腹いせに、彼の車に火をつけました。

- またある男性が出張から帰ってくると、スーツから靴下に至るまで、すべての衣服が妻によって切り刻まれていました。彼が浮気をしていると勘違いしていたのです。

- ある夫婦の離婚の例をお話ししましょう。夫が結婚前から所有していたキャンピングカーは2人の共同名義の土地に駐車してありました。離婚調停の間、彼はその場所とキャンピングカーへのアクセスを禁じられていましたが、離婚が成立すると、キャンピングカーの所有が認められました。
彼がキャンピングカーを引き取りに行ったとき、元妻が屋根の通気孔をわざと壊してキャンピングカーの内部が風雨にさらされているのに気づきました。丸一年、雨ざらしになっていたキャンピングカーはめちゃくちゃになっていました。

彼が最初に家を出たときに持って出られなかった物を、やっと取りに行くことができたときには、すべてどこかしら壊されていました。「息子のゲーム機はジョイスティックと本体は残っていましたが、ソフトは破壊されていました。それに、ぼくのコンピュータに入っていた写真もすべて彼女に消去されていたのです……」

第7章

身体的虐待

「私は元妻に、つかまれたり、顔をひっかかれたり、シャツを引き裂かれたりしました。逃げようとすると、玄関に立ちはだかって、出口をふさがれました。車のキーも取られました。私が逃げられないように、私の車の後ろに彼女が自分の車を停めたり、私の車を遠くへ移動させたこともありました。私は決して暴力で応戦しませんでした。彼女がやめてくれることをずっと願っていました」

身体的虐待とは？

身体的虐待は、最も重要視されるパートナーへの虐待のカテゴリーです。私が初めて女性による男性への虐待の存在を認識するようになったとき、身体的虐待の例はあまりないだろうと思っていました。しかし、それがとても多いことに驚かされるようになりました。

DV（家庭内暴力）の統計を扱う研究の多くは、身体的虐待の男女比をまるで競争のように扱っています。パートナーから身体的虐待を受けるのは、男女どちらが多いのでしょう？　けがや死亡数ではどうでしょうか？

こうした質問に対する答えは、調査方法や調査者の傾向によって異なりますが、女性のパートナーから身体的虐待を受けている男性が数多くいることは否定できません。それは男性を苦しめるだけでなく、子どもたちや、こうした行為を行う女性自身にとっても危険なことなのです。

パートナーから深刻な、ときには致命的な傷害を受けるのは、男性より女性の方が多いという研究者の意見があっても、女性による男性への虐待には注目や懸念する価値さえないとは断言できません。それは、脳の悪性腫瘍は肺がんより発生率や死亡率が低いから無視すべきだというようなものです（アメリカがん協会の統計によれば、肺や気管支のがんは、発生率も死亡率も、脳や神経のがんの10倍にも上ります。だからと言って、脳の悪性腫瘍を無視しろと声を上

女性でもさまざまな方法で、力のハンディを克服することができる。

げるべきではありませんよね)。

男性の体格と力の優位性が、女性による男性への虐待など問題ではないと多くの人が考える要因の一つになってきました。

しかしながら身体的虐待を行う女性は、次のようにさまざまな方法で、力のハンディを克服することができるのです。

- 不意打ちをする
- 物を武器として使ったり投げつけたりする
- 相手が無防備な状態にあるときに攻撃する(運転中、睡眠中、酔っているとき、後ろを向いているときなど)
- 相手が反撃しないことを考慮に入れる
- 他者の力を借りて攻撃する

男性が反撃できない理由には、そう訓練されてきたことや、女性を傷つけたくないという気持ちがあります。また非暴力主義であったり、法的な問題に巻き込まれるのを懸念したりする場合もあるでしょう。攻撃を受けている最中でさえ、反撃しないように自分を抑えることもあります。

女性による暴力には、次のような方法があります。

- 物を投げたり壊したりする
- ひっかく
- 蹴る
- 噛みつく
- 髪を引っ張る
- 火傷を負わせる
- 突き飛ばす
- 睡眠や食事を妨げる
- 出口をふさぐ
- 毒を盛る
- 平手打ちをする／殴る
- 物で殴る
- 家から追い出す
- 他者を攻撃したり、攻撃すると脅したりする
- 刃物や拳銃や車を使って攻撃する

物を投げたり壊したりする

パートナーを物で攻撃したり、相手に向かって物を投げつけたり、相手の近くや離れたところに向かって物を投げたりすることがあります。

投げた物が直接相手に肉体的な苦痛を与えなくても、次のような虐待の目的が果たされます。

- 怒りを爆発させたことによる高揚感と安堵感
- 投げたものが壊れることによって、パートナーにとって大切なものを壊した満足感
- 屈服しないと虐待がエスカレートする危険があると、相手を脅すことができる

相手の近くに物を投げつけるのは威嚇射撃のようなものだ。あなたが変わらなければ、もっとひどいことになる、というわけだ。

投げつける物の重さと速度によって力が同等となり、距離があることで相手の反撃能力を制限することになって彼女が有利になります。

第1章で紹介したダイエットソーダのCMでは、女性が夫にソーダ缶を投げつけるのを軽く扱っていましたが、それは笑い事ではありません。実際に妻やガールフレンドにソーダ缶を投げつけられて頭を縫うほどのけがを負ったという男性の話をいくつも聞きました。

相手の近くに物を投げつけるのは威嚇射撃のようなものです。あなたが変わらなければ、もっとひどいことになる、というわけです。しかし、わざと相手に当たらないように投げたのでしょうか、それとも直接当てるつもりが外れてしまったのか？　疑問は残ります。それが分からないこともまた威嚇になります。

相手から離れたところに向かって物を投げれば、「あなたが変わらなければ、もっとひどいことになるぞ」という主旨が伝わるでしょう。同時に、直撃による結果から、投げた人も相手も守ることができます。人に向かって投げつけたわけではないということで、彼女は自分の行動を正当化できるかもしれません。もっとも破片がだれかに向かって飛んでいったり、壊れた破片の軌道に、だれか（子どもとか）がたまたま入ってこない限りですが。

ある女性がキッチンで夫と口論中に、ひどく腹を立ててコップを投げました。夫に向かって投げつけたわけではありませんが、それでも危険で脅威的な選択であることには変わりはありません。人に指摘されて初めて、彼女はそれが虐待的な行為だと認識しました。彼女はその話し合いをきっかけにして、そうした行為をやめ、コミュニケーション・スキルの向上に集中するようになりました。

ある男性の妻は腹を立てると、「手当たり次第に何でも」投げました。ノートパソコンを投げたこともあります。「車のキーを投げるのは常でした」。彼が車に乗ろうとすると、キーを取り上げて地面に投げつけるのです。いくつもキーチェーンが壊れました。キーチェーンは彼にとって思い出深い物

でした。彼女と交際し始めた月に買ったものだったのです。彼女に投げられて壊れる度に、彼は同じものを買って補充していました。

別の男性の話です。「ぼくたちの結婚式の午後に、すでに彼女は要求の多い、怒りっぽくて、自己中心的な本性を表し始めました。ぼくが何か反対すると、物が壊れました。彼女と電話で話していました。彼女はシリアルを食べていて、何かが彼女を怒らせたのか、シリアルの皿が壁に投げつけられたのが聞こえました。彼女は『つらいことがたくさんあったのだ』と泣いて謝りました。それからしばらくは大人しくなるので、ぼくはきっと修復できると思っていました」。

ネコのけんかのテクニック

「蹴る」「噛む」「ひっかく」という言葉で検索してヒットするのは、大小問わず飼い猫や野良猫に対処するのがいかに難しいかという記事です。こうしたテクニックや髪を引っ張るのは、女性同士のけんかでもよく知られていますが、男性を攻撃するのにも使われます。

男性は股間を蹴られることに特に弱く、その弱みにつけ込む女性もいます。

今は再婚して幸せに暮らしている教養ある中年男性が、前の結婚では虐待に耐えていたと話してくれました。怒った元妻が背中に飛び乗ってきて、顔をひっかかれたと言うのです。

また別の男性は、美しいキャリアウーマンと結婚して20年になりますが、彼女は彼が何か悪いことをしたと思い込む度に、激しく怒って彼の顔をひっかいたり、シャツをつかんで破ったりしたと言います。

体の一部が切断されるほど過激な噛みつき攻撃もあります。

アメリスト・ブレイロックという女性は、結婚生活が破綻するかもしれないことに激怒し、夫の顔面を殴り、夫に飛び乗って、「もう私を必要としないなら、だれもあなたを必要としないようにしてやる!」と、夫の下唇をかみ切ったのです[1]。

火傷を負わせる

パートナーに火傷を負わせる女性もいます。

- 熱いコーヒーを投げつける

女性が男性に使うネコのけんかのテクニック：蹴る、噛む、ひっかく、髪を引っ張る

- 熱湯をかける
- タバコの火を押し付ける
- 熱いアイロンで攻撃する
- 漂白剤などの化学薬品を吹きかける
- 暖炉の火かき棒などでつつく
- パートナーが寝ている間にベッドに火をつける

イギリス人実業家イアン・マクニコールが今生きているのは、2008年に近所の人が警察に通報してくれたおかげです。それがきっかけで、彼はガールフレンドのミシェル・ウィリアムソンから2年にわたって受けていた暴力から救われました。警察が到着するまで、彼は何時間も続く暴力に耐えていました。

はじめは2人の関係は良好でした。しかし、一緒に暮らし始めて数ヵ月経った頃、ミシェルが拳や物で彼を殴り始めました。それまでに、彼女は彼が友人や家族から孤立するように仕向けていました。「もし自分を捨てたら、自分の兄弟たちに殺させる」と脅して、彼が逃げ出さないようにしていました。

アイロンで体のあちこちを焼かれたこともあったし、太ももに熱湯をかけられたこともありました。火のついたタバコを鼻に突っ込まれたり、胸にタバコの火を押し付けられたり、漂白剤を目に吹き付けられたこともありました。彼女に痛めつけられても、報復を恐れて彼は医者に行くことをためらいました。

やっと救い出されて裁判になったとき、彼の体中の傷が証拠となって、妻ミシェルは懲役7年を言い渡されました。

突き飛ばす

単に「やめて」と伝えるために相手に触れるのではなく、力で相手を激しく動かそうとするのが、突き飛ばすということです。突き飛ばされた人は大体衝撃で後ろに倒れるか（壁や家具などに）ぶつかります。転倒や、物にぶつかったことでけがをすることもあります。

「shove」の定義は次のようなものです。

- 力を込めて何かを押す（Merriam-Webster.com）
- 人や物を乱暴に押す（OxfordDictionaries.com）

私の両親はよく言い争いをしました。子どもをひっぱたいたり、殴ったりするのも日常でしたが、2人がお互いに暴力をふるい合うのを見たのは一度だけでした。

私が12歳のときでした。父は間違いなく泥酔していましたが、母がシラフだったかどうかは分かりません。2人は口論をしていて、母が父をミシンへ押しやりました。それは母の防衛行動などではあり、い、い、いりませんでした。母が状況をエスカレートさせたのです。

父は、ミシンの回転式の天板にぶつかり、天板を支えていた金属製のアームを折ってしまいました。ミシンの使用中に天板を広げる支えとなる部分です。それは、衝撃的で恐ろしい光景でした。このけんかがどこまで激化するのか心配でしたが、父は報復せず、次第にけんかは収まりました。ミシンの曲がったままの天板を見ると、今でもその日のことを思い出します。

睡眠や食事を妨げる

よく「腹を立てたまま寝てはいけない」と言われますが、これは誤ったアドバイスです。夜遅くまで、脳がうまく機能しなくなるまで口論を続けることになりかねません。話し続けたり、パートナーの怒りに向き合い続けたりするのを強いられると、精神的かつ感情的にストレスが生じるだけでなく、睡眠不足になり、肉体的な苦痛も伴います。

食べ物や睡眠のはく奪はよくある拷問の方法です。Biderman's Chart of Coercionというチャートにも含まれています（ビーダーマンの強制チャートについて詳しくはＰ１７９を参照）が、ビーダーマンは「半飢餓」と「睡眠妨害」を、「衰弱と消耗の誘発」というカテゴリーに分類しています。その効果・目的は「抵抗するための精神的ならびに身体的能力を弱める」ものだとしています。[2]
ビーダーマンが調査した戦争捕虜の経験の深刻さとは比べ物になりませんが、パートナーによる睡眠と食事のはく奪でも悪影響が生じます。それはその場の疲労の直接的な苦痛とストレスだけではありません。睡眠不足による長期的な影響もあるのです。
睡眠不足になると、日中の思考力が低下し、職場や生活全般に対処する能力やパフォーマンスを低下させます。健康、キャリア、人間関係にも影響を及ぼすかもしれません。
ある危険な仕事についていた男性は、怒った妻に夜遅くまで眠らせてもらえないことがよくありました。睡眠不足によって仕事を安全にこなすために必要な精神的な俊敏さと対応力が損なわれるのではないかと、彼の家族が心配しました。家族の最悪の心配が現実のものとなりました。眠れない夜が2日続いた後、職場で事故を起こして、けがにより亡くなってしまったのです。

出口をふさぐ

出られないように妨害することとは、相手の所在をコントロールし、物理的、心理的に虐待者の手の届くところに相手を留めることです。暴力や小言から自衛する能力を奪ってしまいます。

販売員なら、客がその場を離れたり、購入に同意せずに会話を終わらせたりすれば、売れる可能性がとても低くなったことが分かるでしょう。購入を考える時間を与えれば、おそらく買わないだろうということが統計からも分かります。

虐待の状況から逃れられれば、頭を整理して状況を現実的に把握したり、問題についての自分の意見をまとめたりすることができます。虐待者はそれを望まないでしょう。

虐待者は、

- 部屋
- 場所
- 家

などから、パートナーが出るのを妨げることがあります。

パートナーを自分の影響下から逃がそうとしない女性もいる。

ある男性はしょっちゅう妻から侮辱されたり、口論を仕掛けられたり、身体的虐待を受けたりしていました。彼が立ち去ろうとすると、妻がドアの前に立ちはだかり、腕をつかんで引き留めることもありました。さらに、車のキーを隠したり、彼の車のすぐ後ろに自分や友人の車を駐車したりして、彼を閉じ込めることもありました。また、彼の車をどこかに隠してしまい、自分のキーは管理して、彼の移動手段をはく奪することもありました。

毒を盛る

女性は、夫やボーイフレンドに毒を盛りたいと考えたら、それができる最適な立場にあります。少しネット検索しただけでも、パートナーに毒を盛った女性のニュースが多く見つかります。そのいくつかを紹介しましょう。

ペンシルバニア州に住むある男性は、3年以上も病気を繰り返していたため、医師の診断を受けたところ、血液中から異常な化学物質が検出されました。彼のガールフレンド、ヴィッキー・ジョー・ミルズが、彼の飲み水に目薬を混ぜていたことが、警察の調べで判明しました。彼の注意を引くために、10回にわたって、飲み水に目薬を入れていたのです。

2013年9月、ニュージャージー州に住むティアンル・ライという女性が、夫ミン・ワンを殺害した罪で有罪となりました。彼女は、無味無臭のタリウムを何度か夫に飲ませていました。この非常に毒性の高い薬品を、彼女は化学者として勤めていた大手製薬会社から手に入れていたのです。

夫ミンは、家を出て離婚の申し立てをしていましたが、妻ティアンルは幼い息子の世話をするために家に戻るよう彼を説得したのです。数ヵ月後、離婚が成立する日に、夫は腹痛のため自力で入院しました。妻は、入院中も、思いやりのある愛情あふれる妻を装って、夫に毒を盛り続けたのです。

不凍液を使った事件もあります。デラウェア州に住むジェイムス・ベーカーが突然死した数ヵ月後、警察が彼の家で証拠を発見しました。2014年3月に、妻のジェイミーが夫の服用していたステロイドの瓶に不凍液を混入していたことを認めました。

平手打ちをする／殴る

私たちは男性に「女性を叩いてはいけない」と教え、女性には「男性に腹が立ったら叩く権利がある」と教えています。女性が腕を振り上げて男性をひっぱたくのは、当然だと思われます。きっと男性が叩かれるようなことをしたのだと、当然視されるのです。男性はその場でそれを受け止め、報復してはならないのです。

男性が女性を平手打ちするのは身体的虐待です。女性が男性を平手打ちすることも、同じく身体的虐待なのです。平手打ちによって目の周りに痣ができようと、あごの骨が折れようと、その意図が相手を支配したり、卑しめたり、罰したりするものであれば、それは虐待です。

男性を拳で殴る女性もいます。そうしても許されるのは、たとえ力や体格の差で優っていても、男性が、

- 非暴力的であったり
- 女性を叩こうとしなかったり

・彼女を殴り返すとどうなるかを恐れたりするからです。

男性が反撃しないのは、自分の力によって彼女にけがを負わせるのを恐れたり、彼女が自分を挑発して反撃させ、警察に通報するのではないかと思ったりするからかもしれません。

ある男性の妻は、しょっちゅう拳で夫の体を殴っていました。ときには、10代の息子にも夫を叩かせようとしました。夫は体を丸めて身を守ろうとしましたが、反撃はしませんでした。彼は暴力をふるうような人間ではなかったからです。妻を説得すれば虐待がやむのではないかと願っていました。

物で殴る

女性はバット、ゴルフクラブ、その他の身近なものの重量を利用して、より有利に衝撃を与えることができます。

第1章で述べた男性は、ある晩、妻に、目覚ましラジオで殴られて目を覚ましたと言います。両腕、胸、顔の目元などを殴られ、彼は家を飛び出して警察を呼びました。

その日は口論をしたわけでもありませんでした。突然の攻撃でした。彼は、彼女に支配されたり、要求されたり、操作されたりすることに慣れきっていました。物を投げつけられたこともありました。でも殴られたことは、それまでなかったのです。

彼は切り傷と打ち身を負いました。よく考えてみると、彼女の行為は、彼を挑発して反撃させ、その結果、法的手段に訴えようとしたのだと思い当たりました。彼は気づいていませんでしたが、妻は離婚を有利に進める準備をしていたようなのです。

別のケースを紹介しましょう。2010年のバレンタインデーに、ある女性と彼女の姉妹がレストランで、女性の元カレにピンヒールの靴で襲い掛かって、顔に切り傷を負わせるという事件がありました。でも「彼は殴られ始めても、彼女たちにとりあわないようにしていたと警察が報告している」とニュースが述べています[3]。

ガールフレンドからハイヒールで攻撃されて命を落とした男性もいます。2014年4月、アナ・トルヒロという女性が、恋人で大学教授のアルフ・アンダーソンの顔、首、頭をハイヒールで20回以上殴りつけて殺害した罪で有罪判決を受けました。裁判でのアナの言い分は何だったと思いますか？　あくまで彼のせいで、正当防衛だと主張したのです。

要求が多く支配的なある女性が、うそをつき、不倫をし、共同銀行口座を空にし……夫を脅し、想像もつかないような身体的虐待を加えた。夫の好きなデザートに針を忍ばせたのだ。夫がそれに気づくと、妻は冗談のように振る舞った。

検察官は、恋人アルフには腕や手に防御創があったにもかかわらず、アナには見られなかったと指摘しました。

ニュースはこう伝えています。「陪審員への検察官の説明によれば、夜、2人は酒を飲んだ後口論になり、その最中にアンダーソン氏がけがをして仰向けに倒れた。そこにトルヒロ氏がのしかかり、彼が起き上がれないように押さえて、何度も顔と頭を靴で殴った」[4]。

この裁判では、彼女の元交際相手の男性2人も、彼女から暴行を受けたと証言しています。

アルフ・アンダーソン氏の殺害には、女性による男性への虐待の典型的な要素がいくつも見られます。

- 彼が酩酊し、仰向けに倒れて自己防衛しにくい状態にあったこと
- 彼女が、物体を使って相手を傷つける能力を高めたこと
- 彼に暴行を加えることに至ったのは、彼のせいだと言ったこと
- 彼女が殺害に使った1500ドルもの高価な靴の代金は、彼が支払っていたこと

家から追い出す

男性が家から無理矢理追い出されたり、裁判所の命令によって追い出されたりすることがあります。

女性が正当な理由で、自分や子どもの安全のために家を確保しようとして、パートナーに対する接近禁

止令を要請することは健全な選択です。しかし、パートナーを罰したり支配したり貶めたりするために、接近禁止令を得るために事実を捻じ曲げて相手を家から強制的に追い出すのは、虐待と言えます。

第1章と先にも述べた、目覚まし付きラジオで妻に殴られた夫は家から逃げ出して警察に通報しました。

どういうわけか妻は自分に対する告発を、家庭内暴力から単なる暴行へと変更させることができ、刑務所に入ったのは数日だけでした。

妻が釈放された日、夫が家に帰ると、怒り狂った妻が彼の服や身の回り品を庭に投げ捨てていました。彼はまた警察を呼びました。警官は彼に、とりあえず庭に捨てられた物を拾って、残りは裁判で解決するように勧めました。

妻は保護命令を申請しました。暴力をふるったのは彼女の方であって、彼は妻を叩いたり脅したりしたことはありませんでしたが、妻は夫に対する保護命令を確保することができました。保護命令によって、夫は家への出入りを禁じられ（家は短い結婚生活以前より、彼の持ち物でした）、その他のすべての所有物へのアクセスができなくなりました。

接近禁止令を得るために事実を捻じ曲げ、パートナーを家から追い出す女性は、パートナーを虐待し、本当に保護が必要な人のための制度を悪用しているのだ。

他者を攻撃したり、攻撃すると脅したりする

自分の要求が確実に通るようにするため、パートナーが大切にしている人や物を攻撃したり、攻撃すると脅したりすることがあります。暴力団やギャングが使う手ですが、虐待的な女性の中にも使う人がいます。

映画『ゴッドファーザー』の血だらけの馬の頭のシーンが、そのよい例です。ドン・コルレオーネが、コルレオーネ家の友人を映画の主演にしてほしいと映画界の大物に頼みますが、断られます。翌朝、映画王が目を覚ますと、ベッドの中、彼の隣に切断された愛馬の首がありました。馬の殺害は、映画王が頼みを聞き入れなかったことで被った結果であると同時に、ドンの意向に従わなければ、よりひどい仕打ちが待っているという脅しでもあります。映画王は、屈服します。

パートナーを虐待する女性は、パートナーの、

- 子どもたち
- ペット
- 家族や友人
- かけがえのない物
- 大切な物

を攻撃したり、攻撃すると脅したりするかもしれません。

ある夫婦が、妻の浮気を乗り越えて関係を修復しようとしていました。夫が傷ついた気持ちや懸念を妻に伝えようとすると、彼女は意気消沈した様子を装って、彼女自身と子どもを傷つけると夫を脅しました。それが単なる脅しなのか、現実にあり得ることなのか、夫はどうしたらよいか分からなくなりました。

こうして、妻の浮気がもたらしたダメージの認識から、家族の安全を守るために妻の面倒を見ることへと、焦点が完全に切り替わってしまったのです。

車を使って傷つける

車を武器として使うことは、女性が相手との体格や力の差をなくすために使われる数多い方法の一つです。

腹を立てた女性は、次のようなことをするかもしれません。

- 助手席に乗っているパートナーを、無謀な運転で恐怖に陥れたり、パートナーの「間違い」を罰そうとしたりする

- パートナーが運転しているときに、運転の邪魔をする
- 車でパートナーを轢こうとする

ある女性と夫が高速道路をドライブ中に、急に、彼の元妻が後ろから追いかけてきていることに気づきました。激怒した元妻は2人の車を道路わきに押しのけましたが、幸いにも2人にはけがはありませんでした。しかし、これがきっかけとなって2人は元妻の手の届かない遠くへ引っ越す決断をしました。

またある女性は腹を立てて、夫の運転中にハンドルを奪って車を溝に転落させました。自分と夫だけでなく後部座席の幼い子どもたちにも大きな危険が及びました。

またある男性は、彼に暴行を加える妻と別れようとして、自宅から荷物を運び出そうとしていました。妻が帰ってくる前に運び出そうとしていましたが、車に荷物を載せようとしているときに、妻が車で帰ってきてしまいました。怒り狂った妻は、まっすぐ彼に向けてアクセルを踏みました。夫は、自分の車と妻の車の間に挟まれた衝撃で両足を骨折しました。

刃物や拳銃を使う

2013年にテレビで放映された、ジョディ・アリアスの殺人事件の裁判は、女性が男性のパートナーをナイフや拳銃で襲った事件として、アメリカで注目されました。ジョディは、元ボーイフレンドのトラヴィス・アレキサンダーを攻撃するのに、ナイフか拳銃のどちらかだけでは飽き足らず、その両方を使って彼を攻撃しました。彼は27回も刺され、喉を切られ、頭を拳銃で撃ち抜かれました。

ランディ・ファーガソンという、私の近くに住む男性は、幼い娘が見ている前で、妻に頭を2発撃たれました。それから妻は成人した子どもたち（ランディにとっては義理の子どもたち）に手伝わせて遺体を捨て、殺人現場を片づけました。彼らはランディの遺体をランディの車のトランクに詰め込んで、警察をあざむくため数日間、走り回りました。ランディが行方不明になった1週間後、彼の車と遺体が、私の家からほんの数マイルのところで発見されたのです。

身体的虐待をする女性は、パートナーを刃物で脅したり攻撃したりするのはしょっちゅうです。ニュースに上るような殺人の陰には、刃物によるおびただしい数の攻撃が隠されているのです。

ミッシェル・ミルズという女性がボーイフレンドのエディ・ミラーを殺害しました。彼女は彼の背中や胸や腹を24回も刺しました。彼女が刃物でパートナーを襲ったのは、これが初めてではありませんでした。ニュースによれば、「4週間にわたる裁判の間……過去のボーイフレンド2人が、彼女から刃物で攻撃されたと証言したが、これまで、彼女は起訴されることはなかった」(5)のです。

人を使って攻撃させる

友人、親戚、新しいパートナー、知人などを利用して、虐待の範囲を広げる女性もいます。前の節で述べたランディ・ファーガソンの殺害事件でも分かるように、自分の子どもにすら手伝わせる女性もいるのです。

男性のパートナーを排除しようとする女性は、体格の不利を克服したり、殺害の痕跡を隠したりするために、汚い仕事を別の男性に手伝わせることがあります。金銭的な報酬で雇う場合も、操作したり誘惑したりして手伝わせる場合もあります。

私の町に住んでいたカレン・ロフレンという美しい中年女性は、地域の病院の小児病棟で看護師として働いていましたが、人を雇って別居中の夫を殺害しようとして逮捕されました。夫にとって幸運だったのは、彼女が殺害を依頼した男が、潜入捜査をしていた刑事だったことでした。

彼女は、夫にかけた100万ドルの死亡保険の半分を「ヒットマン」に渡す約束をし、強盗の仕業に見せかけるように指示し、殺害の前金としてダイヤのイヤリングを渡していました。彼女は「ヒットマン」に夫の写真と彼のスケジュールを与えていました。

覆面刑事との会話の録音や、その他にも証拠があり、極めて明白な事件でしたが、彼女は、名を明かさない第三者から殺害を吹き込まれたと主張し、自分の「判断ミス」だったと謝罪して寛大な判決を求めたのです。弁護側は、これが初めての犯罪行為だという理由だけで、執行猶予を求めました。さらに、50人もの人が、カレンがどんなにすばらしい人かという嘆願の手紙を書きました。しかし、幸いにも裁判官は動じず、範囲基準の中で最も長い刑期、13年9ヵ月を言い渡しました。

第8章

信仰・信条に関する虐待

「体の傷は癒え、傷跡が残るが、心の傷を癒すにはサポートと、一生という時間が必要だ」

信仰・信条に関する虐待とは？

精神的な信条や宗教的な信仰、そしてその実践は、人を形成しているものです。それが武器として使われると、とても深い壊滅的な傷となります。そのような虐待を受ければ、精神的な混乱を引き起こし、世界観が混乱してしまうでしょう。

信仰・信条に関する虐待とは、宗教的・精神的な信条、その実践へ虐待すること、団体、指導者、コミュニティを利用して虐待することです。

パートナーの信仰・信条に関する虐待には、以下のような、歪曲、強要、孤立化が伴います。

- パートナーを支配したり、貶めたり、罰したりするために、相手の信条や信仰、その実践を歪める
- スピリチュアルな信条や宗教コミュニティや指導者を利用し、力や脅しによって、要求に応じるよう強要する
- 自分に逆らうパートナーを罰するために、宗教コミュニティや指導者を利用したり、パートナーの信じる宗教コミュニティから孤立させたりする

女性が男性のパートナーを信仰・信条に関して虐待する方法には、次のようなものがあります。

- 宗教的またはスピリチュアルな儀式、信仰、組織を利用して虐待を行ったり、虐待を正当化したりする
- 宗教を利用して、虐待を無理矢理、受け入れさせる

●パートナーの、信条や信仰の正当な実践や、宗教コミュニティとの繋がりを妨害する
●パートナーの信条や信仰を馬鹿にする
●自分の宗教信仰に参加することを強制する

宗教を利用して虐待を正当化する

虐待のメカニズムとして、パートナーの信条や信仰や宗教コミュニティを利用することがあります。彼女は聖書の中の言葉を利用して、自分の行動や、支配的な要求や、パートナーの束縛を正当化するかもしれません。

聖書の中の言葉を投げつけてパートナーの信仰的な願望を攻撃の手段として利用することもあるかもしれません。彼が大切にしている信条や信仰が守られていないと言って、彼を非難し攻撃することもあります。

結婚を神聖なものとして守ろうとする宗教心によって、虐待を受けても何があっても結婚に留まろうとする人もいます。どれほどひどい仕打ちを受けても結婚を守ろうとする夫の気持ちを利用して、夫を結婚に縛り付けようとするかもしれません。

宗教やスピリチュアルのコミュニティの会員が、だまされて虐待の共犯者に

男性が大切にしていた安息所としての宗教コミュニティが、彼を歓迎しない、つらい場所に変わってしまうかもしれない。すると離婚のさまざまな困難に加えて、裏切りや拒絶による喪失感が重なる。

されてしまうこともあります。妻の望み通りにするよう夫に圧力をかけたり、彼を貶めたり軽蔑したり、さらには、彼を避けることによって罰したりすることで、妻のパートナー支配に加担することがあるのです。

宗教コミュニティでは、噂があっという間に広がることがあります。男性が関係を終わらせると、執念深い女性の話——事実であるかどうかにかかわらず、彼がいかにひどいことをしたかという話——を喜んで聞く人は多いのです。

宗教指導者を巻き込む

私たちは通常、牧師、神父、スピリチュアルな指導者を尊敬し、彼らの意見から大きな影響を受けます。彼らが神の代弁者であり、その指導が私たちを精神的な永遠の健康へと導いてくれるとさえ確信しているかもしれません。

あなたのことを一番に考えてくれていると信じていた指導者たちが、あなたにとって非合理的な状態を受け入れるよう要求してきたら、あなたは衝撃を受け打ちのめされるかもしれませんね。それは、彼らにはあなたの置かれた状況の現実が見えないからかもしれません。または、その宗教そのものが虐待的な場合もあるかもしれません。

宗教の指導者の多くには、女性による男性への虐待についての知識がないかもしれません。そして、女性がパートナーを支配したり、侮辱したり、罰したりする一端を、自分たちが担わないようにする自己防衛の備えも十分にできていないかもしれません。

こうした虐待を受ける男性は、宗教と自分の健全さの二者択一を迫られているように感じるかもしれません。自分を導き、鼓舞し、支えてきた信条や、頼りにしてきた宗教と、自分自身（そして子どもたち）の精神的、身体的、経済的、さらには信仰面における健全さとを秤にかけて、どちらかを選ばなくてはならないのは、つらい選択です。

私の知る穏健なキリスト教教会の牧師は、長年にわたって数多くの人の相談に乗ってきました。彼は、私が「女性に、よ、る、男性へ、の虐待が自分の専門の一つ」だと告げると、とても強い反応を示しました。「そんなことは、この地域では起こりませんよ」と。彼の言葉が間違っていただけでなく、その無知によって、知らず知らずのうちに、女性信者がパートナーを陥れることに加担させられたこともあったであろうと、私は確信しています。

ある別の宗派の信者の女性は、長年にわたって夫を精神的に虐待していました。夫が離婚を申し出て家を出ると、彼女は彼につきまとっていやがらせをするようになりました。

宗教指導者は、自ら進んで、あるいは知らず知らずのうちに、虐待的な女性がパートナーを支配したり、侮辱したり、罰したりする企てに加担しているかもしれない。

彼女は教会の長老たちのところへ行き、夫の悪事についてさまざまな歪曲した話をして困らせ、長老たちに介入を求めました。長老たちは根負けして屈服し、別居中の夫を呼び出して、彼女の言うことを何でも聞くようにと伝えました。彼らは、夫の言い分には興味を示しませんでした。夫はショックを受け、うろたえました。

初めて長老たちに叱責されたこと自体が彼にとって壊滅的なできごとでした。残念なことに、それは彼女が虐待の手を広げるために宗教指導者を利用した第一歩にすぎませんでした。ついに、夫は宗教から破門を言い渡されてしまいました。

彼は悩み、長い間、人生の中心であった宗教観を考え直すという耐え難い苦しみを経て、彼はその宗教から離れるというつらい決断をしました。

信条や信仰への虐待によって、信仰の危機やトラウマになるような幻滅感が生じる。

パートナーの信仰を妨害する

宗教やスピリチュアルの儀式を妨害することでパートナーを虐待する人もいます。彼の宗教活動への参加を邪魔することによって、彼を支えるグループから物理的にも精神的にも孤立させることになります。

ある男性は子どもの頃から熱心に教会に通っていました。後に結婚することになった女性は、交際中は彼が教会に定期的に通うことに大変協力的でした。しかし、結婚するとすぐに、彼女は夫を孤立させる企てをこっそり立て始め、その一環として教会のコミュニティから彼を引き離そうとしました。それは二つの企てでした。教会に通うのを邪魔すること、そして、他の信徒との関係を妨害することでした。

夫が教会のミサに行くことを選ぶのは、彼女にとって薄情な行為だと思わせて、教会に通う能力をひそかに損なわせました。また彼女は土曜の夜にわざわざイベントを予定して、子どもたちを夜遅くまで外出させました。

日曜の朝には、彼女も子どもたちも疲れたと文句を言い、「今朝は教会に行くのをやめよう」と言います。すると夫は、教会に行くことを選ぶのは強引で理不尽だと感じてしまいます。自分一人で教会に行くのは、妻を見捨てるようで、思いやりに欠ける行為だと思ってしまうのです。

彼女は、教会のメンバーが彼女や彼の悪口を言っていたという話をしました。そのとき、それがうそであることに彼は気づきませんでした。教会から拒絶され裏切られたと思わせることに妻は成功したのです。彼は教会のイベントや信徒だけでなく、宗教そのものから完全に離れてしまいました。

パートナーの宗教をからかう、自分の宗教を押し付ける

人を本当に傷つけるのが目的なら、その人を形作っているものを馬鹿にすることが、非常に効果的な方法です。多くの人にとって、スピリチュアルな信仰やその実践は非常に重要で、自分自身を作っている本

質的な部分でもあります。そのため、残念なことに、信仰に対する侮蔑的なコメントや態度に対して、人は脆弱になってしまいます。

異なる信条について議論するのは、健全な人間関係の一部ですが、相手の信条・信仰やその実践を侮辱したり軽んじたりすることは虐待にあたります。

パートナーにとってスピリチュアルな意味を持つものを軽蔑したり軽視したりすることは、相手への深い侮辱と軽蔑のメッセージになります。

パートナーが忌み嫌う宗教儀式や実践を強要することも虐待です。脅しや威嚇によって、または不服従への仕打ちとして強制することがあります。

さらに、パートナーの信仰や宗教的な基準に反することをそそのかしたり、強要したりすることもあります。彼が自分の信条に従わないように操作することで、壊滅的な影響を与えることができます。苦しい内面の葛藤を生み出すのです。

彼を、自分の良心ではなく、彼女の意図に無理に従わせるいくつかの操作方法が第10章に述べられています。

ある虐待を受けている男性が、こう言いました。「人のスピリチュアルな面を攻撃するのは、最も卑劣で悪質な行為だ。もし女性がパートナーの精神性を揺るがせたり、最悪の場合破壊したりすることができれば、その哀れなパートナーを完全にコントロールしたことになるだろう」。

第9章

法的虐待

「私はこれまで妻に対して（だれに対しても）まったく虐待も脅迫もしたことがないのに、接近禁止令を出させるために、妻が私のことが怖いとうそをついたんだ。そのせいで、自分の家に仕事道具も書類も、何もかも取りに行けなくなってしまった」

法的虐待とは？

法律や司法制度を利用して、パートナーや元パートナーを支配したり、侮辱したり、罰したりすることは法的虐待です。法的虐待では、警察官、弁護士、裁判官、DV被害者支援団体、さらには司法制度そのものも共犯者となり得ます。残念なことに、こうした人たちや制度が虐待を行う女性に協力してしまうことがあまりにも多いのです（私は、彼らが常に誤って女性に味方すると言っているのではありません。よくあることだと言っているだけです）。

過去には北米の女性にほとんど権利がなかった時代がありました。夫が子どもを連れ去っても妻には、なすすべがありませんでした。妻が夫に殴られても、警察は介入してくれませんでした。女性がパートナーから虐待を受けていると訴えても、信じてもらえないことが多かったのです。

時代は変わりました。しかし残念なのは、より公正な制度になったわけではないということです。現在はそれまでと真逆のことがあまりにも頻繁に起きているのです。父親と子どもの関係は軽視され、男性が痣や傷を負っても警察に保護される十分な証拠にはなりません。女性の「事実」の供述の方が、男性の供述より重視されているのです。

女性が次のような目的で、偽りの情報によって司法制度を操作することがあります。

- DV被害者だという切り札を使って利益を得ようとする

- 不当な接近禁止令や保護命令を獲得する
- 夫が子どもと面会するのを拒む
- 養育費の必要性を誇張する
- 受けるに値しない養育費を獲得する
- 夫の人生を混乱させる

DV反対運動を利用する

DVから人々を守ることを目的とした団体や制度を、女性が悪用することもあります。女性が「虐待だ！」と叫ぶと、人々は耳を傾け、証拠がなくても信じてもらえることがよくあるのです。たとえそれに反する証拠があったとしてもです。

DV被害者という立場を獲得することで、女性は次のような特典を得ることができます。

- 支援団体や警察や裁判官から同情が得られる
- DV防止関連機関を通じて経済的、法的な支援を受けることができる
- 親権争いや離婚争議中に、「虐待者」の烙印を押された男性の優位に立って権力や支配力を得ることができる

ある男性が妻の浮気を疑いました。彼は嫉妬深いタイプではありませんでした。2人は長年連れ添った仲で、妻が浮気をしていると疑ったことは一度もありませんでした。しかし、今回は彼女の浮気には多くの裏付けがありました。

夫は妻に疑いを投げかけましたが、妻は断固としてそれを否定しました。妻が他の男とメールしていると夫は言いましたが、妻はそんなことはないと否定しました。夫が妻の携帯を取り上げて調べようとすると、妻は「携帯を返してよ！返さないなら警察を呼ぶわよ！」と叫び出したのです。

夫はショックを受けました。彼は妻に手を上げたことも脅したこともありませんでしたが、もし警察官が来れば、彼女の言い分に説得力があると思うでしょう。警察は自分の話ではなく、妻の話の方を信じるに違いないと思いました。夫は妻の携帯を置きました。


DV擁護団体や関連機関は、虐待被害を装う女性は、DV防止運動に関わるすべての人を悪用していると認識すべきだ。

保護要求を主張する

必要のない接近禁止命令や保護命令を得るために、パートナーが怖いとうそをつく人もいます。悪意によって法的な命令を得ることは、パートナーや元パートナーを支配し、侮辱し、罰を与えるひどい手段です。不当な保護命令は「禁止命令を受けた」男性の人生に長期にわたって多大な影響を与えます。

ロブ・フリーマンという男性は、わずか3年しか結婚していませんでしたが、離婚後10年以上もの間、元妻の支配下にありました。彼の裁判は、ワシントン州控訴裁判所[1]に送られ、その後、ワシントン州最高裁[2]へ送られました。

事の始まりは1998年に妻がロブに対して出した接近禁止命令でした。彼は一度もDVの罪で告発されたことはありませんでしたが、妻はまず一時的な保護命令を取得し、その後、保護命令を永久的なものに変えることに成功しました。彼女が使った魔法の言葉は「夫が怖い」でした。

はじめの接近禁止命令は、自分の部屋に行くのを拒んでうずくまっていた妻の16歳の連れ子を部屋へ押し込んだという告発と、妻に一度銃を見せたことがあるという告発によって得たものでした。彼に銃で脅されたと告発したわけではありません。彼女の宝石を彼が盗んでライフルの収納ケースに隠しているのではないかと疑ったため、ライフルの収納ケースに宝石など隠していないことを証明するために、彼が拳銃をケースから出して見せたのだと彼女は説明しました。

ロブは、グリーンベレー特殊陸軍部隊の隊員でした。離婚が成立する前にワシントン州から転属になり、2度と戻ることはありませんでした。

ロブは2001年に軍の任務でイラクに配属され、いくつもの傷を負い、片手を失いました。そのため彼は、軍の他のポジションに移るための再教育を受けなくてはなりませんでした。それには、新たに、機密情報取り扱い許可（セキュリティ・クリアランス）が必要になりました。

しかし、元妻に対する永久保護命令のため、許可が下りませんでした。

２００６年にロブは保護命令を解消するために動きました。元妻とはもう8年以上も連絡を取っていないと裁判所に申し出たのです。さらに、ワシントン州のある西海岸から国の半分も離れた州に住んでいること、どんな法を犯したこともないし、だれにも危害を与えることはないと、説明しました。しかし、元妻は保護命令の解除に反対し、まだ彼を恐れていると主張しました。保護命令の必要性として、「窓やドアや壁ががたがたと揺れること、彼女の車の運転席の位置がずれること、ロブ宛の郵便物がまだ彼女の家に来ること、失くしたと思った花瓶が再び現れたこと、寝室の壁をだれかが蹴って穴があいたこと、など説明のつかないできごとを、ロブのせいだと主張した」(3)というのです。

彼女は自分が主張したことを、実際にロブがするのを見たことはないと、裁判所で認めました。このようなできごとは、ロブがとても遠く離れたところに住んでいたときに起きたことで、２００３年1月に窓を取り替えてからは、そうしたことがなくなったと認めました。つまり、すべての疑惑は、ロブが保護命令の変更要求をするより3年以上も前のことだったのです。

それなのに元妻が勝利しました。法廷委員が保護命令の維持を裁定したのです。

ロブは、保護命令解除要求の却下を不服として控訴しました。2年後、控訴審は下級審の判決を覆し、元妻の「現在の恐怖は合理的ではない。保護命令の解除や緩和の動議の却下には、確固とした理由と根拠がない」(4)と宣言したのです。

しかしそれで終わりではありませんでした。ロブはまだ自由にはなれませんでした。元妻が、最高裁に上告したのです。

2010年、3年の結婚生活が終わってから何と12年後に、やっと元妻による永続的な支配からロブは逃れることができました。

ようやく自由の身（文字通りフリーマン）となったのです。

最高裁は、控訴審の判決を支持し、「法廷委員がロブの保護命令解消の申し立てを却下したことは裁量権の乱用にあたる」[5]と述べました。

ロブにやっと正義が訪れたと喜んでばかりはいられません。というのは、ワシントン州最高裁の判事が多数決によって保護命令の解除を指示する判決を下したのに対して、数人の判事が反対意見を提出したのです。

それは、判決が間違っているというものでした。「法廷委員による保護命令の解除要求の却下判決は支持されるべきだった。最高裁の４人の女性判事のうちの３人がこの反対意見に署名した」[6]というのです（最高裁の多数決は、５人の男性判事と、１人の女性判事によって賛成署名されたものでした）。

子どもと会わせないようにする

父親がよい父親であっても、母親が実際は子どものことをたいして気にかけていなくても、法律の制度を利用して父親が子どもと過ごす時間を制限したり、排除したりする女性がいます。子どもを父親から遠いところに移動させたり、子どもとの面会交流の時間を制限したりするように、母親が裁判所を説得する場合もあります。

子どもに気を配らないし、虐待すらしてきた母親が、突然、弁護士や判事やカウンセラーや児童擁護者の前で、最高の母親という演技をして好感を得ることがあります。同時に彼女は、子どもの世話をよくする思いやりのある父親を、家族を顧みない冷酷で、自分や子どもに虐待を加える父親だと、偽って非難することもあります。

そしてほんの些細なことを、恐ろしい話に膨らませることもあります。たとえば、次のようにです。

- 父親が娘を無邪気にくすぐったのは、性的な動機によるものだという推測のもとに物語る
- 子どもに宿題をさせるという父親の健全な要求を、異常なほど執拗な要求だと非難する

自分がよい子育てをしているように歪曲したり、父親の子育てが実際より悪く見えるように歪めたりするのは虐待である。

女性や母親に味方する文化的な偏見によって、あらゆるレベルの児童福祉の意思決定者が、彼女の言う「事実」こそが真実だと、たやすく信じてしまうのです。

経済援助の必要性について歪曲して伝える

自分とかつて関わったことのある男性に、破局後も長年にわたってたっぷり償いをさせる目的で、裁判でどんな言動も厭わない女性もいます。資産の分割、養育費や慰謝料など、さまざまな面で支払わせようとするのです。

別れの日を自分にとっての「最高の給料日」にする手口には、次のようなものがよく見られます。

- 同居中の経済状態を大げさに言う
- 同居中の、自分の経済的貢献度を控え目に言い、男性の経済的貢献度を誇張して言う
- パートナーの現在と将来の収入の予測を誇張して伝える
- 自分の収入を得る能力を低く見積もる
- 仕事をやめてしまう

別居中のある女性が、婚姻中に夫から受けた虐待でＰＴＳＤを患っていると裁判で主張しました。その夫は虐待などしていないどころか、その逆でした。婚姻中も、その後も、虐待をしていたのは彼女の方でした。しかし、彼女は「ＰＴＳＤのせいで働けなくなった」と主張したのです。

妻のうそを暴くために、男性は弁護士と共に果敢に闘いましたが、裁判所は、妻に十分に稼ぐ能力があるにもかかわらず、長期にわたる養育費を払わせる判決を下しました。それは彼の支払い能力を超えていました。

法廷の決定によって、彼は、自分を虐待していた女性に年季奉公をするはめとなりました。

パートナーの生活を大混乱に陥れる

悪意のある女性が司法制度を利用して、自由になろうとするパートナーにストレスと混乱を引き起こすことがあります。たとえ別れを切り出したのが女性の方でも、司法制度を利用して男性を翻弄しようとすることがあります。

離婚には時間がかかり、精神的に疲弊し、気持ちも傷つきます。弁護士と打ち合わせをして陳述をまとめたり、書類を探したり、裁判所のヒアリングに出席したりする度に、時間とエネルギーを費やし、通常の仕事や生活に支障が出ます。弁護士が相手の弁護士と連絡を取ったり、書類を作ったり、裁判の準備をしたり、裁判に出席したりする度に、費用もかさみます。

離婚争議の間、妻は次のようなことをするかもしれません。

- 質問書や文書提出要請に対して根拠のないリストを提出する
- 夫の弁護士に要求された情報や書類の提出に応じず、発覚した書類に対して異議申し立てを繰り返したり、ヒアリングを無視したりする

離婚争議でうその供述をする準備には数分しかかからないが、相手が、そのうそを暴くためには膨大な時間がかかる。

- 不当で不合理な財産分割を求める
- 夫の協議の試みを妨害する
- わざと非協力的になり、単純な取り決めのためにですら夫に何度も手続きをさせる
- 夫の所有物や書類から夫を遠ざけるために保護命令を使い、夫が所有物を取り戻すために裁判所の許可を得なくてはならないようにしたり、取り戻すのをあきらめざるを得ないようにさせる
- 自分の利益のために子どもを手先として利用する

第10章

感情的・心理的虐待

「元カノは感情を操るテロリストだった」

感情的・心理的虐待とは？

感情的・心理的虐待は、人の心を引き裂きます。人を不安で不快な気持ちにさせ、衰弱させます。どのタイプの虐待にも、感情的・心理的な要素が含まれています。

女性がパートナーに対して行う感情的・心理的虐待には次のようなさまざまな方法があります。

- 友人、家族、支えてくれる人からパートナーを孤立させる
- 子どもの愛情から遠ざける
- 子どもと過ごす時間を制限する
- 自分は無力だというふりをする
- 意思決定の責任や、自分の悪い行いについての責任を放棄する
- パートナーへの虐待の責任がパートナー自身にあると思わせる
- 無視する／愛情を示さない
- （自分や子どもが）虐待されているとうそをつく
- ハラスメントをする
- ストーカー行為をする
- パートナーの人格を攻撃する
- 巧みに操る
- 事実を歪曲する
- 根拠のない嫉妬
- ガスライティング（自分自身が狂っているとパートナーに思わせる）
- 理不尽な期待
- 偽りの約束

- 洗脳
- 破滅させる
- 搾取する
- 元パートナーの新たな恋愛を妨害する

孤立させる

パートナーを友人や家族や支えてくれる人から孤立させれば、支配したり侮辱したり罰を与えたりしやすくなります。また、虐待を見抜いたり、虐待的な状況から彼を引き離そうとしたりするカウンセラーなどとの関係を妨げようとすることもあるでしょう。

パートナーを孤立させるには次のような方法が考えられます。

- 彼の家族や友人から物理的に引き離して孤立させる
- 友人や家族への信頼感を損なわせるようなうそを彼につく
- 自分が、彼の家族や友人から虐待されていると言い募る
- 彼に、友人や家族と、自分のどちらかを選ぶよう強いる
- 彼が自分と離れて時間を過ごすのがつらいと不平を言う

- 自分の友人や家族とだけ社交するように言い張る
- 激しく嫉妬する
- 彼の人づきあいを妨害する
- 彼のセラピストや、彼を助ける人の悪口を言ったり、脅したりする

ある女性は、夫が職場の女性のだれとも親密になっていないと証明するために、仕事が終わったらすみやかに帰宅するよう要求しました。妻は、しばしば彼の帰宅が遅いと非難し、不誠実だと言い張っていました。夫は妻にまったく誠実でしたが、妻をなだめるために、外の世界とのコンタクトを減らしていきました。

ある男性の恋人は、友人から彼に送られてくるメールを傍受し、彼の知らないところで、彼になりすまして返信していました。彼と友人との接触を効果的にコントロールすることで、彼の交友関係を傷つけたのです。

ある男性が後に妻となる女性（最終的には離婚することになった女性）と交際し始めた頃、彼女は、彼の親友に言い寄られたと訴えました。彼の親友のいないところで彼だけに告げたのです。彼は即座に親友とのすべての接触を絶ちました。

結婚後、彼女は、夫の留守中に彼の両親がやってきて、彼女を侮辱したと訴えました。それを聞いた夫は腹を立てて、母親に詰め寄りました。母親は動揺し、それが本当ではないと説明しようとしましたが、彼は妻に味方し、自分の家族との連絡を絶ってしまいました。

それから何年も経って、彼は妻に巧みに操られていたという現実に気づきました。妻が作り話をして、彼が大切にしている人や親しい人との間に溝を作っていたのを思い知ったのです。

離婚後、彼は元妻の最初の夫と親しくなり、彼女が同じことをしていたと知りました。最初の夫も同じように、友人や家族から孤立させられるようなことを繰り返しされたと、当時のことを話してくれました。彼女は、彼の母親にも意地悪なことをされたと、うそをついていました。母親はそんなことはしていないと否定しましたが、彼もまた、妻を信じてしまったのです。離婚後、彼は多くの友人や家族を責めたことを謝罪したと言います。

子どもの愛情から遠ざける

1980年代にリチャード・ガードナーが「片親疎外症候群」を提唱して以来、子どもを一方の親から疎外することについて、論争が巻き起こっています。この論争の焦点は、愛情深い思いやりある親を拒絶するように操作された子どもが、行動的、心理的、感情的に深刻な影響を受ける状態を、正式に症候群と見なすかどうかというものです。

正式に症候群と見なすかどうかにかかわらず、親はときに、子どもの現実を歪めて、もう一方の親に敵意を抱くように仕向けることがあります。パートナーを支配し、侮辱し、罪を与える目的で行われますが、それは、子どもと、子どものもう一方の親の両方を虐待することに他なりません。

これは、通常子どもの発達段階に起き得る親子間の疎外感や、親の悪い行動を子どもが拒絶する場合の疎外感とは異なっています。

子どもの愛情を一方の親から意図的に遠ざけるのは、家族が同居している間にも、別居中にも、離婚後にも、起こり得ます。家族が皆一緒に暮らしている間に、母親が悪意から、パートナーと子どもの関係を損なおうとすることがあるかもしれません。父親の行動や態度を誤った捉え方をさせて、父親に対する子どもの認識を歪めてしまうのです。しかし、最も深刻なケースは、通常別居や離婚後に起こります。

子どもと父親の間に溝を作ろうとする方法には、次のようなものがあります。

- 父親より母親を選ぶ方が幸せになれると子どもに思い込ませる
- 父親が子どもと時間を過ごすのを妨害する
- 父親についてうそをついたり、欠点を誇張したりする
- 父親は子どものことなど気にしていないと思わせる
- 子どもを、父方の祖父母や親戚から遠ざける
- 父親の再婚相手と子どもとの関係を妨害する

●父親についてうそを言うように子どもに強要する

親子間の疎外について数冊の著書のあるエイミー・ベイカーは、一方の親から子どもを遠ざける親からの3つのメッセージを、下記のように述べています。

1.「お前を愛している親は私だけだよ。お前が幸せになるためには私が必要だよ」
2.「お前の父親は危険な人だよ。お前のためには時間をくれないよ」
3.「父親と関係を持つなら、私との関係が危うくなるよ」

親子間疎外の最も深刻なケースでは、一方の親に対するもう一方の親の憎悪を、子どもが完全に取り込んでしまいます。

ある男性が18歳になったとき、彼の父親が養育費を払っていた証拠を見せてくれました。彼が母親に言われていたことと、養育費の証拠はまるで違っていました。両親の離婚後、母親は、父親はまるで子どものことなど気にかけていないし、（今回払っていたことが明らかになった）養育費も支払っていないという作り話を子どもに吹き込んできたのです。

父親は子どもと過ごす時間を確保しようと、何度も試みましたが、失敗に終わりました。母親は状況を操作し、法廷で子どもたちに父のことでうそをつくように要求していたのです。子どもは気持ちが引き裂かれましたが、母親を喜ばそうとして母の要求に従ったのです。

子どもと過ごす時間を最小限にする

夫婦の関係がうまくいかなくなっても、子どもの福祉を最優先することに集中できるのが理想です。しかし、離婚後、父親が子どもと過ごす機会を、母親が大きく支配することがあります。母親の中には、元パートナーを傷つけるために、子どもを所有物や道具として利用する身勝手な人もいるでしょう。親権争いに苦しめられ、子どもとの接触を失って落胆する男性が多いのです。

交際中に妊娠して男性を陥れる女性がいる一方で、ただ妊娠したいがために男性と関係を持ち、妊娠すると男性を捨て、自分一人で子どもを育てられるように、男性に去ることを望む女性もいます。この場合、男性が父親としての役割を果たしたいと思っても、子どもとの接触時間を最小限にするために、女性が次のような障害を作り出すことがあります。

- 理不尽な親権争いをする
- 彼が悪い父親だと不当に非難する
- 彼の「悪行」を罰するためと称して子どもとの接触を制限する

離婚後に元妻の連れ子との面会交流が拒否されれば、彼にとっての法的な手段はない。

- 子どもとの面会交流に無理な条件をつける
- 彼が子どもを迎えに来る時間になっても、子どもに準備をさせない
- 時間通りに子どもを彼のところに連れていかない
- 彼が子どもと時間を過ごすための予定ではうまくいかない理由をでっち上げる
- 子どもを連れて遠くへ引っ越す
- 子どもをさらって、父親に会えないようにする

ある男性は、別居中の妻の要求に従わないと、以前取り決めた子どもとの面会交流をさせないと脅され続けていました。

別のある男性はある女性と、ひとときの恋愛をしました。彼女の妊娠の機会は限られていましたが、妊娠してしまいました。男性は、子どもの幸せを考えて、責任を取って子育てに参加しようとしました。

多大な労力とお金と時間をかけた激しい裁判によって、彼は親としての権利と子どもとの面会交流の権利を得ましたが、それはまだ闘いの第一段階にすぎませんでした。機会があるごとに、あるいは理由を作り出して、母親は、彼の子どもとの面会交流や親としての関与を困難にしています。

さらに母親は、彼の現在の恋愛を邪魔するために、彼に対して挑発的で誘惑的なメールを送ってく

るのです。彼は子どもの母親とよりを戻す気はなく、彼女の誘惑をやめさせようとしているにもかかわらず、です。彼女は屈辱的な内容のメールや過酷な要求のメールも送ってきます。彼女は、彼の面会交流スケジュールをどこまでも変更させようとします。たとえば、彼が息子を連れに来ても準備ができていなかったり、彼のところに息子を連れていく約束の時間に遅れたりするのです。彼女は誘惑的だったり、けんか腰だったりを繰り返します。男性と新しいパートナーは、子どもの母親の意地悪な態度や操作に振り回されて、常にピリピリしています。

自分は無力だというふりをする

男性は女性を守り世話をするように教え込まれるものです。健全な関係や状況では、よい概念だと言えますが、女性がこうした文化的な期待を利用して、次のような目的で自分を無力に見せようと操作する場合があります。

- 男性を誘惑して罠にかけるため
- 男性のしたくないことを無理にさせるため
- 家庭や恋愛関係において、男性に過剰な責任を負わせるため

「悲嘆にくれる、か弱き女性」には相手を夢中にさせるような魅力があるかもしれません。女性がすねたり泣いたりするだけで、自分の思い通りになることもあります。涙を芸術の域にまで高められるのです。ある女性は、簡単に男性を操ることができると夫に自慢していました。「無力のふりさえすれば、男たちが駆けつけてくれるわ」と。

何年も前のこと、私は女性の歴史と男女平等についての連載記事を書くためのリサーチをしていました。１９００年代初頭の女性の苦境について読み、記事にもしました。中流や上流階級の女性であっても、自分の生活や願望についてほとんど選択肢が与えられていなかったのです。女性は結婚して、男性の庇護のもとに置かれることが期待されていました。

ある記事にこう書きました。「女性は弱々しく病弱であることが魅力的だと考えられていた。健康な女性が、そのイメージに添うように酢やヒ素を飲むことすらあった」と。当時私はこう考えました。「何てかわいそうな女たち！　男性に結婚してもらえるために、ヒ素を飲んで病弱に見せなくてはならないなんて、本当にひどいことだ」と。でも今は、こう考えるのです。「自分を弱々しく見せかけて、男性をだまして世話をしてもらうために、ヒ素を飲むなんて、何て操作的な女性なんだ」と。

自分を必要としているように思える女性に惹かれて、面倒を見る責任を負う関係になってしまう男性もいます。

「彼女を幸せにするためにはどんなことでもしようと思うのです」

ある男性がこう言いました。「彼女を幸せにするためにはどんなことでもしようと思うのです。彼女を幸福にできることで、自分がいい人間だと思えるからです。彼女は、私に救われるために、不幸なふりをしていました。それから、私に頼り切っているようでした。どうして彼女と別れることなどできるでしょうか？」

また別の男性は、自分に依存する女性との不幸な結婚からなぜ逃れられないのか、何が妨げになっているかについて、こう語っています。「彼女と別れたら、自分が悪い人間になってしまうように思うんだ」と。

無力を装う極端な試みが、偽りの自殺未遂です。* 多くの男性が、女性に、離婚したら自分なしでは生きていけないと「自殺未遂」をされた経験を持っています。彼らの多くは、離婚に至るまでに5年から30年の間、妻に操作されていたと言います。

自殺については、第30章の「リソース」でも詳しく述べています。

*私は決して、自殺の示唆や自殺念慮を無視するよう勧めているのではありません。本当の自殺行為や、自殺願望を軽んじているのでもありません。この深刻な自殺に関する行為を、人を操作したり陥れようとしたりするために行うことが虐待的だと述べているのです。

責任放棄

オンラインのメリアム・ウェブスター辞書は、「責任放棄」を、義務や責任による要求を果たさないことと定義しています。

人間関係における責任放棄は、次のような形を取ることがあります。

- 何かを決定をしたり、決定することに貢献したりすることを厭う
- 公平に責任を負わない
- 自分自身の行動に責任を持たない

「あなたが○○しなかったら、私は△△しなかったのに」と、虐待的行為をせざるを得なかったと、女性がパートナーを責めることもある。

物事を決定する責任を負おうとしない女性は、パートナーに不釣り合いなほどの責任を押し付けます。「どうでもいいわ」「あなたのいいようにして」「あなたの行きたいところへついていくわ」のように悪気のなさそうな言い方で責任放棄をします。虐待的な関係では、こう言われた男性が決めたことを、後に女性が自分の思い通りにならなかったと非難するための仕掛けになっていることもよくあります。

家庭の円滑な維持のための役割を公平に分担しないのは、パートナーだけに責任を押し付けることになります。

自分自身の行動の責任を負わない人は、内省することも、事態を改善させようとすることもありません。

その代わり、言い訳をしたり他者のせいにしたりします。その「他者」がパートナーであることが多いのです。彼女のしたことがどんなことであっても、彼が責められます。彼女の行った虐待的な行為ですらそうなのです。「あなたが○○しなかったら、私は△△しなかったのに」というわけです。

ある男性はすべてを押し付けられて、きりきり舞いをしていました。仕事も家事もこなし、娘のバレエ教室の送り迎え……彼はとても有能で、長年の間、「自分にはできる。それにやる必要がある」と自分に繰り返し言い聞かせて、自分を支えてきました。

彼の妻は、時間通りに出勤することがほとんどありません。それに仕事でミスをしても、いつも職場のだれかのせいにしているようでした。

彼女は病気だと診断されましたが、処方された薬をきちんと飲まず、薬に悪影響を与える飲酒もやめませんでした。

すべての責任を果たすために夫が精一杯やりくりしていても、彼女は夫に対してとても批判的でした。気に入らないことがとても多く、それを夫に向かって盛んに言い募っていました。

忙しすぎた夫は現実を見る余裕がなくなってしまいました。それは、すべてがもたらした副作用でした。次々に襲ってくる災難に対処することで疲れ切っていたのです。

妻が自分の健康管理の努力をしていないことにも、夫は気づいていませんでした。妻が「すべては自分以外のだれかの責任」という作り話で真実を歪めていることに気がつかなかったのです。

彼は、自分さえ頑張れば、物事がうまくいって、妻が幸せになれると思い続けました。

無視する／愛情を示さない

「ネグレクトはなぶり殺しのようなもの」

パートナーを見向きもしない人もいます。無視されたパートナーは、自分に致命的な欠点があると感じたり、注目されたいと渇望したり、注目してもらうためにはどんなことでもしようとしたりするかもしれません。

自分の望む行動を引き出すために、パートナーへの愛情を控える場合もあります。パートナーは相手の希望通りにすれば、関心や愛情という報酬を得られます。

パートナーへ注意を払わない原因には、うつ病や、パートナーに対する思いやりの欠如のような身勝手もあります。しかし、パートナーを罰したり、侮辱したり、支配したりするために、敢えて愛情や注意を注がずに冷たくあしらったり黙殺したりすることもあります。

無視や、愛情を表さないことは、分かりにくい虐待です。「何かがある」のではなく、「何かがない」という状態だからです。

ある男性は、長年妻から無視されてきたと感じて苦しんできました。妻は行き先を告げずに出かけるし、出かける様子さえ見せずに出かけることもあります。性的なことはまったくしたがりません

（交際中はそうではありませんでした）。夫とランチの約束をしても、「もっといいこと」があると、ドタキャンします。

夫は、自分は妻にとって稼ぎ手以外の何者でもないと感じていました。彼は、妻の無視を「なぶり殺しだ」と述べています。

虐待されたとうそをつく

虐待をしている女性が、逆に自分が男性に虐待をされていると訴えることがあります。これは、魔法のような堂々巡りです。

パートナーや元パートナーを罰したり、侮辱したり、支配したりするために、女性自身や子どもが虐待されているとうそをつくことがあります。離婚を有利に進めるために使われることもあります。家族、友人、雇用主、顧客、裁判官などに対する彼の信用を失墜させ、法的な窮地に陥れます。

冤罪を着せるという脅しは、効果的な支配の方法です。善良な男性にとって、自分が忌み嫌うようなことをする男性たちと一緒にされることは、最も避けたいことです。現代社会の文化の中で、虐待容疑と闘うことは、どんな男性にとっても恐怖でしかないでしょう。

> 自分が忌み嫌うようなことをしている男たちと一緒にされることは、善良な男性を苦しめる。

結婚生活を終わらせたいと決心したある女性が、彼女の経済的な要求が受け入れられなければ「あなたを惨めにしてやる！　この町にいられないようにしてやるわ！」と夫を脅しました。

彼女は、自分が夫の虐待の被害者であるという作り話をしました。夫に怒鳴られて脅されていると、両親に訴えました。彼女の父親はひどく驚いて、「あくどい」婿に大変腹を立てました。

この虐待の作り話によって、父親は娘を守ろうとし、父と娘の関係がより強固なものとなりました。父親は娘と一緒に、娘の虐待の作り話を地域社会で広め、地域社会での義理の息子と顧客の関係を崩そうとしました。

この女性は、離婚裁判の訴状の中に、別居中の夫を虐待者だとする捻じ曲げられた物語を散りばめました。この裁判は無過失責任（婚姻関係の悪化の原因を問題としない）でしたが、夫を虐待者として描いた目的は、判事の夫に対する見解に影響を与えて、「かわいそうな」妻に有利な結果がもたらされるようにすることでした。

テキサス州のある女性が、別のやり方で夫を冤罪に陥れようとしました。彼女は著名人に悪行を働き、それを行ったのが、夫のネイサン・リチャードだと訴えたのです。

2013年、彼女はリシンを混入した手紙をアメリカ合衆国大統領とニューヨーク市長へ送りました（リシンは極めて致死性の高い毒物です）。手紙の郵送後、彼女は夫が手紙を送ったのだと警察に訴え出ました。

しかし、警察によって、それが夫でなく彼女の仕業だと判明するには、さほど時間がかかりませんでした。その手紙が送られたのは、夫ネイサンが離婚を申し出て間もない頃でした。家のパソコンで毒物についてネット検索をしたり、手紙の消印が押されたりしたとき、夫が職場にいたことが、証拠の一つとなって、彼女は自分の関与を認めざるを得なくなりました。しかし、もちろん彼女は「夫にやらされた」と話を作り替えました。

事件から6ヵ月後、彼女は罪を認め、懲役18年を上限とする司法取引に応じました。「夫に知らせずに、夫の名前で、メールアドレス、ペイパルのショッピングアカウント、郵便局の私書箱を作った」と認めたのです。(1)

ハラスメントやストーカー行為

ハラスメントとは、人に対する執拗な接触や監視のことです。多くの場合、対象となる人を支配したり、侮辱したり、罰を与えたりするために行われます。はっきりやめてほしいと言ったのに、しつこい電話やテキストメッセージやEメールが絶え間なく続くことがあります。

ある男性の妻は、夫の職場の休憩時間を把握していて、休憩の度に電話をしていました。夫が電話に出ないと、まとわりついてひどく非難したり、けなしたりしました。妻は夫のシフトが終わる時間も分かっていて、彼がすぐに電話をしてこないと、浮気していると非難しました（彼は浮気などしていませんでした）。

彼が自分の家族に会いに行ったときにも、彼が車の中で妻と長電話をしているのを、家族は目にしました。妻は電話で「あなたは私より、家族の方が大事なのね！」と叫んでいます。

ストーカー行為とは、繰り返し尾行や監視によって相手をいやがらせる行為です。ストーカー行為は婚姻中や交際中にも、あるいは関係が終わってからでも起きることがあります。パートナーや元パートナーが、自分でストーカー行為をすることも、家族や友人に頼むことも、だれかを雇って行うこともあります。「ストーカー行為」という言葉は、パートナーへの疑惑を調べようとする合理的なレベルの範疇を超えた行動を意味します。執拗で支配的、あるいは罰を与える行動を意味します。

物理的なストーカー行為も、サイバー・ストーキングのようなネットを使った行為もあります。ＳＮＳによって、あらゆるハラスメントが可能になりました。侮辱的な投稿からリベンジポルノ（別れたパートナーの裸の写真を投稿）までさまざまです。

人格を攻撃する

パートナーとの破局が訪れると、ひどく腹を立てたり、復讐心に駆られたりする人もいます。交際中はパートナーを軽蔑していた女性でも、別れが迫ると「私を捨てるなんて、とんでもないわ！」と腹を立てることがあります。そしてパートナーの秘密をばらしたり、彼の人格を歪曲したうそを広めたりすることが、人生の主目的となるのです。

ＳＮＳやメールの出現によって、復讐に燃える女性が、比較的簡単にネガティブな情報を拡散できるようになりました。元パートナーがネット上で繰り広げる中傷によって、家族や友人や同僚との関係が壊れてしまったり、雇用が危険にさらされたと悩む男性も多いのです。

ジョディ・アリアスの事件は恋愛相手に対する人格攻撃の最も顕著な例です。彼女は２００８年に元交際相手のトラヴィス・アレグザンダーを残忍なやり方で殺害しました。彼の体を25回以上も刺し、喉を切り裂き、頭を拳銃で撃ち抜いただけでは収まりませんでした。彼女は、肉体を殺害した後に彼の人格も殺そうとしたのです。

彼女はトラヴィスと、彼に対する皆のイメージを破壊しようとしました。裁判の証言で、彼女はトラヴィスが操作的で残忍な変態だったかを述べ、したがって死に値すると、陪審員（ならびにテレビ視聴者）を説得しようとしました。

しかし、彼女の描いたトラヴィス像は、ほとんどの人の見方と異なっていました。それでも彼女の話をうのみにした人もいました。ジョディは一部のＤＶ専門家を確保して無垢な被害者という立場を主張したのです。この本を執筆している今は、まだ彼女の主張によって、陪審員が死刑判決を出すかどうかが定かでありません（訳注：その後ジョディは仮釈放なしの終身刑を言い渡され、現在アリゾナ州で服役しています）。

巧みに操る

巧みなセールストークで人を操る人もいます。相手に自分の行動や考えを売り込むのです。錯覚、強制、誘惑、威嚇、そしてセックスを使って売り込みます。周知のように「セックスはよく売れる」からです。

望ましい行動には報酬を与え、望ましくない行動には罰を与える、「飴と鞭」のアプローチが使われることがあります。報酬と罰は、分かりやすいものも、曖昧で微妙なものもあるでしょう。

女性がパートナーの望ましい行動に、セックスや金銭や笑顔といった直接的な報酬を与えることもありますし、（同情を引くような表情をしたり怒鳴ったり脅したりするような）パートナーに対する不快な行動を一時的に減らすといった間接的な報酬を与えることもあります。

自分の思い通りにならないと代償に罰を与えます。セックスの拒否、黙殺、ふくれっ面、叩くなど、さまざまな不快で危険な罰があります。

操作的な人にはたっぷりの時間があり、そういったことをするのも容易です。恋人や夫や元交際相手を

> 「操作の動機は、常に一方的で、非対称的で、アンバランスだ。適切な影響力と操作の間の境界線を超えたときに、人間関係は中断され混乱をきたす」——ハリエット・ブレイカー「Who's Pulling Your Strings（あなたを操るのはだれか？）」

意のままに操るさまざまなテクニックを試すことができます。一つの方法の効果が失せたら、新たな方法を考え出して実践することができます。

多くの虐待的な行動や態度には、人を操作する要素があります。

事実を歪曲する

事実の歪曲の目的には、自分のしたことを隠す、錯覚を起こさせる、現実から目をそらさせる、自分をよく見せてパートナーを悪く見せる、同情を得る、有利になる、といったものがあります。パートナーの状況認識を歪めることや、自分やパートナーについて他者に誤った印象を与えることがゴールなのかもしれません。

おもしろがって事実を歪曲することもあります。人の目をくらますゲームを楽しむ人もいます。強くなったと思えたり、爽快な気分になれたりするのです。

事実の歪曲は次のようなさまざまな方法で行われます。

- 自分が別のだれかのようなふりをする
- 作り話をする
- むきになって主張する

「自分の意見を持つ権利はだれにでもあるが、それは自分自身についての事実を持つ権利ではない」――リッキー・ガーバイス

- 肝心のことを言わない
- 中途半端な真実を言う
- 話をそらす
- 最小化する
- 誇張する
- 真実を否定する
- 情報を隠す
- 選択記憶
- 真っ赤なうそをつく

自分が別のだれかのようなふりをする

相手男性を誘惑するために、実際とまるで異なる自分の物語を作り上げたり、交際中に本当の自分を隠したりする。

作り話をする

パートナーが疑いや懸念を持つ前に、先手を打って、自分の居場所や行動や、他のだれかの行動について作り話をする。

むきになって主張する

実は自分もこっそりしている行動なのに、それがあたかもひどいことのように非難する。

肝心のことを言わない

自分のした悪いことについて、パートナーの気が散っているときに小声で言ったり、他の情報に紛らわせて言ったりする。そうすることで、パートナーの耳には聞こえなくても、「本当に言った」と主張できる。

中途半端な真実を言う

部分的に本当のことをセンスよくかつ捻じ曲げて話すことで、聞き手に真実ではない結論を導かせる。

話をそらす

知られたくないことに話が集中してきたら、話題を変える。

最小化する

自分の悪い行いを、実際より重要でないとか「そんなに悪くない」と最小化する。一方、パートナーの功績や特質は「たいして良くない」と最小化する。

誇張する

自分の業績や貢献や能力を大げさに言ったり、パートナーの欠点を誇張したりする。

真実を否定する

本当のことをうそだと主張する。

情報を隠す

言うべきことを省略することによってうそをつく。

選択記憶

実際にした会話や、実際のできごとを、起きなかったと主張する。

真っ赤なうそをつく

ある男性曰く「妻が口を開くのは、うそを言うときだ」。

ある男性は離婚後に妻の「より深い策略が次々に明らかになっている」と言います。妻は交際当初からうそをつき、彼に言い寄りました。当時彼は彼女の話を信じていましたが、ずっと後になって、それが誇張され歪曲されたものであることに気づきました。彼女は結婚している間、配偶者をだます人がどれほど悪いことかとまくし立てることがよくありました。しかし、実際は夫を裏切っていたのは彼女自身だったのです。妻はこっそりお金を自分の口座に移していましたが、それは、離婚の際の法定会計によって発覚するまで分かりませんでした。こうした策略はまだ氷山の一角でした。

根拠のない嫉妬

もしパートナーが浮気をしているとか、浮気を疑う合理的な理由があれば、女性が嫉妬心を抱いても不思議ではありません。いたってノーマルな反応の一つと言えます。

しかし根拠のない嫉妬は、理にかなわない、強迫観念的なものです。嫉妬の対象者というよりは、むしろ嫉妬する本人の問題なのです。相手を支配したり侮辱したり罰したりする口実に嫉妬を使うこともあります。

ある男性は嫉妬を起こさせるようなことは何もしていないのに、彼の妻は常に嫉妬していました。嫉妬心を引き起こす理由は、どこまでも増え続けました。

妻は、自分と付き合う前に交流のあったすべての女性との連絡を絶つよう主張し、接触していないか監視しました。

また、同僚の女性とも個人的や友好的な交流を持たないよう主張しました。夫の帰宅が遅れると、まるで調査官のように尋問しました。

夫がジムに行くのも禁じました。ジムには露出度の高いタイトな服装の女性がいるからと言うのです。

ある日、2人でドライブしているときに、彼がふと窓の外を見ると、女性が通りかかりました。彼がうっかり女性のいる方を見たことが原因となって、夫は何ヵ月もの間、妻の批判にさらされ続けました。

この妻は、嫉妬心を利用して夫の時間と空間をコントロールしていたのです。彼をけなす口実にして、非難し、罰を与えていたのです。

ガスライティング（心理的手段を使って、相手の精神を混乱させる）

『ガス灯』は、ガス灯が家庭や街頭を照らしていた時代を舞台にしたパトリック・ハミルトンによる戯曲です。１９４０年代には映画化もされました。物語の中で男性が妻を狂わせようとしたことから、「ガスライティング」という言葉が生まれました。自分が狂っているのではないかとパートナー自身に思わせるものです。

主人公の男性は、妻のポーラに自分の認識力がおかしいのではないかと思わせて、徐々にむしばんでいきます。妻が置いた物を動かして、「お前が失くした」と非難します。また、自分が毎晩外出しているという錯覚を妻に起こさせ、実は屋根裏部屋に忍び込んで、妻の亡くなった叔母の持っていた高価な宝石類を探して遺品をあさります。屋根裏部屋から聞こえる足音も、屋根裏部屋のランプをつけることによって家の中のガスランプが暗くなったのも、妄想にすぎないと妻をとがめます。

「突然、私は自分の記憶が信じられなくなりました」——ポーラ（『ガス灯』）

ガスライティングとは、だれかが自分の利益のために、意図的にあなたの現実の認識を捻じ曲げることです。その目的は、あなたとの争いに勝つことや、自分の行動を隠蔽することや、本当でないことを本当だと思わせたり逆に本当のことをうそだと思わせたりすることや、あなたが自分自身を信じられなくなるようにすることなどです。
ガスライティングは、こんな風にあなたを説得しようとします。

- あなたが見たものは、本当は見ていない
- あなたが言ったことは、本当は言っていない
- あなたが聞いたことは、本当は聞いていない
- あなたが見なかったものは、本当は見ていた
- あなたが言わなかったことは、本当は言っていた
- あなたが聞かなかったことは、本当は聞いていた

理不尽な期待

理不尽な期待には、二つの面があります。

- パートナーに対して理不尽な期待を持つ
- パートナーからの合理的な期待に理不尽だというレッテルを貼る

どちらの面も、自分の方がパートナーより重要だという原則に根ざしています。パートナーの欲求より、自分の欲求の方が重要なのです。そして自分の欲求は誇張されて「必要」となり、パートナーの欲求とニーズは最小化され否定されます。

虐待的な女性の期待がかなえられないと、反発が起こります。怒鳴ったり、ふくれたり、泣いたり、叩いたり、黙り込んだり、セックスを拒否したり……

理不尽な期待には、絶対的な言葉がよく含まれます。「常に」「決して」「すべて」「まったくない」といった具合です。理不尽な期待は、悪意、利己主義、自覚の欠如に根ざしていることがあります。

偽りの約束

「偽りの約束」は、戦争捕虜や恋愛相手に対して使われる拷問の手口です。偽りの約束をして、対象者に何かよいことが起こると信じさせます。対象者が期待を膨らませると、足をすくわれます。そして、打ち砕かれた期待によって、対象者は約束の前よりも、さらに気持ちが落ち込んでしま

合理的な期待	理不尽な期待
彼にある程度、自分に注意を向けてほしい	彼の注意をすべて自分に向けてほしい
2人の関係の発展に従って、お互いがどれほど経済的な負担をするべきかについて、2人で話し合って決めたい	家庭の事情や、2人の収入能力に関係なく、彼に経済的に支えてほしい
一緒に過ごす自由時間がたっぷりほしい	彼の自由時間のすべてを自分と過ごしてほしい
自分の時間の使い方に、ある程度関与してほしい	自分がしたいことは何でも、好きなときにしたい

います。

ベトナム人がアメリカ人捕虜にこうした拷問を行ったと聞きました。

- 捕虜は「来月には国に帰ることができる」と告げられる
- この約束は定期的に繰り返される
- 3週間後に「国に帰るための」書類手続きをしなくてはならないと言われる
- 2週間後に「国に帰るのだから」他にも必要な手続きがあると言われる
- 表向きは「国に帰る」ための飛行機に捕虜を乗せるまで、策略は続行される
- 飛行機の中で、捕虜は国に帰るのではないと告げられる。捕虜のした行いによって「お前は（国から）必要ないとされている」からだと言われる
- 捕虜が経験する感情の落ち込みは、約束される前よりも、ずっと深いものとなる

周期的なパートナー虐待では、虐待のサイクルが起きる度に、「変わる」という約束がなされたり、ほのめかされたりします。しかし約束の後は、また緊張が高まり、虐待が繰り返され、虐待されたパートナーは希望が打ち砕かれて、心理的に落ち込むのです。

偽りの約束がなされたり、ほのめかされたりする。

洗脳する

洗脳も、偽りの約束のように、虐待的な関係における拷問と言える一例です。虐待を行う人は、しばしば、明確に考えられなくなるトランス状態に対象者を陥れることがあります。すると対象者は、虐待者の意見を取り入れるようになって、自分を見失います。

パートナーから意見を浴びせかけられ、回復の時間をほとんど与えられず、相手の要求に応えることに忙殺される男性には、精神的なエネルギーなど、ほとんど残っていないかもしれません。自分の考えを保つのが困難なほど、相手の意見にどっぷり浸かってしまうかもしれません。虐待によって生じる不安感も、明確な思考を妨げます。

心理学辞典では、洗脳を「人の感情や態度や信念を操作して変化させること」と定義しています。洗脳によって、人は精神的に自分を守る力が衰え、相手に支配されやすくなります。

１９５６年、アルバート・ビーダーマンは朝鮮戦争で捕らえられたアメリカ人捕虜の収容所で、捕虜たちが、どのように戦術的な情報を引き出されたり、プロパガンダに協力させられたり、うその自白に同意させられたかを研究しました。身体的な苦痛を与えることは「追従の誘導」に不必要であり、一方、心理的な操作はその目的達成に非常に効果があったと、ビーダーマンは述べています。彼の報告書には、「ビーダーマンの強制力チャート」として知られる表が含まれています。

ビーダーマンの強制力チャートは、パートナー虐待を含むさまざまな状況における洗脳の要素を説明するために多くの人に使われてきました。そのチャートに含まれる手段は、虐待に使われる方法とも関連づけることができます。[2]

強制力チャートで、ビーダーマンは洗脳のメカニズムを次のようにまとめています。

1. 隔離
2. 認識の独占化（目の前の苦境に目を向けさせ、「好ましくない」刺激を排除する）
3. 衰弱の誘発と疲労
4. 脅迫
5. 時々の褒美（応諾への動機づけとなり、欠乏状態に慣れてしまわないようにする）
6. 優越性を示す
7. 恥をかかせる
8. つまらない要求の強制

洗脳成立のために8つの要素すべてが揃う必要はありません。それぞれの要素には、現実を歪め、認知を妨げ、自信を失わせ、追従させるための力があります。

戦争捕虜収容所では、囚人と看守は敵同士です。通常、軍人は、敵に捕らえられたときに備えて、洗脳に対処する訓練を受けています。

しかし、恋愛関係ではお互いは味方同士のはずです。パートナーに愛情や理解や同情を求めるのは当然ですし、相手にもそれを与えようとするでしょう。しかし残念ながら、恋愛関係では、悪意のある利己的なパートナーによる強制的な洗脳に対して、人は脆弱です。なぜなら、それが予期されないことだからです。こっそり忍び寄ってくるものだからです。

堕落させる

ネットのTheFreeDictionary.comによる「堕落」の定義です。

- 「正直さや誠実さを破壊したり失わせたりする」
- 「道徳的に破滅させる、邪道に導く、汚す、汚染する」

洗脳による虐待で、パートナーが虐待者の言いなりになったり、虐待者の意見に不当に影響されたりする可能性が生じます。パートナーを支配することによって、パートナーが当人の価値観に反した行いをしたり、自分からやらないような破壊的な興味に走ったりするように仕向けることが、比較的容易になります。

女性がセックスを効果的に使って、男性に普段しないようなことをさせることがあります。男性が通常は不道徳と見なすようなセックスを伴うことが直接、彼の道徳上の堕落となるかもしれません。また女性がセックスを使って、パートナーの理性的な思考を失わせ、より自分の意のままにすることもあるでしょう。

「悲嘆にくれる、か弱き女性」もまた、男性を支配し、彼の思考能力を鈍らせる手段となります。か弱き女性を悲劇から救い出すために、普段はしないようなことを、喜んでするようになるかもしれません。パートナーを堕落させる手口はさまざまです。

- ドラッグ、セックス、ギャンブルなどにのめり込ませる
- アルコール依存症から立ち直ろうと節酒しているパートナーに酒を勧めたり、目の前で飲み会をしたりする
- パートナーが友人や家族のことを悪く言ったり、ひどい扱いをしたりするよう仕向ける
- 自分のためにうそをつくよう説得する
- 男友達を操って、夫を殺害したり破滅させたりする手助けをさせる

搾取する

「搾取」とは、次のように定義されています。

- 「利を得るために人を不当に扱うこと」(OxfordDictionaries.com)
- 「利己的な利用」(Dictionary.com)
- 「自分の利益のために卑劣に、あるいは不当に人を利用すること」(Merriam-Webster.com)

人を巧みに操る自己中心的な女性が、さまざまな方法を使って男性から、次のようなものを搾取することがあります。

- 社会的地位
- お金
- 時間
- エネルギー
- 善良な性格
- 供給者で保護者になれという、男性が教え込まれてきた理想像
- 経験のなさ

ある女性が、責任感が強くて賢いけれど、恋愛経験の浅い男性に目をつけ、彼を執拗に追いかけました。付き合い始めてすぐに彼女は自分の持ち物を彼の家に少しずつ運び込み始めました。そのうち、

彼女の幼い娘も一緒に彼の家に泊まるようになりました。わけが分からないうちに、母娘もろとも彼の家に引っ越してきたのです。

彼女は結婚を迫り、彼は屈しました。彼女は子どもを作ろうと迫り、彼は反対しましたが、彼女は自分の考えを通しました。彼女は仕事をやめ、彼は長時間働き、家事をこなし、子どもたちの習い事の送り迎えもするようになりました。彼女は家でコンピュータゲームをしたり、こっそり自分の口座にお金を移したり、疲れていると文句ばかり言っていました。

「私と別れたら、だれにも渡さない」と破局後の恋愛を邪魔する

別れが訪れたり、訪れそうになったりすると、次のように悪意を持ってパートナーの新しい恋愛を妨害しようとする女性もいます。

- 彼の信用を落としたり、借金を負わせたり、弁護士料を上げたり、ほとんどの資産を持ち去ったり、扶養料を最大に引き出したりすることによって、彼に経済的な魅力がないようにする
- 彼にいちゃついて、新たな交際相手に嫉妬心を抱かせる
- 彼の新たな交際相手を、言葉で直接的に攻撃したり、家族や友人やコミュニティにおける彼女の信用を落とそうとしたりする

●彼の新たなパートナーと、彼の子どもとの関係を損なわせる
●大掛かりな芝居や混乱を引き起こして、彼の気をそらしたり、彼の新しいパートナーを疲弊させたりする
●彼をコミュニティで中傷し、評判を落として、他の女性が彼を魅力的に感じられないようにする

「私と別れたら、だれにも渡さない」という考えが最も暴力的な形で現れるのが、殺人です。2002年、夫デイビッドの浮気に気づいた妻クララ・ハリスが、夫をベンツで轢きました。彼女は「事故だった」と主張しましたが、警察の報告書や、彼女が雇った私立探偵の動画から、彼女が夫を何度も轢いていたことが発覚しました。傷を負ったデイビッドは前妻との間にできた16歳の娘が見守る中、亡くなりました。

デイビッド・ハリスの事件は、暴力的で悲劇的ですが、もっと間接的な方法でパートナーを殺そうとする虐待的な女性も多いのです。それは、パートナーの精神、成功能力、心、将来を殺そうとすることです。

パート3

女性が男性を虐待する理由

第11章

なぜ女性による男性への虐待が起きるのでしょうか

行動の理由は行為を説明するものであって行動の言い訳になるものではない。

意識的あるいは無意識的なパートナー虐待の全般的な目的とは、相手を侮辱し、支配し、罰することです。とはいえある女性がこのような虐待をする場合、そこにはどんな理由があるのでしょうか？

私たちは皆、生物学的な要素（遺伝子と健康）、これまでに起きたすべてのこと、自分がさらされてきたすべての事柄によって構成されています。これらの組み合わせによって、ある瞬間の思考（意識的なものも無意識的なものも）や感情が作られます。そして考えと感情が行動へと繋がるのです。

人が何を考え、どう行動するかには、常に理由があります。よい理由や健全な理由でない場合もあるでしょう。合理的でも論理的でも、意識的な理由でもないかもしれません。

ある女性が、男性パートナーに対して虐待の可能性のある行動をする場合、そこにはいくつもの理由が考えられます。それが破壊的な行為だと気づかずによかれと思って行う人から、完全な悪意によって虐待を行うソシオパス（社会病質者）まで、さまざまです。

ある人が、なぜそのようなことをするのかが分かれば、その人をより理解することができます。また、その人自身が自分をもっと理解する助けにもなるでしょう。しかし、理由を理解すれば、それで終わりではありません。行動の理由は行動の言い訳になるわけではありません。「なぜ」と思うことから見えてくる情報を使って、変わる方法を進んで見つけようとしなくてはなりません。

大人には、自分の行動や態度が自身や他者に害を及ぼしていることに気づき、それを止める努力をする責任があります。彼女がそんなことをする理由は、いずれ問題とは言えなくなります。重要なのは唯一、彼女が変わろうとすること、そして彼女のパートナーがもう一度彼女にチャンスを与えられるかどうかということだけなのです。

虐待的な行動や態度に、いくつかの要素が組み合わさっている場合や、主な理由が一つだけある場合もあります。

女性が虐待的な行動を身につけた理由には、次のようなものが考えられます。

- 子どもの頃甘やかされて育った
- 子どもの頃に虐待された
- いじめを受けていた
- 人をいじめていた
- 以前他の男性から虐待を受けていた
- 父親が母親を虐待するのを見ていた
- 母親が父親を虐待するのを見ていた
- 女性による男性への虐待が、文化的に認められ奨励さえされているということ

彼女に欠けているかもしれないスキルには、次のようなものがあります。

- 感情への対処
- 自分の世話をすること
- 怒りのコントロール
- お金の管理
- 自己主張
- コミュニケーション

行動の理由は行動の言い訳になるわけではない。

彼女はこんな気持ちかもしれません。

- イライラしている
- 疲れ切っている
- ストレスがたまっている
- 怖がっている（感情的、精神的、肉体的、経済的など）
- 攻撃と自己主張を混同している
- 二項対立的な考えにとらわれている
- 自分の行動がもたらす影響に気づいていない
- 不安
- 過剰反応
- 完璧主義
- アドレナリン中毒（危険やスリルを求めてやまない）
- ホルモンの障害
- 自分の考え方や行動の仕方やあり方をパートナーに押し付ける
- 怠惰
- 買い物やギャンブルやセックスなどへの依存症

- 酒やドラッグの乱用
- 自己中心的
- 男嫌い
- 虐待というゲームに夢中になっている
- ヒストリオニック（演技性）パーソナリティ障害
- ナルシスト
- ソシオパス（社会病質者）
- 単に意地悪

また、彼女には次のような傾向があるかもしれません。

- 自尊心が低い
- 衝動をうまく制御できない
- 身体的な病気がある
- 脳の病気・損傷
- 認知症
- うつ病

- 不安障害
- 双極性障害
- 心的外傷後ストレス
- 境界性パーソナリティ障害

彼女は次のことを望んでいるのかもしれません。

- 話を聞いてほしい
- パートナーの注意を引きたい
- 自分の立場をよくしたい
- 自分の思う通りにしたい
- パートナーの「過ち」を罰したい
- 特定の男性や、男性全般の「悪行」のために、パートナーを罰したい
- 自分の人生をコントロールしてこなかった過去の経験をうめあわせたい
- パートナーが何か「悪い」ことをするように仕向けたい
- 責任を回避したい
- 優越感を持ちたい

- パートナーを陥れたい
- 自分のしたことから、目をそらさせたい
- 自分が被害者だという立場になりたい
- 自分は強いと思いたい

次のようなことが彼女の動機になっているかもしれません。

- 恐怖心
- 自己防衛
- 他のだれかを守ろうとする
- 愛情（歪んだ愛の可能性もある）
- 憎しみ
- 利己主義
- 嫉妬
- 個人的な利益（地位、法的な立場、経済的など）
- 報復
- 復讐（実際または想像上の過ちに対して）

●強迫観念

第12章

生い立ちや環境による理由

「自分が他者に対して持つ感情は、主に自分が自分自身をどう感じるかによって決まるということ、そして自分が自分自身であることが快適でなければ、他者と快適に過ごすことはできないということ。こうしたことに気づかずに、人生を送る人がいかに多いかに驚かされる」――シドニー・J・ハリス

成長過程で見聞きした虐待

幼少期だけでなく、過去のどんな時期の体験も、それが虐待的な行動をする原因になることがあります。たとえば、次のような影響として表れます。

- 二次的な影響（虐待を目撃した）
- 反動的な影響（彼女自身が虐待を受けていた）
- 直接的な影響（虐待を奨励された）

二次的な影響

親同士の接し方や、親の子どもへの接し方が虐待の手本となることがあります。そういった環境で育つと、自分の人間関係も同じにするように訓練されるかもしれません。

反動的な影響

以前に虐待を受けていた女性が、虐待をするようになる場合もあります。両親や、きょうだいや、世話をしてくれた人、見知らぬ人、あるいは、前のパートナーから虐待を受けたかもしれません。仲間からのいじめもあるでしょう。

虐待された側が虐待する側になることがある。

男性から虐待を受けた女性が、男嫌いになることがあります。その場合、彼女を傷つけた男性に対する怒りが、男性一般に向けられることもあります。わざわざ男性を捕らえて虐待しようとすることもあるでしょう。

直接的な影響

他人をいじめるのを良しとする文化や集団の一員であったり、何でも自分の思い通りにするべきだという育ち方をしたりした人が、当然のこととして虐待的な行動を取り入れることがあります。

ときには、家族や周囲の人に甘やかされて育ったために、パートナーを虐待するようになった女性もいます。大事に扱われたり、ちやほやされたり、甘やかされたりすることに慣れてしまうのです。

お姫様のように扱われることに慣れていて、パートナーにかしずかれて当然という理不尽な期待を持っているのでしょう。

お姫様のように育てられることで、虐待的な行動が培われることもある。

ただし、誤解のないように明言しておきたいのは、

- 虐待を受けた人すべてが、虐待をするようになるわけではないし、
- 虐待的な人すべてが、過去に虐待を受けたり、甘やかされたりしたわけではない

ということです。

虐待を受けた人が虐待をするようになるというわけでは、決してありません。以前受けた虐待からどんな影響を受けるかは、人によって実にさまざまです。虐待を受けた人が、自分や他人をより正しく扱う方法を探すかもしれません。受動的な役割をするように訓練されたり、自分は虐待的な人間になりたくないと思って、消極的になってしまう可能性もあります。

子どもの頃にどのように扱われたかということは、その人の態度や行動の潜在的な要素の一つでしかありません。他にあり得る要因としては、遺伝、健康状態、教育、経済状態、最近の体験やできごと、文化など、第11章「なぜ女性による男性への虐待が起きるのでしょうか」で紹介した長いリストのすべてが含まれます。

メディアの作り上げた男性への虐待をよしとする文化

メディアの示す男女関係には、文化的な規範や信念が反映されているだけではありません。それを強化する役割も果たしているのです。長年にわたって、テレビのＣＭに登場する男性は、間違いばかりしでかす悪い愚か者であり、怠惰で不器用で、女性に正してもらわなくてはどうしようもない馬鹿者として描かれてきました。ＣＭ中の女性は、賢くて積極的な権威者です。女性が男性を支配し、侮辱し、罰する行為が期待され、正当化されます。

こうした男女の相対的な特徴づけや男女間の相互作用の描写が稀であれば、それほど意味のないことだと思えるでしょう。しかし、それが頻繁に行われれば、そのことの持つ意義が深まるのです。さらには、逆バージョンのシナリオが欠如していることにも、さらに深い意味があります。企業が商品の宣伝のために、男性が女性を侮辱したり叩いたりするようなコマーシャルを目にすることはまずありません。

この章の執筆中に、女性が男性を支配するのを美化するコマーシャルを、またしても目にしました。快適な住宅街で一人の中年女性が庭仕事をしているところからLittle DebbieのＣＭが始まります。そこへ若い頃の自分が現れて、作業を終えたご褒美にいつもLittle Debbieのカップケーキを食べていたことを思い出させます。

彼女は手にした花の苗を放り投げ、キッチンに走ります。そこでは、夫がまさにカップケーキを食べようとしていました。妻は、夫からカップケーキを奪い取って、「ガレージの掃除が済むまで食べてはダメよ」と宣言するのです。

ＣＭはこれで終わりではありません。次の場面では妻が座って夫から奪ったカップケーキをゆっくり楽しんでいるところに、若い頃の彼女が現れて「屋根裏部屋も掃除させれば？」と言います。若いバージョンと今のバージョンの彼女は、夫を規則と褒美で支配し侮辱することがいかにすばらしいかを確認し合って、グータッチを交わすのです。

女性が男性を威圧する形式のコマーシャルは、女性による男性への虐待を見えにくくすることに貢献すると同時に、それが不可視化されていることを暴露しています。視聴者は、それに順応し、期待し、おもしろいと思ってしまうのです。

ある地元の作家の集まりで、主賓として招かれたのは、小柄で上品な銀髪の女性でした。彼女は多くの本を出していて、映画化されたものもいくつかあります。私と数人の人たちが同時に彼女に紹介されて、みんなで彼女のそばに立ったまま、書きたいものについて話し合っていました。

私は、コミュニケーション・スキル、恋愛スキル、そして女性による男性への虐待について書いていると話しました。すると主賓の女性作家が「映画化されたら、私が女性を演じたいわ。虐待したい男が何人かいるのよ」と口走りました。明らかに賢い言葉の選び方を知っている女性作家が、このようなプロの集まる場所で、大勢の見ず知らずの人たちの前で、恥じることも、ためらうこともなく、男性を虐待することを支持したのです。

残念なことに、彼女のような態度は広く見られるものです。さらにもっと残念なのは、女性から虐待されている男性や虐待をしている女性のカウンセリングをする立場にあるべき専門家の間にも、女性から男性への虐待を肯定する姿勢が浸透していることです。

あるソーシャルワーカーにカウンセリングについて尋ねられたことがありました。私は、成人の男性や女性やカップルのカウンセリングをしていて、女性による男性への虐待も専門の一つだと答えました。すると彼女は「振り子がそういう方向に振れるのは、これまで男性が女性を虐待してきたからでしょうね」と言ったのです。

低い自尊感情

自尊心が低いと、やる気をなくしたり、逆にむやみに達成や優越を求めたりと、幅広い影響が出ます。落ち込んでいるように見えたり、優越感に浸っているように見えたり、さまざまです。

健全な自尊感情とは「自分は愛すべき存在であり」「自分の置かれた環境に順応する力がある」ということです。

自尊感情とは、世間に見せる顔のことではありません。すべてを持っているように見える人でも自尊感情が低いかもしれません。自尊感情とは内側で感じるものであり、その人の核となるものです。

自尊感情の低い人は、褒め言葉を拒絶し、自分のままで十分価値があると思ってもいいのだというサインを感じ取ろうとしないかもしれません。木材を取り込んで、激しくかき混ぜて、吐き出して、また空っぽになってしまう木材粉砕機のように、自尊感情の低い人は、パートナーからの褒め言葉や愛情を受け取り、かき混ぜ、吐き出し、また空っぽになって、もっと欲しいと要求します。

自分のことをよく思えない女性は、次のような方法から選んで、自分の不快な気持ちに対処することがあります。

- 笑って耐える
- 原因を突き止めて自尊感情を健全なレベルまで高める

- 優越感に浸るために他人を批判する
- 得意な気持ちになるために、他人を支配する
- 威張ることで自分への気持ちを高める
- 自己憐憫と無力感におぼれる

二項対立的思考

二項対立的思考とは、白か黒か、オールかゼロか、という考え方です。二項対立的思考では選択肢は二つしかありません。

これはあまり現実的な世界の見方とは言えません。現実世界では、ほとんどの物に二つ以上のオプションがあります。ほとんどどんな状況でも、正反対の二つの選択肢の間に多くの可能性のグラデーションがあるのです。

白と黒を二項対立的思考の典型だとしても、私たちが黒や白のレッテルを貼っていることのほとんどは１００％黒でも１００％白でもありません。私たちが黒や白と呼ぶものの大半は、実はその混ざり合ったグラデーションのどこかに位置しています。さらにその間には、さまざまな濃度の黒や白を組み合わせたグレースケールが存在しています。

二項対立的な考えは思考の罠です。正しいか間違っているかしかありません。自分がなりたくない姿の

正反対へと人を追い込みます。こうした考え方には、「彼女が正しくて彼が間違っている」あるいは、「彼が正しくて彼女が間違っている」の二つの選択肢しかありません。ですから、彼女が「間違っていたくない」のなら、常に自分が「正しく」なければならないのです。

　こうした考え方は、状況を極端に歪めてしまうオール・オア・ナッシングの見方を作り出します。「絶対」の例外に目を向けずに、「絶対」を語り、「絶対だ」と感じるようになります。たとえば次のようなことです。

- あなたは絶対に自分の下着を片づけない
- あなたはいつも遅刻する
- あなたは私のことなんてどうでもいいと思っている（これには、まるで、というニュアンスが含まれています）

攻撃と自己主張の混同

　二項対立的な考え方をしていると、攻撃的な言動を自己主張だと思い込むことがあります。

　自己主張は攻撃ではありません。自分が言うべきことをきちんと言うことです。誠実さと尊敬の念を併せ持ち、自分や他者のために立ち上がることです。いつ自分の考えや気持ちを伝えるのが適切か、その判断ができることです。

自己主張のグラデーションの中において、中間の領域が「自己主張」です。そして一方の端が「受動的」で、もう一方が「攻撃的」です。

二項対立的思考をしていると、二つの選択肢しかないと思うかもしれません。完全に踏みにじられるか、攻撃的になるかの二つです。受動的になることから自分を守るために攻撃的になる女性もいるでしょう。その逆に、攻撃的にならないために受動的になる女性もいるでしょう。受動的と攻撃的の間を行ったり来たりする人もいます。すると、

耐えて
耐えて
耐えて
ついに爆発！

となるかもしれません。

実際、自己主張のグラデーションの両端は不健全なのです。「受動的」と「攻撃的」のグラデーションの中間が健全と言えます。自己主張とは、健全でバランスの取れたコミュニケーションです。学んで身につけたい態度であり、スキルなのです。

完璧主義

完璧主義も、二項対立的思考の表れの一つです。二項対立的な世界観を持つすべての人が完璧主義というわけではありませんが、ほとんどの完璧主義者は二項対立的な考え方をします。

完璧主義は厳しいものです。だれも完璧にはなれません。すべての事柄が完璧に運ぶわけでもありません。完璧主義者は慢性的に、自分自身や親しい人たちに対してイラついたり、失望したりしています。

優秀さを求めることには意味がありますが、完璧主義には意味がありません。優秀さとは、置かれた状況下で最大の能力を発揮することです。

優秀さのグラデーションを見てみましょう。

二項対立的な考え方をする人は、完璧でなくては惨めな失敗だと思うかもしれません。しかし実際には、グラデーションのどちらの端も不健全なのです。惨めな失敗の位置にいるのはよいとは言えませんが、完璧の位置にいるのは達成不可能です。健全なのは、どこか中間の位置です。

このグラデーションの両端を表すさまざまなラベルがあります。

「完璧主義」を表すラベルです。

- 欠点がない
- 清廉潔白
- 純粋
- 汚れていない
- 無垢
- 完全無欠
- 非のうちどころがない
- 無傷
- 無過失
- 落ち度がない

「惨めな失敗」を表すラベルです。

- 怠け者
- 役に立たない
- 価値がない
- 不良品

「言葉に出しても出さなくても、自分の行動のすべてが完璧であるべきというルールを自分に課している人は、失敗を免れないだろう」――カート・ローゼングレン（U.S. News & World Report）

- 哀れな
- だらしがない
- 傷物
- 負け犬

「十分でない」と感じると、その決定的な欠陥の感情を鎮めるために、二項対立的な思考が彼女を完璧へと駆り立てます。完璧でないものすべてに対して傷をほじくり返し、耐え難い苦痛を与えます。完璧主義の女性は、子どもやパートナーなど身近な人を自分の代表者と見なして、彼らにも完璧さを求めるかもしれません。彼らが完璧でなければ、彼女自身が惨めな失敗者であるように感じるのです。

その他の不健全な理由

虐待をする人の中には、単に意地悪なだけの人もいます。他人をあざけり、支配し、罰することに駆り立てられるのです。習慣や目に見えない見返りが、こうした行為に根ざしている場合もあるでしょう。意地悪をすることから何らかの満足感を得ているのです。

ネコが逃げられないネズミをいたぶるように、虐待というゲームに引きつけられる人もいます。だれかを支配しているという気持ち、あるいは好奇心から、あるいは何かに挑戦しているという感覚なのかもしれません。虐待することが娯楽なのかもしれません。

利己主義に駆られる女性もあるでしょう。思い通りにすることだけに集中して、目的を果たすために虐待をするようになったのかもしれません。自分にはよくても、パートナーには打撃となるかもしれません。パートナーには、彼女と違った要望やニーズがあるかもしれませんから。

復讐や仕返しが、虐待的な言動の抑えられない動機となる場合があります。パートナーが最近、または過去に実際に行ったことに対して、あるいはそんなことをしたという想像による復讐や仕返しかもしれません。現在のパートナーとは何の関係もない、彼女が過去に関わった人や過去の状況に対する反応かもしれません。その場合は、現在のパートナーは他人の「過ち」のせいで苦しむことになるのです。

職場で権威のある立場にある女性が、仕事上の立場と特質を家庭にまで持ち込んで、パートナーに対して威張りちらしたり、支配的になったり、要求を押し付けたりすることもあるかもしれません。これは、会社の経営者や警察官や教育者などに見られることがあります。

第13章

感情的な理由

「天国には、愛が憎しみに変わるような怒りはない。裏切られた女の怨念ほどの怒りは地獄にすらない」

——ウィリアム・コングリーブ（戯曲『喪服の花嫁』１９６７年より）

過剰反応

感情的な過剰反応は、今起きたことに相応しい以上の感情です。心に蓄積された何らかの感情が、今起きたことに関する感情と一緒になって大量に引き出されるのが、過剰反応です。過剰反応によって、小さな爆発が起きることも、感情が激しくほとばしることもあります。

感情的な過剰反応が、外に向かって劇的な現れ方をする場合も、外にはほとんど見えないけれど内面を打ちのめしている場合もあります。

過剰反応をする人は、今感じている感情のすべてが、今起きたことに対するものだと勘違いすることがあります。するとてもつらくなって、今起きていることが「ひどいことに違いない！」と結論づけてしまうのです。そして今のできごとに関わった人がだれであれ、「まったくひどい人だ！」と思うようになるかもしれません。これほどの苦痛を引き起こしたのがその人だからです。

今感じている感情の大きさは、実際は今起きたことに対するものではありません。過去のできごとに対する感情の蓄積なのです。それは数分前のできごとかもしれませんし、数年前のものかもしれません。同じ人や同じものに関係している場合も、まったく関係がない場合もあります。

過剰反応に対処する難しさの一つに、今の感情が、今起きたできごとにどれほど直接関係しているかを見極めるということがあります。それは「ほとんど関係ない」から「ほとんど関係している」までさまざまです。

感情的な過剰反応には次の二つの原因があります。

過剰反応をする人は、今感じる感情がすべて、今起きたことに対するものだと勘違いすることがある。

- 直接的な感情
- プラスされた感情

直接的な感情

現在の感情が、別のときの同じ感情と繋がっているために過剰反応が起きることがあります。それは最近のできごとや、ずっと以前のできごとかもしれません。同じ人が関わっていた場合も、まったく別の人が関係していた場合もあります。

たとえば、夫が女性の友人と話しているのに対して妻が過剰な反応をする場合は、今の状況には何もやましいことがなくても、妻は以前あなたに裏切られたときのことや、他のだれかに裏切られた過去のできごとを思い出しているのかもしれません。

プラスされた感情

同じ時期に引き起こされた複数の感情や、同じ相手や状況についての感情が蓄積されている場合、最後の一打で感情があふれ出し、今起きていることが、すべての苦痛の原因だと誤解する場合があります。

彼女が職場で感じている無力感に、遅刻への不安が加わり、彼が歯磨きチューブのキャップをしめ忘れたことへの苛立ちが加わります。そしてキャップをしめ忘れた彼を怒鳴りつけたり、大泣きしたりしていると、彼は歯磨き粉のことでどうしてこんな大騒ぎになるのかと不思議に思うかもしれません。でも、実は歯磨き粉が問題ではないのです。その瞬間に、すべてに対する感情が一度に噴き出しているのです。

怒り

怒りは二次的な感情です。（恐れ、拒絶、恥といった）ある種の感情的な痛みや不快さに直接対処しないでいると、怒りへと形を変えるのです。

怒りだって知りたいのです。「一体どんな感情的な不快さがきちんと対処されずに、怒りに変わっているのだろうか」と。答えは一つだけの感情の場合も、多くの感情の場合もあるでしょう。

怒りは、放たれるのを心待ちにしているエネルギーです。ターゲットを探す赤外線追尾ミサイルのようにきっかけを探します。イラついた口調のような小さな爆発、あるいは辛辣な皮肉のような大きな爆発を外に向けて起こすかもしれません。あるいは、内側で破裂して、怒りの衝動を麻痺させて、うつ病や依存症を引き起こすかもしれません。

怒りを発散すると、ある程度プレッシャーから解放されますが、それは束の間のことです。プレッシャーは再び大きくなって、別の解放の機会を求めます。このサイクルが、虐待のサイクルに潜む原動力なのかもしれません。緊張の高まりが虐待に繋がり、緊張の解放と謝罪が起きますが、また再び緊張が高まっていきます。

特に、パートナーが悪いことをしていると思えば、怒りの発散を正当だと感じるでしょ

怒りを爆発させて、アドレナリン・ラッシュを楽しむ人もいるかもしれない。

う。彼に背かれたと思ったら、彼の所有物を庭に投げ捨てたり、服を切り刻んだり、子どもと会わせないと脅したりといった行為をしても、女性は文化的に許されると思うかもしれません。

「裏切られた女の怨念ほどの怒りは地獄にすらない」ことを私たちは受け入れているようです。私たちは、女性ならどんな感じ方をしても、どんな行動を取っても正当化されると思い込んで、女性に自由にさせているかもしれません。

第14章

自己防衛として

自己防衛は、潜在的に虐待的な行動を女性が起こす理由の一つにしかすぎません。

女性による男性への虐待を、多くの人が最小化したり軽視したりするのは、女性が潜在的虐待行為をするのは、自己防衛のためだけだという思い込みによるものです。

しかし現実には、自己防衛はあり得る理由の一つでしかありません。本書で示したように、他にもたくさんの理由があるのです。

確かに、ときには女性が自己防衛のために、虐待の範疇内と思われるような行動をすることがあります。自己防衛による潜在的に虐待的な行動は、虐待グラデーションの端の、非虐待的なところに位置します。

女性が正当防衛をすることもあるでしょう。言葉による防衛や、感情的、金銭的、心理的、身体的、性的、信条的、合法的な方法を使うことがあります。

自己防衛は、その状況に相応しい慎重な反応で、危害を受ける可能性を排除するためのものであることが理想です。

しかし、状況に合わない大げさな自己防衛反応が見られることがあります。脅威を感じると、「闘うか逃げるか」反応が引き起こされるのかもしれません。残念ながら、生死を分けるかのような反応が、比較的些細な、あるいは誇張された「脅威」によって引き起こされることがあるのです。

人は、自分の人格や意見や行動の仕方が攻撃を受けたと思えると、脅威を感じることがあります。彼が3日続けてピザを食べるのをいやがるというような実に単純なことが、彼女には脅威に感じられるかもしれません。ピザを食べたくないという気持ちを彼がうまく伝えたとしても、彼女はまだ脅威として受け止めるかもしれません。

自己防衛の言動が状況を悪化させることもあります。コミュニケーション能力の低いカップルでは、口論中に言葉がエスカレートしていくことがよくあります。相手の言ったことを脅威として受け取った側は

自己防衛による潜在的に虐待的な行動は、虐待グラデーションの端の、**非虐待的**なところに位置する。

「闘うか逃げるか」の決断をします。その決断は、完全に無意識の、瞬間的な反応かもしれません。

カップルが次のようなエスカレートのルーティンに陥ってしまうことがあります。

- 彼女が彼に脅威を感じる
- そして彼女が状況をエスカレートさせる
- 彼が彼女に脅威を感じる
- そして彼が状況をエスカレートさせる

といった具合です（彼と彼女を入れ替えてもよいでしょう）。

攻撃と反撃の繰り返しによる対処法は、非生産的でしかありませんし、お互いにとって危険なもので、2人の関係を破壊する可能性があります。

再び繰り返しますが、虐待になり得るような行動や態度が、自己保存のために必要な場合もあるのです。そのような場合は、自己防衛の行動は、虐待とは見なされません。

第15章

健康上の理由

虐待的な行為が、身体の病気や健康状態の理由によるものかどうかを見極める際に重要なのは、病気の発症や体調が悪化する前から、そうした行動の傾向があったかどうかを確認することだ。

ホルモンの変化

女性による虐待的行為について考えるとき、ホルモンの変化による問題を抜きにしては語れません。妊娠、月経周期、ホルモン治療、病気、更年期などによる、ホルモンレベルの変動は、気分を変化させたり、感情的な過剰反応を刺激したりすることがあるからです。

ホルモンの調節に伴う体内化学の変化がイライラを引き起こすことがあります。体内の化学変化が、不安症、うつ、過敏性などに影響を与える場合があります。

妊娠中はホルモン変化が多く起こります。こうした化学的な変化に、成長と発達を続ける赤ちゃんを体内に抱えていることによる身体的な違和感が加わると、母親の気分は、本人や周囲の人が慣れているものと違ってくるかもしれません。出産後に、ホルモンの変化によって、産後うつが起きることもあります。

不妊治療やその他の理由でホルモン療法を受けている女性の多くも、気分の著しい変化を体験します。乳房や、女性ホルモンが分泌される卵巣といった女性ホルモンを作り出す中心的存在に影響を与えるがんも、ホルモンのレベルを狂わせます。

ＰＭＳ（月経前症候群）による気分の変化もよく話題に上ります。多くの女性が、月経が近づくとイライラすると言います。女性医療で知られるクリスティアン・ノースラップ医学博士は、女性の月経前後の１週間を、感情と自分の間の膜が薄くなる時期だと特徴づけています。

ある女性にとって、他のときには気にならないような感情でも、月経前後の時期になると、それに大きく支配されるようになるかもしれません。月経前や月経中の不快な感情をうまく処理できないと、不愉快な気持ちが、過剰反応や怒りとなって表れることが

ホルモンの調整に伴う体内の化学変化がイライラを引き起こすことがある。

あります。

ノースラップ博士の見解では、毎月訪れる感情の「大掃除」がうまくできなかった女性には、閉経周辺期*や閉経期**に、再びその機会が訪れます。閉経周辺期における大きな違いは、訪れる感情が断続的ではなく、コンスタントだという点です。

再生産年齢のほとんどの時期に、毎月数日しか現れなかったある特定のホルモン環境は、少しずつ自分の人生を見直すきっかけでしかありませんでしたが、中年期になると、一度に何週間も何ヵ月もスイッチ・オンの状態が続くようになってしまうのです。(1)

――「The Wisdom of Menopause（閉経期の知恵）」クリスティアン・ノースロップ著

身体の病気

病気になると、ベストなコンディションでいるのが難しくなります。病気のせいで弱ると、疲れたりイライラしがちになったりします。短期的には、パートナーのベストとは言えない態度や行動を看過するのは比較的容易かもしれません。しかし、病が長引く場合や、パートナーが自らかかった病の場合は、無気力や不機嫌さを病気のせいにするのは受け入れ難いかもしれません。

身体的な状況が、人格を実際に変えてしまうこともあります。

認知症や外傷性脳損傷によって、不安、抑うつ、イライラ、怒りといった、気分の変化が起きることがあります。外傷性脳損傷を受けた人でも、傷の治癒によって状態が改善する希望もあります。認知症の人は、病気の進行に従って状態が悪化していくことが多いのですが、イライラや恐怖感を抑制して、反動的にならないようにする医療技術もあります。

虐待的な行為が身体の病気のせいかどうかを判断するには、発症前から同じような行動の傾向があったかどうかを確認することが重要です。

相手が、病気を口実にして、虐待的な態度や行動を取っているかどうかを見極める指標として次のようなものがあります。

- 虐待が「以前からの状態」（病気になる前からあった）だった
- 病気を治す気がない

＊閉経周辺期は、思春期に女子の体が赤ちゃんを作る準備をするために起こったホルモン変化の裏返しです。閉経周辺期には、生殖能力から離れるようにホルモンが調整されます。閉経周辺期は数ヵ月から10年も続くことがありますが、平均的には4年ほどです。

＊＊自然な閉経は、（薬によって月経を変化させていない限り）、正式には月経が止まってから1年後に始まるとされています。卵巣を摘出したり、卵巣が機能しなくなったりした場合に、ホルモン補充治療が行われないと、人工的な閉経が始まります。

●合理的な医療アドバイスを求めたり、それに従ったりしない
●自分の健康をわざと害することによって、パートナーを苦しめている

第16章

メンタルヘルス上の理由

虐待的な行動や態度の根底に、不安障害やうつ病のようなメンタルヘルスの問題がある場合がある。

まずはじめに

精神疾患とパーソナリティ障害は、精神／感情の状態として別々のカテゴリーに分類されます。どちらも虐待的な行動や態度に繫がる場合があります。精神疾患は化学物質の不均衡や、精神疾患を誘発するような環境と関係があります。パーソナリティ障害は、その人の人格を構成する一連の特質です。精神疾患とパーソナリティ障害が重複することもあります。個人に複数の精神疾患やパーソナリティ障害がある場合があるのです（パーソナリティ障害については次の章で詳しく述べます）。

精神疾患には、次のような状態が含まれます。

- うつ病
- 不安障害
- 心的外傷後ストレス
- 双極性障害

精神疾患は薬物療法やカウンセリングによって改善するというエビデンスがあります。特に、双極性障害と正しく診断された人は、機能を向上させるために定期的に薬物治療をする必要があります。

次に挙げたのは、いくつかの精神疾患の一般的な徴候や症状です。これらは正式な診断基準の詳細ではありません。あくまでも、パートナー虐待に繋がる行動や態度のパターンを示す目的で挙げたものです（診断基準の詳細は、「精神障害の診断と統計マニュアル」（Diagnostic and Statistical Manual of Mental Disorders）に掲載されています[1]。精神疾患の正式な診断には、精神科の専門家による対面での診療が必要です）。

うつ病

うつ病は一連の症状で、化学物質の不均衡に根ざしている場合や、原因がより状況的、心理的、環境的な因子の場合もあります。

抑うつ的な考えや気持ちや行動や態度が、短期的に現れる場合も、長期的な場合もあります。失職、大切な人の死、出産（産後うつ）といったできごとの後に起きる場合、日照時間の減少による場合（季節性うつ病）、より遍在的な場合もあります。

多くのメンタルヘルスの専門家が、うつ病は怒りが内側に向いたものだと言います。怒りと同様、以下が問われます。うつ病の背景にはどのようなつらい気持ちや不快感があるのでしょうか？　どんな不愉快な感情に直接対処できなくて、うつになっているのでしょうか？　その感情は、一つだけかもしれないし、複数かもしれません。根底にある感情は、最近のできごとによるものかも、ずっと以前のできごとによるものかもしれません。

うつ病を学んで身につける場合もあります。親が子どもに抑うつ的な行動や態度を見せていると、成人した子どもが人生に対して抑うつ的な考えを持つようになることもあるのです。

うつ病の程度はさまざまです。個人個人の経験は、「完全にハッピー」から「完全にうつ」までのグラデーションのどこかに位置しています。

「何となく落ち込んでいる」のは、グラデーションの左から4分の1ほどの位置にある感覚

でしょう。しかし、中間地点やそれ以上の位置の症状になっていくと、日常生活にますます支障が出るようになります。自殺を考えるようなひどいうつ状態は、グラデーション上の「完全にうつ」に位置づけられます。

あるできごとに関連して短期的なうつ病を発症すると、パートナーにネガティブな影響を与えるかもしれませんが、それは理解できることですし、対処も可能です。しかし、妻や恋人がうつ状態に陥っていてしかも自分では解決しようとしない期間が長引けば、パートナーは自分がより虐げられていると感じるかもしれません。

自分の長期的なうつ病がパートナーにどんな影響を与えているかを聞こうともしない女性の中には、うつ病の陰に隠れることで何らかの見返りを「楽しんでいる」人もいるかもしれません。そうした見返りには次のようなものがあります。

うつ病の陰に隠れることで何らかの見返りを「楽しんでいる」人もいるかもしれない。

- 仕事から解放される
- 注目を浴びる
- 責任を放棄できる
- 欲しいものが手に入る

うつ病の徴候や症状として次のようなものが考えられます（必ずしもすべての症状がうつ病の人に見られるわ

けではありません）。

- 悲壮感、不幸感、空虚感、絶望感、無力感、罪悪感、無価値感、自己嫌悪
- 感情の麻痺
- イライラや怒り
- 活力や意欲の欠如
- ブレーンフォグ（脳に霧がかかったような感じ）――思考、集中、決断、記憶が困難になる
- 興味の喪失。特に普段興味のあることに、興味が持てなくなる
- 極端な悲観主義
- 過食、または食べ物への無関心
- 不眠症、睡眠障害、過度の睡眠
- 医療治療に反応しない体の痛みや消化器系の問題
- 自殺願望、自殺企図、自殺未遂（最悪の場合は自殺を遂げることもある）

女性のうつ病は、パートナーを疲弊させることがあります。特に、次のような場合は2人の関係に破滅的な影響を与えるでしょう。

- 人生に参加しようとしない
- パートナーが楽しむと代償を払わせる
- 自分の気分の悪さをパートナーのせいにする
- 家庭全体のエネルギーを下げる
- 他人の幸せを見るのを嫌う
- 長期間にわたって、パートナーに不当なほどの責任を押し付ける
- セックスに興味を示さない（特に、パートナーのセックスへの正常な関心を侮辱する場合）
- パートナーにほとんど、あるいはまったく愛情を示さない
- 本当の意味でのパートナーや伴侶ではない
- パートナーを攻撃したり、責めたりする
- 自殺をほのめかして相手を操る
- 自分のうつ病に執着する
- 合理的な方法でうつ病を改善しようとしない

不安とストレス

不安とは恐怖心が高まった状態です。通常、何か怖いことにさらされ続けたり、蓄積された恐怖が思い

起こされたりすることで不安感が起きます。蓄積された恐怖は、一つの忘れられない体験から生じたものや、いくつもの怖い体験が積み重なったものかもしれません。不安感はしばしばストレスと呼ばれます。

恐怖は「危険」というメッセージを送ります。その危険は現実のものかもしれないし、誇張されたものや、想像したものかもしれません。それは、身体的、心理的、感情的、経済的、法的、性的、信条的な危険であるかもしれません。

不安は次のようなものに対する恐怖から起きることがあります。

- 身体的な危険
- 裏切り
- 喪失
- 見捨てられること
- 拒絶されること
- 失敗
- 成功
- 群衆
- 道路
- 変化

不安とは恐怖心が高まった状態で、しばしば**ストレス**と呼ばれる。

- すべてをやり遂げられないこと
- 不完全
- 人前で話すこと
- 住宅ローンの支払いができないこと
- コントロールを失うこと
- その人の過去、体験、対処能力次第で、あらゆるもの

実際の状況に見合ったレベルの恐怖であれば、脅威に反応する手助けとなって自分や他者の安全を守ることに役立ちます。しかし、感じた恐怖レベルが現在の状況への過剰反応であれば、身を守るどころか、健康や幸福を妨げることになるかもしれません。

過剰な恐怖を感じる人は、怖いものにさらされるのではないかと思うだけで不安になったり、怖いことが起きる可能性を想像しただけで不安になったりすることがあります。

不安とは、

- 過剰反応を引き起こす
- 二次的感情である怒りへと変わる
- 衰弱させる

- 達成を疎外する
- 強迫観念や衝動行為を引き起こす
- 要求として現れる
- 頑固さを引き起こす
- 心を閉ざさせる
- 自分や相手の忍耐力を使い果たす
- 恐怖への恐怖を誘発する

不安は脳を乗っ取り、現実的で合理的な最悪の事態よりも、さらにひどく誇張された最悪の物語を再生して、脳を混乱させる傾向があります。

私たちは、鮮明に想像したことに対して、現実に起きたことと同じような感情的な反応をします。したがって、怖いことを何度も繰り返して鮮明に想像すると、恐怖のキノコ雲が大きくなっていきます。過度に発達した恐怖が、非難、要求、心を閉ざす、怒り、といったつらい態度や行動として現れると、パートナーを当惑させるでしょう。

心的外傷後ストレス

心的外傷後ストレスとは、トラウマへの反応から逃れられなくなることです。過去の恐ろしいできごとのトラウマを再体験するのです。直接的、あるいは間接的に、命に関わるほどの精神的外傷を受けたできごとや、そうした一連のできごとを体験したり目撃したりすることによって起こる、行動パターンや、圧倒されるような考えや感情が、心的外傷後ストレスです。これは正式な障害でＰＴＳＤ（心的外傷後ストレス障害）と呼ばれています。

トラウマへの直接的な暴露は、自分自身が衝撃的な状況や、命を脅かすような状況を体験したり目撃したりした場合に起こります。大切な人が暴力的な事件や、命を脅かすアクシデントに見舞われるのは、間接的なトラウマへの暴露です。たとえば警察官が、他人の悲惨な状況に繰り返しさらされるような、職業による間接的な暴露もあります。

心的外傷後ストレスに苦しむ人は、イラついたり、怒りっぽくなったり、過剰に反応したり、攻撃的になったりすることがあります。不安やうつになることもあります。自分自身や他者や世界全般に対して、常にネガティブな考えを持つようになるかもしれません。

投薬やセラピーはどちらも心的外傷後ストレスの治療に役立つことが示されています。

心的外傷後ストレスの徴候や症状は４つのカテゴリーに分かれます（すべての徴候や症状が一人の人に必ずしも現れるわけではありません）。

1. トラウマとなったできごとについての考えが次のような形で侵入してくる
- フラッシュバック
- 悪夢
- トラウマを想起させるようなできごとに対する極端な身体的や感情的な反応

2. トラウマとなったできごとに関連するものを次のように回避する
- そのできごとに関係のある考えや感情を避けようとする
- そのできごとを思い出させるような物や人を避けようとする

3. そのできごとや、そのときの気分について考える能力が、次のように変化する
- そのできごとの記憶が空白になる
- 自分や他者や世界一般について極端に否定的な見方をするようになる（「だれも信用できない」のような絶対的な考え方）
- そのできごとの原因について歪んだ信念を持つ
- 不安になる
- 極度の罪悪感や羞恥心を持つ
- うつ状態になる

4.「ピリピリ」して次のようになる

- イライラ
- 怒りっぽい
- 攻撃的な言動
- 向こう見ずになる
- 自己破壊的
- 過度に用心深くなる
- 驚きやすくなる
- 眠れなくなる
- 集中できなくなる

心的外傷後ストレスは家族にも影響を及ぼします。重度のＰＴＳＤの場合、ストレスが暴力的な自動反応を引き起こすようであれば、パートナーにとって非常に危険な状態になるかもしれません。

双極性障害

双極性障害のグラデーションには複数の症状が含まれます。双極性障害のある人は、うつ状態と躁状態という正反対の状態が高まったり低くなったりします。薬物治療を受けていないと、二つの両極の間を行き来します。

双極性障害の気分の揺れが短く頻繁に起きることもあれば、双極性障害の診断を受けているけれど躁状態は一度だけで、うつ状態が長く続くという人もいます。躁とうつの症状が同時に、あるいは「混ざって」現れることもあります。

躁状態とは興奮しやすい状態です。よく見られる特徴に、何日も睡眠を必要としなかったり、眠ろうとしなかったりすることがあります（これは、不安で眠れなかったり試験勉強で遅くまで起きていたりするというのとは違います）。双極性障害では、本格的な躁状態が長く続く場合や、軽度の「軽躁」の症状がある場合があります。

躁状態のときには、大げさな思考をすることがよくあります。躁状態のときに事業を始めても、躁状態から回復すると、事業がうまくいかなくなったり、破綻したりすることがあります。

躁状態は、無節操な性行動、ギャンブル、浪費、といった衝動的な行動に繋がることがあります。躁状態のときは、気分が高揚して楽しい気持ちになるかもしれません。

双極性障害が精神症の症状で表れることもあります。精神症は現実からの逃避です。重度のうつ状態か、重度の躁状態のときに精神症になることがあります。それには、妄想（非理論的な信念を強く持つ）や幻覚（そこにないものを見たり、嗅いだり、聞いたりする）があります。

躁状態のときには、非常に衝動的になるかもしれない。

躁状態で妄想が起きると、誇大妄想となる傾向があります。うつ状態の妄想は、（尾行や監視されていると思い込んだり、だれかが自分に対する策略を練っていると思ったりといった）、より抑圧的で偏執的なものです。

双極性障害のうつ病に見られる症状は、前のうつ病のセクションで述べたものと同じです。

双極性障害の躁病に見られる徴候や症状には次のようなものがあります（必ずしもすべてが一個人に見られるわけではありません）。

- 極度の行動力
- 眠くならない
- 多幸感や「高揚感」
- イライラしやすい（それが激しい怒りに繋がることもある）
- 饒舌になる
- 身体の落ち着きがなくなったり動揺したりする
- 自信過剰
- 自己意識が高まり得意になる
- 壮大なアイディア
- 性欲が高まる
- 無鉄砲になる

- 創造力が高まる
- 目標に極度に集中する（いくつもの目標を持つ場合もある）
- 判断力の低下
- 考えがとめどもなくあふれ出る
- 早口になる
- 気が散りやすくなる
- 思いつきが、次々に飛び出す

躁状態のときの歪んだ考えが次のようなことを引き起こすかもしれません。

- 自分が助けを必要としていることに、まったく気づかない
- 多幸感がすぐに怒りに変わる
- 危険なほど薬物や酒を使う
- 性的にふしだらになる
- 攻撃的になる
- 他人の生活に立ち入る
- 執拗にメッセージやメールを送ったり、電話をかけたりする

- 浪費
- ギャンブル
- 持ち物を人にやってしまう
- 危険な投資
- 借金を重ねる
- 仕事、学校、その他の責任の放棄
- 無謀な運転
- 持続できないような壮大な計画に着手する

ありがたいことに、通常、双極性障害には薬物治療が非常に効果的です。その人にとって理想的な薬の組み合わせを見つけるための試みが必要ですが、薬物治療によって症状が大きく緩和する人が多くいます。

自分に合った薬物療法が決まったら、きちんと定期的に服用し、精神に作用を与える物質との併用は避けなくてはなりません。（新しいストレスのような）状況の変化や、（季節の移り変わりのような）環境の変化によって、薬の調整が必要になることもあります。

気分がよくなったからと言って薬の服用をやめたために症状が再発することが、双極性障害やその他の精神疾患のある人にとって大きな問題になっています。

依存症と薬物乱用

依存症の人にとって、依存している物質を手に入れて使用することほど重要なことはありません。あなたに勝ち目はありません。あなたのパートナーは、今それを使っているか、今どこにいるのか、どこへ行くのか、何をしているのか、などなど、うそで塗り固めるでしょう。その物質が手に入らないと、イラつくでしょう。依存症について話し合おうとすると防御的になるでしょう。

依存症になると、自分が欲する物質を使用しているときに感じる化学的な変化が、何度もその人を引き戻します。たとえそれが人生に悪い影響を与えているとしても関係ありません。人は、それがどんなものであっても依存したり乱用したりすることがあるのです。

- 薬物やアルコール
- タバコ
- セックス
- 砂糖、カフェイン、食物一般
- 過食と嘔吐の繰り返し
- ギャンブル
- ショッピング

依存症の人はパートナーを愛していないように見えるかもしれない。しかし実際は、「その物質」をもっと愛しているだけなのだ。

- 運動、日焼け、整形手術
- 怒り

薬物やアルコールが精神に与える作用によって、性格が変わったり、感情が激しくなったり、短所が誇張されたり、抑制が利かなくなったりします。たとえば、酔っ払うと、好戦的で、激しやすく、攻撃的になるかもしれません。または逆に、アルコールのせいで、放心状態になり、でたらめで、無気力になるかもしれません。酔っ払いの行動は、大体その中間ですが、それでも2人の関係にとって破壊的になり得ます。たとえば、浮気のような誤った選択をするかもしれません。

特定の物質を乱用しても依存症にならない場合もあります。たとえば、アルコールを乱用してもアルコール依存症にならない人もいるのです。アルコール使用の段階は次のように表せます。

1. 禁酒：アルコールを一切飲まない（飲みたくないか、あるいは依存症から回復している途中）
2. 健全な使用：いつどのくらい飲むかを完全にコントロールできるので、健康や人間関係や仕事等へ悪影響を与えない
3. 乱用：飲む量がうまくコントロールできていない。ときに、あるいはしばしば、飲む量によって、悪影響をもたらす
4. 依存：不健全なレベルまで飲まずにいられない。ときに、あるいはしばしば、飲む量によって

悪影響が出る

薬物やアルコールに依存している人は、オール・オア・ナッシングです。すなわち「摂取しすぎることなく摂取する」ことができません。

乱用はしても依存症になっていなければ、健全な使用を学ぶことができるでしょう。しかし、物質によってはあまりにも身体的な中毒性が高く、中間が存在しないものもあります。たとえば、ヘロインに依存したことのある人は、再び問題を起こさずにヘロインを使うことはできないのです。

たいていの人は依存症を乗り越えるために手助けが必要です。まず、自分で問題を認識し、その破壊的な選択になぜ惹かれるようになったかを理解し、習慣を変え、新しい健全な対処法を身につけることが重要です。多くの場合、継続的な支援を見つけることも必要です。

第17章

パーソナリティ障害

パーソナリティ障害のある人は、自分の欲求を充たすことに駆り立てられる。その唯一の目標に執着するがあまり、健全な人間関係に必要なギブアンドテイクが非常に困難になる。

まずはじめに

パーソナリティ障害の徴候や症状は、精神疾患よりも広範囲に及びます。パーソナリティ障害の人が示す行動や態度のパターンは、実はその人の人格の一部なのです。

女性が男性を虐待する理由として、多くのパーソナリティ障害が挙げられます。

- 自己愛性パーソナリティ障害
- 境界性パーソナリティ障害
- 依存性パーソナリティ障害
- ヒストリオニクス的パーソナリティ障害
- 反社会性パーソナリティ障害
- 依存性パーソナリティ障害

これらのパーソナリティ障害の間には、交差もかなり多く見られます。一つ以上のパーソナリティ障害のある人もいれば、パーソナリティ障害と（うつ病や不安障害のような）精神疾患を併せ持つ人もいます。

パーソナリティ障害の徴候や症状の多くは、極端、過度、強烈、といった言葉で表現されます。パーソナリティ障害の人の行動や態度は健全な人にも見られますが、パーソナリティ障害のある人の場合は、そうした行動や態度が極端なのです。

そうしたパーソナリティの人は、自分の欲求を充たすことに駆り立てられます。その

パーソナリティ障害の徴候や症状の多くは、**極端**、**過度**、**強烈**、といった言葉で表現される。

唯一の目標に執着するがあまり、健全な人間関係に必要なギブアンドテイクが非常に困難になります。

通常、パーソナリティ障害の人は、ありのままの自分でいることに執着し、自分の破壊的な行動や態度を認めようとしません。自分の行動を人に非難されると非常に防御的になることがあります。

すでに抱えているうつ病や不安障害のような面の解決には、薬物治療が役立つかもしれませんが、パーソナリティ障害の特性の多くにとって薬は役に立ちません。短期的なカウンセリングもほとんど助けになりません。自発的にセラピーを受けようとする人にとっては、非常に特化された長期のセラピーが変化をもたらす希望もあります。

もしパーソナリティ障害の女性が本当に変わりたいと思うのであれば、長期にわたる努力が必要です。多大なコミットメントと時間と集中力がなくては、性格の改善を持続させることはできません。

次節から、それぞれのパーソナリティ障害に通常見られる性格の特徴について述べていきます。あなたにとってストレスになる人の行動や態度が、他者と共通しているかどうかを見分けるのに役立つかもしれません。

（パーソナリティ障害の正式な診断基準は、「精神障害の診断と統計マニュアル」[1]に記載されています。正式な診断のためには、メンタルヘルスの専門家の対面による診断が必要です。）

自己愛性パーソナリティ

ナルシストは、実際に優秀かどうかにかかわらず、自分のことを優秀だと思っています。自分が部屋の中で最も重要な人間だと考えます。傲慢で、自分の「要求」（声に出して言っても言わなくても）を充たしてくれないと感じた人には、だれに対しても腹を立てます。

自己愛性パーソナリティの徴候と症状には次のようなものがあります（必ずしもすべてが当てはまるとは限りません）。

- 自己中心的
- 大げさ
- 非常に傲慢
- 称賛の的になりたい
- 自分を特別視している
- 共感力がない
- 自分の業績や才能を誇張する
- 極端な力や成功や美などを妄想する
- 他人の考えや気持ちはどうでもいい（でも自分に得だと思えば相手に思いやりを見せるかもしれない）
- 批判されることに耐えられない

傲慢：注目の的でなくてはならないということ。

- 他人を食い物にする
- 他人を妬む
- 他人が自分を妬んでいると思う
- 特別扱いされることを期待する
- 地位が高いと思う人だけと付き合いたがる
- 人を利用する
- 自分が適切に扱われていないと感じると腹を立てる

ドリュー・キーズは毒親に育てられた大人のためのウェブサイトLightsHouse.orgを立ち上げ、特にナルシストについて広く述べています。また、*Narcissists Exposed: 75Things Narcissists Don't Want You to Know*（ナルシストがあなたに知られたくない75のこと）という本も出版しています。

キーズはこう述べています。

> 「ナルシストが泣くのはどんなときか？　ナルシストは自分のために泣くのだ」――ドリュー・キーズ

ナルシストが優しいときは、実質的には常に自分の欲しいものを得るためや、自分が得をするためである。親切にしてくれる人がナルシストのはずなどないと、誤解してはいけない。それはまったく真実ではないのだから。実際、聖人らしく振る舞うのを楽しむナルシストがかなりの割合で存在する。さらに言えば、非常に有害な人でも、ときには優しくなることがあるのだ。(2)

ナルシストが泣くのはどんなときか？　ナルシストは自分のために泣く。ナルシストには共感力がないため、泣くときは、欲しいものが手に入らなかったときや、怒りや喪失感や失望感を感じたときだ。また、あなたが同情してくれて、もっと自分のために何かをしてくれたり、注意を払ってくれたり、支えてくれたり、寛大になってくれたりすることを望んでいるときだ。(3)

ナルシストは自分がどれほど偉大かという物語でパートナーを惹きつけるでしょう。実際に優秀かもしれないし、美しいかもしれません。パートナーが、ナルシストの話の正当性を疑ったり、それが誇張されていることに気づいたりするには、時間がかかるかもしれません。

ナルシストの望み通りの世話ができなくて批判されることによって、パートナーが疲弊してしまうことがよくあります。パートナー自身のニーズなどは考慮される価値がないのです。

境界性パーソナリティ

「境界性」という言葉はそもそも、神経症（精神的苦痛）と、精神疾患（現実からの逸脱）の境界にある性格の特質を示す言葉として使われていました。その一連の特質を、北米では境界性パーソナリティ障害（ＢＰＤ）の特質としています。

境界性パーソナリティ障害の人は、熱くなったり冷たくなったりする傾向があります。愛すか憎むかのどちらかです。数多くの恋愛関係やプラトニックな関係を持ち、パートナーや友人を疲弊させてしまいます。長続きする関係があるとすれば、それは通常、特別に忍耐強い相手との関係です。

境界性パーソナリティの人を表す概念として、「不安定」という言葉がよく出てきます。不安定な感情、不安定な自己イメージ、不安定な人間関係、そして衝動的な破壊行動が見られます。実際、ＢＰＤの国際的な名称は「情緒不安定性パーソナリティ障害」です（北米でも、国際的なメンタルヘルスの呼称体系を取り入れる方向に向かっています）。

不安定：感情、自己イメージ、人間関係

境界性パーソナリティの徴候や症状には次のようなものがあります（必ずしもすべてが当てはまるとは限りません）。

- 不安定な人間関係
- 見捨てられることを極端に恐れる
- 愛する人と離れるのが不安
- 他人を、絶対的にすばらしい人、あるいは、絶対的にひどい人のどちらかとして見る
- 人への評価が、すばらしいから最悪へと、あるいは最悪からすばらしいへと、瞬時にして変わる
- 不安定な自己イメージ
- カメレオン的：自己認識が明確でないため、他者の意見や行動を自分のものとすることがある

- 非常に激しい感情
- 非常に過敏
- 気分がひどく変わりやすい（うつ、イライラ、不安、怒りなどが短期間に起こる）
- 言葉や暴力による虐待を行う
- 自分は空っぽで無価値だと思う
- 重度の解離（離人感・現実感消失）、無感覚、無関心
- 怒り、激怒、攻撃性
- パラノイア（妄想症）
- 浪費、万引き、危険な運転、薬物乱用、過食と嘔吐、危険なセックスなどへの無謀な衝動
- リストカットや火傷のような自傷行為*
- 自殺をほのめかしたり、自殺すると脅したり、自殺したりする
- 境界の感覚がない
- 支配的

*腕や足の表面をカットする自傷行為は、境界性パーソナリティに非常によく見られる行動ですが、必ずしも境界性パーソナリティの人すべてに見られるわけではありません。また、自傷行為をするすべての人が境界性パーソナリティとは限りません。

- 操作的
- 自分は正しくて、他者が間違っていると思う

境界性パーソナリティの人は見捨てられるのを恐れます。その恐怖から、見捨てられるかもしれないという気持ちを起こさせるどんなことに対しても、極端な反応を示すことがあります。パートナーが約束に数分遅れただけでも、激怒したり泣いたりするかもしれません。ランチの約束をキャンセルした友人に暴言を吐いたり、パートナーが2人の関係を終わらせようとしているのではないかと疑っただけで自殺すると脅したりします。

ヒストリオニクス的パーソナリティ

ヒストリオニクス的パーソナリティは、はでやかで、芝居がかっていて、注目を求める人です。ヒストリオニクスとヒステリックは語源が同じです。ヒストリオニクス性の女性は、パーティの花形で、情熱と魅力と誘惑でパートナーを惹きつけますが、宇宙の中心でいたいという欲求でパートナーを消耗させます。

ヒストリオニクス的パーソナリティの徴候や症状には次のようなものがあります（必ずしもすべてが当てはまるわけではありません）。

- ドラマチック
- 大げさな感情
- 極端に熱狂的
- 急に感情が変化する
- 注目の的になることを切望する
- 注目の的になれないと消沈する
- 身体的な魅力で惹きつける
- 他者が注目を浴びると嫉妬する
- 軽薄
- 誘惑的
- 承認欲求が強い
- 批判に過敏
- わがまま
- 自己中心的
- 人との関係が実際よりも親密だと考えがち
- 他人の影響を受けやすい
- 操作的

メロドラマチック（芝居がかっている）
注目を浴びようとする
誘惑的

- 注目されるために、平気でうそをついたり、作り話をしたりする
- （洋服や化粧品のような）装飾品に浪費する
- 自分の欠点や失望を他人のせいにする
- 詳細や理由の裏打ちのない意見を、強く情熱的に述べる
- 満足感を得るのが待てない。今すぐ満足したい
- 自殺すると脅して、注目を浴びようとしたり、相手を操作したりする

ヒストリオニクス的パーソナリティの人も、境界性パーソナリティと同じように、自殺すると脅すことがありますが、自殺に関しては二つのパーソナリティの間には、大きな違いがあります。境界性パーソナリティ障害では8～10％の人が実際に自殺を遂げるのに対して、ヒストリオニクス的パーソナリティの人の自殺率は非常に低いという特徴があります。[4]

ドリュー・キーズは彼のウェブサイトLightsHouse.orgで次のように説明しています。

話すことは人の注意を惹きつけて保つための最も簡単な方法の一つだ。ヒスチオン性パーソナリティの人は注目されるのが大好きなため、過度なおしゃべりが特徴としてよく見られる。中でも特に好む話題は、自分自身についてと、自分を取り巻く現在のドラマの二つだ。しかし、それらが注目されなければ、どんな話題でもかまわない。

HPD（ヒストリオニクス的パーソナリティ障害）の人は（常にではないが）しばしば非常に社交的でおしゃべりで、話に割り込んで会話を支配することがよくある。また自分の現実に関係のない話には耐えられない。

反社会性パーソナリティ

ソシオパス（社会病質者）は寄生虫のように、生存のために「宿主」を必要とします。強くて健康な宿主を探し、適切な宿主が見つかると付着して、不運な標的の命を吸い取ってしまうまで満足しません。ソシオパスと聞けば殺人者を思い浮かべることがよくありますが、実際、ソシオパスのグラデーションは、ほとんど何もしない人からジョディ・アリアス（パート2参照）のような人まで、さまざまです。このグラデーションの中間点を越える人は、接触する人に害を及ぼします。社会病質的な行動のグラデーションに沿ってますます破壊的になっていきます。

（ジョディ・アリアスやスコット・ピーターソンのような）一部のソシオパスは、実際に標的を殺害してしまいます。また、標的の精神、健全な経済状態、自尊感情、評判、新たな人間関係を作る能力、心を殺すソシオパスもいます。

メンタルヘルスの専門家が使用する診断マニュアルでは、我々が通常サイコパスやソシ

ソシオパス（社会病質者）は寄生虫だ。人に付着して命を吸い取ってしまう。

オパスと呼ぶ態度や行動のパターンを、反社会性パーソナリティ障害と呼んでいます。[5]

善悪の観念がなく、うそをつくのを楽しむことが、このパーソナリティのカギとなる二つの要素です。この相伴う二つの要素によって、善悪の観念がないため通常の良心の呵責なしにうそをつくことができるのです。こうして自分のうそを信じ込ませ、うまく逃げとおすことができるのです。うそをつくことにあまりにも長けているため、うそがばれても、新たなうそで応答します。反社会性パーソナリティの人のうそは綿密なため、見分けるのが大変困難なのです。

ソシオパスは自分の行動がもたらす二次的な被害など気にしません。自分の行動や態度によって、人や何かが傷ついたとしてもかまわないのです。自分の目標だけに集中し、他には何も目に入りません。たとえ自分の子どもを傷つけることになっても気にしません。その時々の目標にあまりにも執着するため、しばしば自分自身を危険にさらすことさえあります。

反社会性パーソナリティの徴候や症状には次のようなものがあります（必ずしもすべてが当てはまるわけではありません）。

- 善悪の観念がほとんど、あるいはまったくない
- イライラしやすく攻撃的
- 魅力的になれる
- 人を利用する

- 衝動的
- うそをつくのを楽しむ
- 良心の呵責なしにうそをつく（したがって、一般的なうその徴候が表れない）
- 非常に自己中心的で利己的
- うそ泣きをする（悲しみ、反省、傷心などの見せかけ）
- 反省しない。心から謝罪することがない
- 他人に共感することがない
- ルールや法律は自分には関係ないと思う
- 自己中心的な目標に向かっているときは、それがもたらす二次的被害など気にしない
- 非常に操作的
- 悪意がある：標的をもて遊ぶゲームを楽しむ
- 計画性がない（自分の目先の策略やたくらみを除いては）
- 無責任
- 高い成果を上げられることがある（通常、そのために他人を利用する）
- 成果を上げることができず、他人に世話をしてもらうことを期待する
- 親切で「いい」人を軽蔑する

操作的
自己中心的
良心の呵責なしにうそをつく

- 執念深い
- 他人にしてもらったことに感謝の念を持たない
- 自分の目標に従って、人によって違った顔を見せる
- 他人から奪うことが好き（美、功績、強さ、お金、自尊感情など）
- 同情心を誘う

The Sociopath Next Door（隣のソシオパス）著者のマーサ・スタウトによれば、人口の４％がソシオパスだといいます。[6] 25人に１人の割合です。近所でも、職場でも、スーパーマーケットでもソシオパスに出くわす可能性があるのです。そして特に不運な人は、ソシオパスのパートナーになってしまいます。

狙ったパートナーを捕まえるために、ソシオパスがよく使う手は「他の男にひどい目にあったの。かわいそうな私！」と、同情を誘い、相手を魅惑します。ソシオパスの魅惑の罠を「愛の爆弾」と呼ぶ人もいます。相手をほめちぎり、惜しみなく感謝し、相手が一緒にいたいと望むような人物になって、理想のセックスパートナーを演じます。

ソシオパスとの関係から抜け出そうとするとき、場合によっては他のターゲットに移るためにソシオパスの方から別れを切り出すようなときには、愛の爆弾どころではなく全面戦争となります。寄生虫は栄養を欲しがります。他人を破壊することから栄養を得て強くなるのです。

依存性パーソナリティ

激しく攻撃的な虐待がある一方で、過度の依存による静かで相手を消耗させるような虐待があります。依存性パーソナリティの人は対等なパートナーとして機能することが非常に困難です。だれかに世話をしてもらわなくてはなりません。その無力感がパートナーを支配してしまいます。

依存性パーソナリティの徴候や症状には次のようなものがあります（必ずしもすべてが当てはまるわけではありません）。

世話をされたいという過度な要求

- 一人でいるのが不安
- 支えてもらったり世話をしてもらったりすることを切望する
- 常に安心感を必要としている
- 無力
- 服従的
- 粘着質
- 悲観的
- 大事にされたい
- 些細なことにも過度に助言を必要とする

- 他人の助けを必要とする
- 激しい自信喪失と自己批判
- 別離や見捨てられることを恐れる
- 意思決定ができない
- 自分で何かをすることが苦手
- 自身の幸福に責任を持てない
- 自分の意見が言えない

依存性パーソナリティの人との恋愛に引きつけられる男性もいます。「悲嘆にくれる、か弱き女性」を助けられると思うのです。しかし、そのうち彼女をどこまでも支えなくてはならないことに疲れ果て、自分がどれほど努力しても彼女が心理的に強くなることなどないと、気づくようになるかもしれません。

パート４

虐待される男性

第18章

男性は虐待的関係にどのように引き込まれるのか

虐待をする人は標的に向かってセールストークを繰り広げる。まず自分と恋愛関係になるように、そしてその後は自分の要求に従って暮らすように、売り込み続けるのだ。

まずはじめに

軽度の虐待が2人の関係の中の比較的小さな部分であれば、その関係が続くことは容易に理解できます。

しかし、重度な虐待を伴う関係が、初デート後ずっと続いていくのは、なかなか理解し難いものです。男性が虐待的な女性との関係に引き込まれる主な要因は、単に男性がそうなると予想できないことです。女性による男性への虐待という現象が社会で語られないせいで、男性は不意打ちを食らうことになるのです。

虐待を受ける立場になった男性の多くは、そんなことになるとは想像もしていなかったと言います。それは、次のような理由からだったかもしれません。

- はじめはうまくいっていたのに、だんだんうまくいかなくなった
- 早くから虐待の徴候があったのに気づかなかった
- 女性がはじめは本当の自分を隠していた
- 女性の虐待的な行動や態度に気づいていたが、それを敢えて見過ごしていた

救済を求める女性に男性が引き寄せられる場合もあります。「悲嘆にくれる、か弱き女性」を助けることは男らしく思えるかもしれません。他の男性からひどい目にあった（と彼女が言う）女性を救う役割を担うのは、特に興奮することかもしれません。男としてのイメージを回復するために、男性は多くの痛みに耐えられるのかもしれません。

新鮮で刺激的な恋愛の、あふれるようなホルモンの交換は人を酔わせるでしょう。「恋は盲目」とはよ

く言ったものです。激しい愛とセックスがもたらす快感の化学物質によって、愛情の対象（あるいはオーガズムの源）に強く引き寄せられます。危険な赤信号があっても、ホルモンの靄《もや》で見えなくなってしまうのです。

虐待のグラデーションの重度に位置するような関係に男性が引き寄せられる理由には、次のようなものがあります。

- 彼自身も虐待的である（虐待が相互的な場合）
- 愛に目がくらんだ
- セックスに目がくらんだ
- 恋愛がしたくてたまらなかった
- 相手のよい面に惹かれた
- 優しい彼は、男は思いやりがあって、柔軟で、頼りがいがあって、女性を養える、等々と証明したかった
- 危険を示す赤信号から目をそらした
- 彼女には自分が必要だと確信した
- あっという間にそういう立場になってしまった

さらには、次のような理由もあるかもしれません。

- 両親がお互いを虐待するのを見て育った
- 子どもの頃虐待を受けていた
- 女性というものは虐待的な行動や態度を示すものだと思っている
- 愛情について歪んだ考えを持っている
- 健全な家庭で育ったため、虐待に気づかない
- 文化として虐待についての会話をしないため、女性が虐待的になる可能性に気づかない
- 「悲嘆にくれる、か弱い女性」を救済したい
- 彼女が妊娠したため、責任を取っている
- 彼女の悪い行いは、自分のせいだと思っている
- 彼女に注目されるのがうれしい
- 「デート・ガール」（交際中の優しかった彼女）に恋心を抱いた
- 恋愛関係を「売り込まれた」

「デート・ガール」

交際の初期には、虐待の赤信号が微小だったり、見えなかったりすることがあります。お互いに、一時的に本当の性格を隠しているからです。パートナーになる可能性のある人との交際期間中に、「デート・ガイ」「デート・ガール」を装うことがよくあります。これは相手によく思われるような性格のふりをすることです。

無邪気に、あるいは無意識によい印象を与えようとしているだけかもしれません。意図的に相手をあざむいて陥れようとする悪意のある計画の一端かもしれません。どこかその中間かもしれません。

「デート・ガイ」や「デート・ガール」の人格が、実際のものに近い場合も、非常にかけ離れている場合もあります。恋した「デート・ガール」が、後に邪悪な分身と入れ替わって、混乱する男性も多くいます。

交際中の彼女の性格が消え失せて、代わりに、侮辱的で支配的で加虐的な人格が現れると、男性は自分が悪いのではないか、自分のせいなのではないかと思うかもしれません。以前のステキで快活で愛すべき彼女を取り戻そうと、男性は必死になるかもしれません。でも、そんな人格に戻ることはあり得ません。だってそれは一時的な見せかけにすぎなかったからです。

「デート・ガール」の人格は2人の関係が終わりかけたとき、あるいは終わった後、また、相手を口説こうとしている女性が現れたときに出現し、相手が自分に戻ってきたとたんに消えてしまうことがある。

あるカップルが関係修復のために、いくつもカウンセリングを受けていました。正確に言えば、彼女が、ボーイフレンドが自分の多い要求に応じるように説得してくれるカウンセラーを探し回っていたのです。

彼女のボーイフレンドは、自分の希望やニーズをすべて犠牲にせずに、よいパートナーになるにはどうすればよいか、必死でその方法を探していました。彼は、よいパートナーになれさえすれば、交際初期の何ヵ月間の彼女の性格が戻ってくると、完全に信じていました。

しかし現実は、交際を始めて数ヵ月後に出現した彼女の要求の多い支配的な性格こそが、本物だったのです。

彼が恋していたのは、「デート・ガール」であって、「コミットメント・ガール」ではありませんでした。「デート・ガール」の人格は、関係を終わらせようとした彼を連れ戻そうとしたときにだけ再び一時的に現れるものでした（ここで言うコミットメントとは、彼女の彼に対するコミットメントではなく、彼が彼女に対してコミットすることを指しています）。

パートナーになる可能性のありそうな相手にコミットさせるために、一時的に偽りの人格を見せるのは、典型的な、おとり商法と言えます。

注意！　男性の中には、彼女の見せかけが後に崩れても、交際初期の彼女の「デート・ガール」の資質こそ「本物」だという考えに固執してしまう人がいます。それを理解するのに役立つのが、確証バイアスとして知られる潜在意識現象です。

確証バイアスとは、すでに真実と信じていることを確証する事象だけに気がついて、それを取り込みますが、真実と信じていることに反する証拠は無視する傾向を指します。

ある女性のことを思いやりがあって、理性的で、愛情深いと信じてしまうと、確証バイアスが邪魔して、矛盾するような証拠に気づけなくなるのです。

売り込み

たくさんの人から虐待的な関係について話を聞いたり、私自身が過去に絡め取られてしまった虐待的な男性との関係について考えたりして、気づいたことがあります。それは、虐待的な人は頻繁に「営業テクニック」を使って潜在的なパートナーに恋愛関係を売りつけるということです。

こうした営業テクニックは、交際中にパートナーを繋ぎとめるためにも使われることもあります。

女性が、正直な方法で自分を売り込もうとして、無意識に何気なく営業アプローチを使うこともあるかもしれません。その場合は、彼女は純粋に自分自身の姿を現して、相性のよさを相手に分かってもらおうとしていると言えます。

一方、相手をだまし、陥れようとして、意図的に悪意を持って、営業アプローチを使う女性もいるでしょう。彼女が理論的な概念を理解した上で行っているとは限りません。試行錯誤によって、そうすればうまくいくと分かっているだけかもしれません。

さまざまなセールスの達人たちが、セールス・サイクルの段階を提唱しています。段階の数は、人によって違いますが、基本概念は大体同じようなものです。

セールス・サイクルの基本となるステップは次のようなものです。

1. 潜在顧客の特定
2. 潜在顧客との関係構築
3. 潜在顧客のニーズなどの確認
4. プレゼンテーションの準備と作成
5. 反対意見への対応
6. 販売完了
7. 販売後のアフター・サービス

1. 潜在顧客の特定

『Selling All-in-One for Dummies』というセールスの指南書は、潜在顧客の特定とは「あなたが売りたいものに適した潜在的な買い手を見つけること」だと述べています。[1]
潜在顧客の特定の要素には、ターゲット市場の明確化と、潜在顧客の魅了が含まれます。

自分の要求通りにしてくれて、見逃してほしいことを見逃すような男性が見つかるまで、何人も試して様子を見る人もいます。

それぞれの女性のニーズによってターゲットとなる市場も変わってきます。健康な女性なら健康なパートナーを探すでしょう。依存心の強い女性なら自分の面倒を見てくれる男性を、人を操ることが好きな女性なら操れるような男性を探すでしょう。怒りっぽい女性は、怒鳴りつけたり叩いたり馬鹿にしたりできるような相手を望むでしょう。

『Selling All-in-One for Dummies』からの次の引用は、潜在的なパートナーを惹きつけるのにも適切な方法です。「相手が、あなたのために貴重な時間を割いてくれるよう説得するには、何か同価値のものを相手に提供しなくてはならない」(2)。

女性は、気配り、料理、お金、会話、お世辞、セックスなどを使って「価値あるもの」を提供するでしょう。美しい女性なら、その存在自体が男性にとって価値のあるものかもしれません。きれいな女性と一緒にいたいというだけで魅了されるのです。

非常に虐待的な女性は、虐待の対象を得て繁栄します。一つの恋愛が終焉を迎えたり、迎えそうになったりしたとき、そういう女性は次のターゲットを急いで探そうと躍起になります。

2．顧客との関係の構築

顧客との関係構築とは、強い繫がりを作ることです。相手に、自分たちが似ていると思わせることです。

健全で誠実な関係であれば、共通の興味、考え方、目標、あり方などを認識することで、自動的に強い繋がりが育まれます。しかし、そうした共通点がほとんど、あるいはまったくない場合や、自分の本性を隠そうとする場合には、人為的に強い繋がりが作られることがあります。

セールスのトレーニング・マニュアルには、顧客との関係を樹立するために必要なメカニズムがいくつか述べられています。

- お世辞
- 友好関係
- 共感
- 共通性

お世辞

お世辞が関係構築に特に有効であると研究が示しています。褒められた人は、褒めてくれた相手に自然に、好意的な考えを持つようになります。「4 Common Sales Techniques People Fall For（顧客を落とす4つのセールステクニック）」という記事の著者ベン・デメーターは、次のように述べています。「どんな営業担当者にとっても、最もよく使われる戦術はお世辞だ」(3)。

影響力の達人トニー・ロビンスはこう述べている。「関係構築とは相手の世界に入り込んで、相手を理解し、相手と強い絆があると思わせる能力だ」

友好関係

エイブラハム・リンカーンは「あなたの主張にだれかを賛同させたいと思ったら、まずあなたがその人の誠実な友であることを確信させなさい」と言っています。自分が相手の友だちだと思わせることもまた、関係の構築の方法の一つです。

共感

共感とは、他人の感情や状況に共鳴する能力です。ターゲットを理解し思いやりを示すふりをして、共感を装い、相手に錯覚を抱かせる場合があります。

共通性

共通性によって絆が築かれます。私たちは、自分と似た人に引き寄せられるものです。人生のパートナーを探しているときは、なおさらです。自分の目標や願望を支えてくれて、よりよい人生にしてくれる人を求めます。

見込みのありそうなパートナーの興味に自分も興味があるふりをしたり、同じものが好きなふりをしたり、自分の性格を相手に合わせたりして、共通性があるように見せかける人もいるでしょう。相手の世界観を尊重するふりさえするかもしれません。

共通の敵を作ることも、絆の構築に特に強力です。「あなたと私で世界と闘う」という考え方を作り上げます。すると2人は孤立し、パートナーへの依存が高まります。

ひどい元恋人について女性が愚痴をこぼせば、元恋人は2人にとっての共通の敵となり、新しいパートナーは「保護者モード」に入ります。

「保護者モード」に入った男性は、自分が守っている女性のイメージを損なうような情報は、受け付けなくなります。赤信号が現れても見えなくなり、その女性についての友人や家族からのネガティブなコメントがあっても、受け入れられなくなります。

共通の敵によって絆が深まる効果を、心理学の三角関係という概念で説明することができます。偽りの親近感を与えるものです。

カップルと共通の敵の三角関係は図のようなものです。

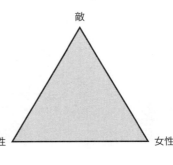

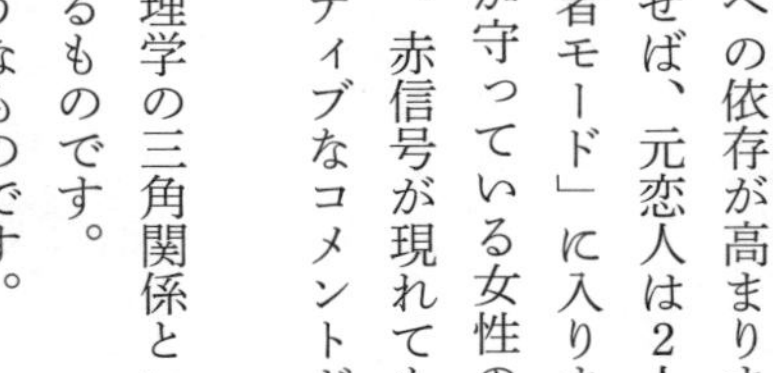

三角の底辺の男性と女性の間に大きな距離があるのが分かりますか？　しかし、男性と女性が、それぞれ敵に向かって三角形を登っていくにつれて、三角形の二つの辺はどんどん近づき、最後には一つになります。

2人にとって、多くの人、物、状況などがトライアンギュレーションとなり得ます。

- 彼女の「最悪の」上司や元恋人
- 健康上の心配

- 薬物やアルコール
- 子どもたち

2人が同じことに集中すれば親近感が増します。

以前の結婚相手との間にできた子どもを利用して、新たなパートナーとの共通点を作ろうとする女性もいます。もし彼に彼女の子どもたちに対して愛情を示すようにさせられれば、第3のポイント（子どもたち）ができて、この新たなカップルは親密感を持つようになります。

3．潜在顧客のニーズなどの確認

再び『Selling All-in-One for Dummies』から引用しましょう。「セールス活動における潜在顧客の確認とは、あなたの商品やサービスがその顧客にぴったりなもので、顧客にそれを購入する資源があるかどうかを確認するために、顧客がだれであるかだけでなく、何をしている人か、どんなものを持っていて、何を必要としているかを知ることがある」(4)。

健全な関係に発展する可能性がある場合、この販売のステップは、お互いが相応しい相手なのか、そしてその関係がお互いにとって有益なものであるかを女性がチェックすることに相当します。

しかし、彼女が売ろうとしている「商品やサービス」が虐待であるのなら、潜在的なパートナーが自分の虐待のやり方に適した相手になるかを見極めようとし、相手をテストするかもしれません。それは意図的に行われるかもしれないし、潜在的な関係にすでに自動的に組み込まれているかもしれません。

おそらくはじめのうちは、小さい微妙なテストから始まるでしょう。彼がテストにパスすれば、彼は留まり、彼女は2人の関係を築き続け、さらにテストを繰り返すかもしれません。彼がそうしたテストに合格すれば、それは彼の負けを意味します。

もしテストによって、彼女の考え方や行動が彼にとって受け入れられないことが明らかになれば、彼は関係を絶とうとするでしょう。あるいは彼を長く引き留めてコミットさせるために、彼女がアプローチを調整するかもしれません。

テストによって自分の本当の性格がばれる危険をおかさずに、しっかり「デート・ガール」の姿を守り続ける女性もいます。この段階では、相手が自分の必要としているものを十分に持っているかどうかだけを確認します。十分なお金、十分な愛情、だまされやすさ、社会的地位、忍耐力、決断力といったものです。

4．プレゼンテーションの準備と作成

恋愛のこの段階は、商品コマーシャルと同じように、潜在的なパートナーを魅了する（身体的やその他の点で）と思うものに力を入れ、不利な情報は最小限に抑えたりカモフラージュしたりする段階です。

強引な売り込みや穏やかな売り込みを使って、相手に交際を「購入」させようとするかもしれません。前者は直接的で、強圧で、しつこく、あからさまなものです。後者は、微妙で、暗示的で、間接的で、言

葉巧みなアプローチです。

もう一つ、3つ目のカテゴリーとして、魔法の売り込みを加えるべきかもしれません。これは、セールスが完了するまでは、意図的に自分の本来の姿を隠す「デート・ガール」の手法（一瞬にして魔法のように、「デート・ガール」が消えてしまう）です。

悪質なセールス技法には、次のようなものが使われます。

- セックス
- 栄光
- 受難
- 互恵関係から生じる義務感

セックス

セックスが強力な販売ツールになることは、周知のことです。セックスは、車や気のきいた道具などを売ってくれます。男性に交際関係を売ることもできます。

栄光

女性が自分のすばらしさを繰り返し語り、自分がどれほど望ましい相手かということをパートナーに納得させようとすることがあります。

ある男性は、虐待的な女性と離婚する際、「交際中の彼女はいつも自分の履歴をひけらかしていた」ことを思い出したと言います。その女性は常に自分の業績を語り、自分を輝かしい存在として語っていたのです。

結婚後は彼女の言っていたことと現実とが食い違っていることに気がつきましたが、すでに手遅れでした。彼はそうした矛盾を無視しようと自分に訓練を課しました。離婚後初めて、彼は時間と空間を得て「いんちき商品を」売りつけられたことを完全に受け入れられるようになりました。

受難

インターネットで営業テクニックについて調べていたら、「相手に自分を受難者だと思わせる」[5]セールスマンへのアドバイスが目に入りました。これは男性を引き入れようとする女性の行為を見事に表しています。「かわいそうな私。私はひどい目にあいました。あなたは、私を助けなくてはなりません」というプレゼンテーションなのです。

互恵関係から生じる義務感

前出のベン・デメーターの「4 Common Sales Techniques People Fall For」の一つのテクニックは「互恵

関係から生じる義務感」です。ターゲットとなる購買者の義務感と罪悪感を利用することの効果が述べられています。「人は、だれかによいことをしてもらったと思ったら、自分もお返しによいことをしなければならないという義務感を自然に持つようになるものだ」(6)。

「好意的」でなく操作的な女性は、男性が生来持っている互恵性の傾向を利用して、自分に執着させ自分のために行動させることができます。そして結局、彼は自分がしてもらったことよりもずっと多くのことを彼女のためにするようになってしまいます。

- 彼女が注目してくれたから、彼は人生を捧げる
- 彼女が贈り物をしてくれたから、彼は人生を捧げる
- 彼女がセックスをしてくれたから、彼は人生を捧げる

……といった具合に。

5. 反対意見への対応

反対意見への対応の段階では、ターゲットとする顧客がその製品（この場合は恋愛や女性が望むもの）の購入に対してどんなネガティブな考えを持っているかを把握し、それを消し去るよう努力します。一部の営業トレーナーは、このステップを「反対意見への予防接種」と呼びますが、これは何とも不気

味な呼び名だと思います。ある考えや感情に対して予防接種をするというのは、永久的な免疫や抵抗力をつけることです。反対意見は健全なものかもしれません。自分を守るためにある異論かもしれません。しかし予防接種によって反対意見は永久に力を失い、役割を果たせなくなってしまいます。

ある男性が、家と家具を売り、仕事をやめて、彼女と一緒になるために引っ越しをしたとたんに、急に梯子をはずされたときのことを語ってくれました。彼女から別れを切り出されたのです。交際中の彼女は、彼が（恋愛によって）再び傷つくことを恐れていたこと（＝彼の反対意見）に気づき、それを利用して、自分は彼を決して傷つけないと安心させて同情することにより、彼の反対意見に対処していたのです。

反対意見に対処するために、フット・イン・ザ・ドアという交渉術を使うことがあります。これは、大きな要求より小さな要求に人はイエスと言いやすい、という理論を利用するものです。大きな要求が受け入れられるためには、突然要求を大きくするのではなく、徐々に少しずつ要求の大きさを上げていくのです。小さなイエスが大きなイエスへと繋がっていくのです。たとえば、１０００ドル貸してほしいと言われておそらく断る人であっても、少額から始めて、少しずつ要求の額を上げていけば、最終的には１０００ドルを手放す計算になるでしょう。

反対意見に対処するフット・イン・ザ・ドアのテクニック：小さいイエスが大きいイエスへと繋がる。

あるセールスマンが、注文を取るのに失敗した営業先にコートを置いてきた話をしてくれました。忘れ物を取りに戻ることで、彼はターゲットの購買者の懸念や反対意見に対処する機会を得ることができました。この方法を「忘れ物」テクニックと呼びましょう。

恋人の家に、少しずつ私物を置き忘れていくという恋愛戦術は、「忘れ物」テクニックと「フット・イン・ザ・ドア」テクニックの両方を思い起こさせます。私物を少しずつ置いていくのは、同棲へのゆっくりした段階的なプロセスです。パートナーが気づかないうちに、2人は一緒に暮らすようになるのです。

ボーイフレンドの家に自分の私物を少しずつ積み重ねていくのは、「忘れ物」テクニックと「フット・イン・ザ・ドア」テクニックの2つを合わせた反対意見対処法だ。

関係が終わるかもしれないという危機感がある場合、女性が、金メダル級のお世辞を言うことがあります。「あなたは何てすばらしい人なの。あなたなしでは生きていけない」。子犬のような悲しい目で、パートナーの琴線に触れようとするかもしれません。うその自殺未遂を企てることもあるかもしれません。

「あなたは何てすばらしい人なの。あなたなしでは生きていけない」というメッセージには、相手の反対意見のすべてを封じ込める殺傷能力があり、関係を終わらせようという相手の考えすべてを葬り去ってしまいます。

6. 販売完了

ターゲットにコミットさせる段階です。

潜在的な買い手がその場から立ち去ったり、電話を切ってしまったりすると、販売が成立する可能性が低くなるということを営業マンは知っています。ですから頭を整理するための空間と時間を買い手に与えようとはしません。買い手を製品とセールストークに集中させたいのです。

メール、電話、デートなどでパートナーの時間を占領すれば、パートナーを説得しやすくなります。また、友人や家族から引き離すことも、販売完了に役立ちます。外部からの影響で反対意見が生じるのを制限できるからです。

将来の理想像も、販売完了のための戦術の一つです。これは、その製品を購入したらどんなにすばらしい気持ちになるかという生き生きとした想像をターゲットに与えることです。売ろうとしている製品が車なら、車に乗ることでどんなステキな生活になるかを顧客に想像させるのが未来ページングです。恋愛関係であれば、2人が一緒になれば、どれほどすばらしい人生を送れるかというファンタジーを育みます。

意図的な偶然の妊娠も、コミットメントを得る究極的な方法だ。

先の「反対意見への対応」で紹介した男性は、彼女が自分のお金を使って一緒に旅行したり、いろいろな冒険をしたりしようと言って彼を魅了したと言います。ワクワクするような末永いステキな関係が保てると思わせたのです。しかし、彼が一人の生活と安定をあきらめた（財産を売り払って彼女の元に行った）わずか数ヵ月後に、彼女に出ていけと言われたのです。

7．販売後のアフター・サービス

健全な恋愛の場合なら、これはコミットメント後のギブアンドテイクの段階になります。必ずしも簡単なことではありませんが、健全な関係では、お互いの利益や思いやりや配慮があるものです。しかし虐待的な関係では、そうはいきません。

虐待的な関係では、「デート・ガール」が姿を消して本性が現れます。コミットメントが確保されたとたんに、虐待的な関係がゆっくりと、あるいは突然現れます。

虐待的な彼女は、彼にコミットさせようと操作していたときに効果があった方法を使い続けるかもしれません。結局、こうしたセールスのステップが循環し続けるのです。

販売完了後にも、反対意見に対処しなくてはならないかもしれません。プレゼンテーションを練り直したり、信頼関係を強化したり、何度も販売活動をし直さなくてはならないかもしれません。

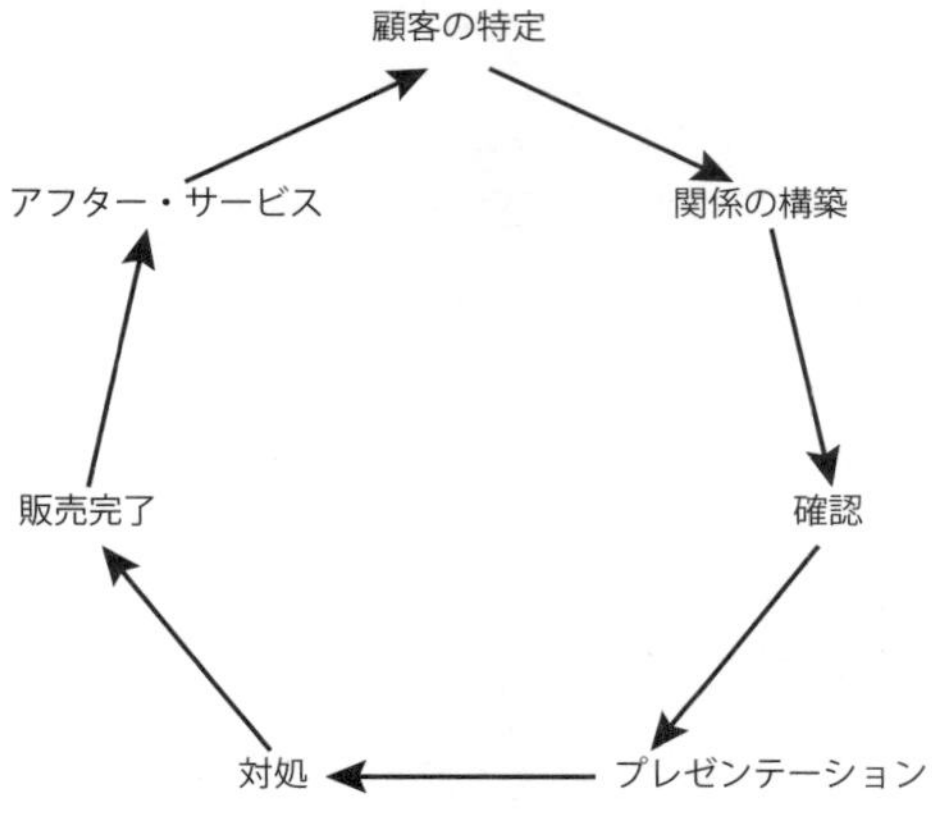

もし彼女が関係に飽きたり、関係が終わるかもしれないと思ったりしたら、彼女は新たな潜在的パートナーを探し始めるかもしれません。

第19章

なぜ男性は虐待的関係に留まるのでしょうか

「どうしようもありません。だって、自分の身に何が起きているか、どんな思いをしているか、周囲に気づいてもらえないのですから。ただ頑張り続けるしかありません」

なぜ留まるのでしょうか？

虐待的な関係から抜け出すのは、外から見ればたやすいように見えるかもしれません。不満なら出ていけばいいのです！　しかし、それが実際に自分に起きた場合は、まったく簡単なことではありません。

たとえ非常に虐待的な関係であっても、留まることを選択する多くの理由があります。

男性が留まる理由のいくつかは、女性が虐待的な関係に留まる理由と同じです。一方、男性特有の理由もあります。

男性が留まる理由は、複雑で個人的や文化的なパターンに深く根ざしていることがあります。あるいは、ただ単に選択の余地がないからかもしれません。次のようなことが要因となる場合もあるでしょう。

- 希望的観測
- 愛情
- 受け入れ難い状況の否認
- 特定の資質にこだわる
- 罪悪感
- 羞恥心
- 恐怖
- 経済的理由
- 孤立
- 留まることへのプレッシャー

男性が留まる理由のいくつかは、女性が虐待的な関係に留まる理由と同じだ。一方、男性特有の理由もある。

- サポートの欠如
- 相手の身体的魅力
- 関係を続ける利点
- 混乱（洗脳）
- 自信のなさ

希望的観測

機能不全に陥った関係に留まる人のほとんどに希望的観測が見られます。しかし、多くの場合、虐待を受けている側にとって事態が好転するという希望が持てなくなれば、終焉の始まりと言えます。

虐待はサイクルで繰り返されることがよくあります。緊張が高まる－虐待が起こる－緊張が緩和する－再び緊張が高まる、といったサイクルが続くため、虐待が一時的に休止すると、もう虐待が終わったという希望が再燃焼します。サイクルの緊張が和らいでいる期間には、虐待者が自分の行動や態度に対して後悔の念を口にするかもしれません。そして、変わることを約束するかもしれません。こうした反省と約束によって、希望的観測が続いていくのです。

虐待的な関係から抜け出そうとしても出だしでの失敗を繰り返すことが多い。そしていともたやすく元のさやに引き戻されるのだ。

助けが得られて、侮辱的で支配的な行為や加虐的な行動がなくなるという希望を持ちます。虐待者の挑戦的な行動の原因となっている、外部や内部の要因が消えるという望みを持つかもしれません。

虐待を受けているパートナーは、相手を幸せにするために、自分がどう変わるべきなのかと悩むことがよくあります。魔法の方法がまだ見つかっていないだけだと、希望を持ちます。いつかよい方法が見つかって、自分が彼女にとって相応しい人となって、すべてが改善されるだろうという希望を持つのです。

虐待的な関係に終止符を打つと決めた男性でも、相手が変わることを約束すれば、新たな希望を持ち始めるかもしれません。彼女がそう約束すれば、「男として簡単にあきらめるべきではない」と別れる決断が揺らぐかもしれません。

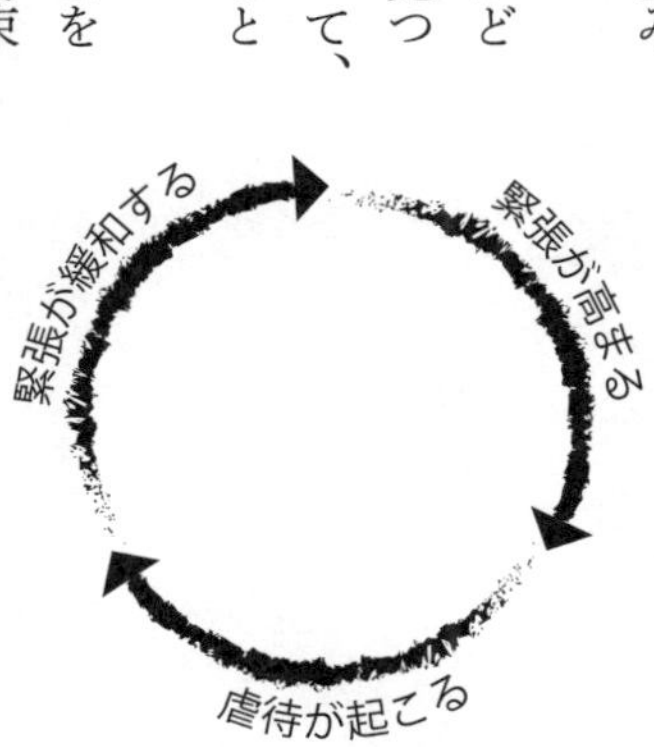

愛情

虐待されても彼女を愛しているために、留まり続ける男性もいます。虐待が比較的軽度の場合や、虐待が身体的な疾患に関係している場合は、なぜ彼が彼女を愛し続けるのかが部外者にとっても理解できるかもしれません。しかし、虐待がひどい場合は、彼の愛がなかなか理解できないかもしれません。彼の愛情が、状況を改善させたいという意思を保ち続けるに足るほど強いものなのかもしれません。

彼はこんな状態かもしれません。

- 緊張が和らいでいる期間に定期的に現れる彼女の性格を愛している
- 彼女には虐待的ではない好ましい資質もあるので、挑戦的な行動や態度を見過ごすことができる
- 彼女の虐待的な性格が現れた今でも「デート・ガール」バージョンの彼女に恋している
- 愛というものや愛情の感じ方について歪んだ考えを持っている

愛について、そして愛情の感じ方について歪曲した見方をする理由には多くの可能性があります。

- 両親からの虐待があったり、現在の自分の状況と似たような感じで両親がお互いを虐待するような環境で育ったため
- 子ども時代に女の子や女性によって虐待の的にされていた経験があるため
- 虐待のお手本になるようなカップルが周囲にいるため
- 女性との恋愛が未熟であるため

受け入れ難い状況の否認

人は、虐待を受けていても自分ではなかなか認められないものです。それが特に男性に見られるのは、文化からの男女への期待や、男女関係への期待に反することだからです。

女性による男性への虐待の存在をほぼ否定しているような文化では、男性が自分に起きていることが理解できなくても当然です。

男性が虐待を受けていることを認識できないのは、次のような「男の法則」に従うように訓練されてきたからです。

- 感情は重要ではない
- 自分の状況や環境は自分でコントロールすべき
- 個人的なこと（特に感情）について話してはいけない
- 助けを求めてはいけない
- 助けは必要ではない
- 強くなれ
- 守る人になれ
- 責任を持て
- （トイレ、車、問題など）直せる人になれ
- 「女々しく」なってはいけない（これは、女性的なあらゆる考え方、感情、行動の総称を指す）

1960年代から70年代にかけて、ベティ・フリーダンやグロリア・スタイネムらが、女性を束縛し制限していたジェンダー役割についての問題を暴露しました。女性であることの意味のルールが完全に撲滅されたわけではありませんが、そうしたルールが露呈され、弱体化したことは確かでした。多くの面で少女や女性たちは、自分がどうしたいか、何になりたいかという幅広い選択肢を持つ個人として、自分の人生を歩めるようになったのです。

しかし、少年や男性はそうではありません。男らしさの訓練の持つネガティブな側面の検証や、男性に課せられる期待の調整は、ほとんどなされてきませんでした。

セラピストで著者でもあるテレンス・リアルは、男らしさの訓練の有害な側面と、それが男性に与える致命傷についての議論を始めようとしました。著書 *I Don't Want to Talk about It: Overcoming the Legacy of Male Depression*（そのことは話したくない――男性の抑圧の遺産の克服）で、彼は次のように指摘しています。

- 伝統的な男らしさの観念は、強い感情表現を男らしくないと見なし、自分の弱さを表すことはほとんど禁じている。(1)
- 彼ら（男性）は「自立」することを教えられ、コミュニティに癒しを求める意欲を削がれている。(2)
- 多くの男性は、身体的、精神的にかかわらず、苦痛を認めるよりは、自分自身を危険にさらそうとする。(3)

男性は感情的に麻痺する名手だとリアルは言っています。感情は情報です。個人がその情報を取り込んだり処理したりしなければ、自分の人生において何がうまくいき、何がうまくいかないのか見極める能力が妨げられます。

大学教授でセラピストのブレット・バークホルダーは、自分のジェンダーがどう訓練されているかについて、こう述べています。「ぼくたちは痛みを最小化するよう教えられている。男の子は我慢するように教えられる。5歳になるまでに、ぼくたちは、恐怖や悲しみを隠すことを学ぶ。精神的な苦痛や身体的な痛みを無視するよう教えられるのだ」。

多くの男性にとって、女性から虐待されていると認めることは、男らしさを疑われることになるのです。男らしくないと思われることを恐れるあまり、視野が曇り、否定的になってしまうのです。

男の子は精神的、身体的な苦痛を無視するよう教えられる。

特定の資質にこだわる

よい人のあり方についての文化的な訓練によって、私たちは忍耐力、決断力、献身といった資質を制限なく使うべきだという歪んだ考え方が生み出されることがあります。

男性としての訓練では、さらに一歩踏み込んで特定の資質が強調され、そのせいで悪い関係から抜け出せなくなることがあります。私たちの文化は、男性を、決断力があって、勇敢で責任感のある、何でも解決できる人になるよう訓練します。男性はパートナーの世話をし、守らなければなりません。

こうした資質はどれも立派で、よいパートナーとしての不可欠な要素ではありますが、どの資質も使いすぎると有害になります。「気前がよすぎる」と人はよく言いますが、これは一つの資質を使いすぎる危険性を指摘したものです。

虐待的な女性は、パートナーがこうしたよい資質にこだわることを、逆利用するかもしれません。相手の決断力、勇気、責任感、共感力、忍耐力、寛容さといった資質や、神聖な制度としての結婚や、子どもたちの幸福についての彼の献身を利用するかもしれないのです。

どんな資質の使いすぎによって、虐待的な関係から抜け出せなくなるのでしょうか。いくつか例を挙げましょう。

虐待的な女性はパートナーの価値観を利用して罠にかけ、関係を続けさせ、自分の意のままにする。

過度の寛容さによって、

- 彼女に変わるチャンスを多く与えすぎる
- 「あなたのせいで私が悪い行動をしたのよ」というような過失反転の謝罪を受け入れてしまう
- 過去の罪を「忘れて」再び踏みにじられることをよしとする

過度の責任感によって、

- 「悲嘆にくれる、か弱き女性」を助ける
- 現実の状況にかかわりなく、「自分にはできる」と言い張る
- 何かを直せないことで自分を責める
- 愛してもいない女性が妊娠したので結婚する

こうした資質を使いすぎる反面、バランスを取る上で必要な資質が十分に使われていない場合もあります。相手を尊重しながら自己主張ができること、確実性、対等さ、正義感といった資質によって2人の関係が健全になったり、逆に致命的な欠陥が見えたりするかもしれません。

対等さや正義といった資質を十分に使っていないのは、次のような場合です。

- 彼女が無力なふりをするので、すべての経済的責任を一人で背負っている
- 彼女の欲求を、自分や家族のニーズより優先している

ここまで述べてきた資質はスキルでもあります。どの資質も上手に使うためには、それぞれの資質を状況に応じて健全でバランスの取れた方法で使うよう考えなくてはなりません。

責任感、忍耐力、決断力のような人間関係のスキルが身につけば、そうした資質を使いすぎたり、十分に使えなかったりすることを減らせるでしょう。どのスキル開発にも言えることですが、うまくできるよ

うになるためには実験と学習のプロセスが重要です。

羞恥心と罪悪感

羞恥心と罪悪感は、兄弟のような感情です。同じ感情の仲間ですが、微妙な違いがあります。羞恥心と罪悪感は同時に作用することも、別々の場合もあります。

罪悪感は通常、自分や他者を傷つけるようなことをしたという認識によるものです。羞恥心は、自分自身をどう見ているか、そして他者からどう見られているかという、より深い感情です。「自分は何か悪いことをした」が罪悪感で、「自分は悪い」が羞恥心です。

罪悪感が羞恥心に姿を変えることもあります。「自分は何か悪いことをした」から、「自分は悪い」と思うようになるかもしれません。

自分がやったことによって直接、羞恥心を持つ場合もあります（「自分の一部が悪い」）。また、すべてを包括する羞恥心もあります（自分のすべてが悪い）。

これらの感情が健全な方法で使われれば、自分の価値観を保つのに役立ちます。自分が何をしているか立ち止まって考えて、必要なら調整することができます。自分の再評価、謝罪、変化、欠点の改めなども促します。

しかし、こうした感情が過剰反応である場合は、息苦しくなります。本当にやらなくてはならないことができなくなったり、してはいけないことをしなくてはと思わせたりします。

罪悪感と羞恥心は、自分が引き起こす場合、パートナーに引き起こされる場合、また、それ以外の原因がある場合もあります。最近や過去のできごとによって起きる場合も、正当化される場合もそうでない場合もあります。

後悔するようなことをしてしまったと認識することによって、罪悪感と羞恥心を自分が引き起こしてしまいます。それらの感情の程度は、原因となった状況に相応しいものかもしれないし、過剰な反応かもしれません。

ある関係が、健全で幸福（安全ですらある）なものにはなり得ないと判断すると、男性の中に羞恥心が起きるかもしれません。あきらめてしまったとか失敗してしまったと感じるからです。一方、その関係に留まって努力し続ける限り、彼は「失敗」したわけではありません。

いいがかり、非難、叱責、場合によっては甘言が、パートナーが引き起こす罪悪感と羞恥心に繋がることがあります。「あなたが悪いこと、ひどいこと、愚かなこと、クレージーなことをした」「あなたは悪くて、ひどくて、愚かで、クレージーだ」「そんなことをすれば、そんなひどい人になってしまう」というようなメッセージを女性が男性に対して送ることがあります。彼なしでは生きていけないと思わせることもあるかもしれません。

女性に「あなたをとても愛している。あなたが去ったら、私は生きていけない」と言われると、男性は関係を終わらせようと考えるだけでも罪悪感を持つかもしれません。

> 「不当な罪悪感を受け入れることこそが最悪な罪悪感だ」
> ——アイン・ランド

虐待のターゲットにされている男性は、責められるのに慣れてしまうかもしれません。女性が、自分の虐待を男性のせいにしたり、何でも彼のせいにしたりすることによって、男性は常時、責めを受け入れるように慣らされてしまうかもしれません。このような状況では、相手から押し付けられた罪悪感によって、彼には、相手の責任が見えなくなってしまい、2人の関係を改善しようと無駄にあがき続けるようになってしまいます。

家族やコミュニティや社会集団や宗教が、意図的、あるいは無意識に、男性に対して罪悪感を与えてプレッシャーをかけ、虐待的な関係に留まらせようとする場合もあります。

男性の羞恥心

女性から虐待されるなんて、男らしくないとか「弱虫」だと思われるかもしれません。男性は、虐待を受けていることを自分や他者に対して認めることへの羞恥心から、虐待関係に留まろうとするかもしれません。

女性から虐待を受けていると認めるのは、男性が受けてきた訓練に反するのです。

- 男が支配するべき
- 何でも解決できるべき

- すべての解決策を持っているべき

虐待的な女性との関係を終わらせることは、男性としての訓練に反するのです。

- 男は強く「耐えぬく」べき
- 男は決してあきらめない
- 失敗は弱さの表れだ

他の男性の女性に対する仕打ちを恥じて、それを償おうとする人もいるでしょう。この連想による羞恥心によって、女性虐待の歴史を持つ男性というジェンダーの一員であることを恥じるのかもしれません。

パートナーを巧みに操る女性は、こうした男性の恥を増長させて利用します。善良な男性であろうとする願望を悪用して、自分の欲求や気まぐれに従わせようとするのです。

自分と同じ男たちの悪行を恥じるために、男性の評判を回復させて、すべての男が信頼できない無神経な差別主義者ではないことを証明しようと虐待的な関係を続けざるを得ない人もいるでしょう。

恐怖

恐怖心から虐待的な関係に留まる男性も多くいます。その恐怖は、パートナーの行動や態度や文化によって培われたり、自分自身の背景や性格によって培われたものかもしれません。虐待にどこか慣れ親しんでいるため、知らない領域に踏み込むのが怖いという場合もあるでしょう。彼女が挑戦されていると感じる度に代償を払わされたり、その結果によって脅されたりが繰り返されることで、関係を終わらせることへの恐怖感が植え付けられるのです。

男性は次のようなことを恐れて、関係に留まるのかもしれません。

- 独りぼっちになること
- 未知の領域に行くこと
- 失敗すること
- 早くあきらめすぎたり失敗したりすること
- 彼女を失望させたり悲しませたりすること
- 彼女に自分の秘密を言いふらされること
- 男らしくないと思われること
- 子どもと過ごす時間が制限されること

- 自分の子どもや義理の子どもの親権を完全に失うこと
- 母親とだけ暮らすようになった場合の、子どもの安全性
- 彼女の親族との関係を失うこと
- 社会的な地位を失うこと
- 彼女の怒りを買うこと
- 自分への経済的な影響
- 子どもたちへの経済的な影響
- 彼女への経済的な影響
- 友人、家族、雇用主、宗教コミュニティからの反発
- 彼女の生活能力の欠如
- 自分、子ども、家族、ペット、彼女自身に、彼女が危害を加えると脅し続けること

経済的理由

離婚後、相手の生活費や、離婚争議の費用や、今後の扶養料の支払いに対処できないのでは、と心配になる人もいます。自分自身や子どもたち（自分の、相手の、あるいは2人の）や場合によっては相手に及ぶ経済的影響も心配になるかもしれません。

同居関係が解消すると多くの場合、慣れ親しんだ家を出なくてはならないのは男性で、ゼロからやり直さなくてはなりません。それは怖いことかもしれません。

妻の収入の方が多かった場合は、離婚後、自分だけの収入でやっていけるだろうかと不安になるかもしれません。それは経済的に自立できるかどうかの不安かもしれないし、妻の収入がもたらしたライフスタイルへの執着から来る不安かもしれません。

夫の収入が妻より多い場合や同等の場合は、離婚後も妻を養わなくてはならないかもしれないと、心配するかもしれません。

夫を離婚裁判に引きずり出して弁護士料がかさむのを見て、楽しむ妻もいると心配するかもしれません。離婚裁判で、妻が、夫や自分自身や2人の経済状態を歪曲して、不当な扶養料を勝ち取ると心配になるかもしれません。

あるいは悪意に満ちた妻が、誹謗中傷や妨害行為によって夫のビジネスや仕事を台無しにするという懸念もあるかもしれません。

彼の心配は、同じ境遇の男性の例や、自分の過去の経験や、妻の性格や、妻からの直接の脅しなどに根ざしているものかもしれません。

孤立

虐待は孤立を招きます。虐待を受ける恥辱もまた孤立を招きます。「男はペラペラしゃべらない」という「男の掟」も孤立を招きます。パートナーを操ってさらに孤立させようとする女性もいます。妻や恋人があまりにも彼の時間に食い込んでくると、彼は友だちや家族との関係を築く機会を失います。理不尽な家庭の責任分担をこなすことで疲れ切ってしまい、自分の時間もエネルギーも残っていません。男性は、虐待が自分だけに起きている異常なことだと思うかもしれません。すると、彼女の行動を隠すために他者との交流を避けるようになります。彼女のことを恥じたり、自分の置かれた状況を恥だと思ったりするでしょう。

「男はペラペラしゃべらない」ルールは、どんな会話をしてもいけないというのではありません。自分の感情について話すのを禁じているのです。個人的な問題について友人や家族に打ち明けることをよしとしないのです。

操作と歪曲によって作り出される孤立があります。パートナーの人間関係を損なうことによって支える人たちから孤立させるという手口がよく見られます。虐待的な人は、長年にわたってパートナーの友人や家族を誹謗し続けます。現実に目を向けさせて自由になるのを助けてくれるかもしれない人たちと、彼の間に亀裂を生じさせるのです。

虐待を受ける男性は、「男の掟」、機会の欠如、人間関係の断絶によって孤立する。

留まることへのプレッシャーとサポートの欠如

虐待的な関係に留まるべきという社会的や信条的なプレッシャーは、男性の育った文化、家族、職業、宗教などが理由になっている場合があります。約束した関係に対する責任感から来るプレッシャーや、その女性との関係を終わらせるべきではないというプレッシャーかもしれません。

彼女はだれもいないところでは彼に対して意地悪なのに、彼の家族や友人や同僚にはチャーミングに振る舞うかもしれません。すると彼が逃げ出したいと言っても、友人や家族が無意識のうちに彼をまた虐待的な彼女の腕の中に引き戻してしまうかもしれません。そして、「きみの方が悪いに違いない」「彼女に優しくなれるようにもっと努力すべきだ」「彼女の言う通りにするべきだ」などと助言するかもしれません。

女性が男性を虐待するという現象を社会が認識していないことによって、妻や恋人から虐待を受ける男性に、さらに別レベルの虐待を加えることになってしまいます。たとえ助けを求めても、せいぜい信じてもらえないか、最悪の場合は彼の方が虐待をしているのではと非難されるのです。

虐待を受ける女性のための情報が発達した一方で、男性のための情報はほとんどありません。パートナー虐待に関するネットや出版物の資料でも、男性も虐待の対象になり得ると言及はしていても、それについての例を紹介するような努力はなされていません。

家庭内暴力が起きた場合、警察や裁判所は概して男性に好意的ではありません。身体的虐待を受けた男性やその子どもを受け入れるシェルターを見つけるのは（不可能ではないにしても）非常に困難なのです。家庭内暴力のサポートグループも、虐待の加害者は男性で、女性は被害者だという概念に基づいています。

関係を続ける利点

彼女と一緒にいるメリットに執着したり、盲目的になっていたりするため、虐待的な関係に耐える男性もいるでしょう。

パートナーとの関係には次のような利点があるかもしれません。

- セックスができること
- 威信が保てる
- （どんな相手であっても）パートナーがいるという事実
- 子どもを持つ可能性
- 彼女の収入や地位
- 美しい女性と繋がっていること

美人と一緒にいるためなら男性がどんなことにも耐えようとするのに驚いたことがあります。

美女という野獣

ある容姿端麗で健康で元気で優秀な男性が、操作的な妻をなだめるために苦心惨憺していました。彼女は明らかに、美貌を保つためにたっぷり時間とお金を使っていました。美しいけれどなかなか満足しない女性です。多くの人がごく普通だと思うような彼の行動を挙げ連ねて文句を言うのです。この男性は、恋愛経験が少なく、自分が美しい女性に相応しい人間だという自信もありませんでした。そのため、彼女のたくさんの要求と批判に応えようとしていたのです。

混乱

虐待はとても混乱させられるものです。ターゲットは消耗し、動けなくなります。頭に靄がかかった状態になって、何が起きているか、どうすべきなのかが分からないようになります。次のような要因によって、虐待の真っ只中にいることに気づかない場合があります。

- 少しずつ虐待に慣らされてきた
- 忙しさにかまけている
- 彼女が喜ぶことを見つけるのに忙しい
- 自分が悪くて間違っていると思い込まされている
- 女性は男性を虐待しないという文化がある

- 虐待には洗脳的な要素がある
- 彼女の行動や態度が正当か見極められない
- 一つ一つの虐待的な行為や態度が、どの程度の虐待なのかが分からない
- 感情に圧倒されて心を閉ざしてしまう

お湯の中のカエル、という寓話があります。沸騰したお湯にカエルを入れたら、すぐに飛び出して命拾いするでしょう。しかし、ぬるま湯の中に入れて徐々に温度を上げていけば、カエルはそこに留まって、死んでしまうでしょう。虐待も同じです。慣れてしまうため少しずつ熱が加わっていることに気づかなくなるのです。

女性による男性への虐待を巡る沈黙によって、男性はますます混乱する。文化的なメッセージは「あなたに今起きていることは、起きるはずのないことだ」であるからだ。

自信のなさ

虐待は「自分は大丈夫だ」「自分一人で何とかできる」という感覚を失わせます。非難や批判や、さまざまな方法で「お前はダメ人間だ」と言われることで、自分はダメなのだと思うようになってしまいます。そして、

- 自分一人で何もできない

- 新しいパートナーを得ることができない
- 自分はダメだ

と思うようになります。

男性が、自分を向上させる方法を見つけて彼女に相応しい人間になるために、虐待的な関係に留まるべきだと、思わされてしまうこともよくあるのです。

虐待されていることが引き起こす不安感によって、一人で人生に立ち向かう能力に疑いを持つようになる男性もいるかもしれません。出口のないジレンマです。パートナーとの関係によって不安が生じるのですが、不安なためにその関係から抜け出す方法が見つからないのです。

虐待的な妻との結婚生活から回復を遂げたある男性は、結婚生活が長引くにつれて自尊感情が急降下していったことに気づきました。忙しく、生活に追われ、自分に何が起きているのかを振り返る時間もエネルギーもなかったのです。

家族や友人から孤立したため、自信を回復させてくれたかもしれない人たちとの絆も失ってしまいました。男性も虐待を受ける可能性があるという認識が文化的に不足していることが、さらに自信喪失に繋がったと言います。「なすすべがありませんでした。だって、自分の身に何が起きているか、どんな思いをしているかを周りに気づいてもらえないのですから。ただ頑張り続けるしかありませんでした」。

第20章

虐待が男性に与える影響

「結婚していたとき、なぜ彼女を幸せにできないのか、自分の何が足りないのかと思いを巡らしていました。

今、振り返ってみて彼女に操られていたと分かると、馬鹿馬鹿しくなります。どうしてそれに気づかなかったのでしょう？　なぜそんな状況に陥ってしまったのでしょう？」

虐待が男性に与える影響とは

虐待のターゲットとなった男性が、自分が置かれている状況を理解するのは非常に困難です。私たち（男性も女性も）は、文化的に、女性による虐待的な態度や行動に対してアンテナを張らないようプログラムされているのです。

虐待を受けている男性は、メディアからも社会からもほとんど支援を受けることがありません。男性は「強くあれ」「個人的なことはしゃべるな」「感情を持つな」「助けを求めるな」といった「男の掟」によって孤立しがちです。たとえ助けを求めたとしても、状況を理解してくれる人を探すのは至難の業です。

現在あるいは過去に虐待を受けた男性は、虐待を受けた経験を持つ女性とある程度、似通った影響を受けます。中には、女性が通常受ける影響と異なるものもあります。

パートナー虐待から受ける影響は、虐待の種類、程度、頻度、量、どんな罠が使われるか、2人の関係の段階などによって変わります。虐待的な関係には次のような多面にわたる影響があります。

- 感情的、心理的な影響
- 身体的な影響
- 性的な影響
- 経済的な影響
- 法的な影響

「自分と同じ経験をしている男性が他にもいたなんて知らなかった。世界で自分だけに起きているのだと思っていた」

- 信仰・信条面での影響
- 社会的な影響
- 恋愛的な影響

感情的、心理的な影響

虐待の行動や態度の目的は、相手を蔑み、支配し、罰することですから、虐待を受けた側が蔑まれ、支配され、罰せられたと感じるのは当然のことです。虐待的な人と暮らすのは、敵と一緒にいるようなものです。あるいは、いつ自分が間違いをやらかすか虎視眈々と見張って利用しようとするスパイと一緒にいるようなものです。

虐待のターゲットになると、次の段階ごとに、さまざまな感情や反応が現れます。

- 虐待が始まったばかりのとき
- 虐待に耐えながらも、何が自分に起こっているのか理解できないとき
- 現実の状況に目覚めたとき
- 状況を好転させようと苦悩しているとき
- （関係が好転、あるいは、終わって）虐待の余波から立ち直るとき

形態や種類にかかわらず、すべての虐待には感情的や心理的な要素が含まれています。そのため、どんな虐待であっても感情的・心理的な影響を与えます。

虐待を受けている男性には次のような影響が見られるかもしれません。

- 自信を失う
- どうすれば十分なことができるか、彼女を怒らせないでいられるか、状況を改善できるか、留まるべきか去るべきか「正しい」決断ができるかと、精力を使い果たしてしまう
- 彼女の気分の移り変わりに超過敏になり、ひどく警戒するようになる
- 周囲に虐待を隠そうと悩む

虐待的な関係は、圧力鍋の中にいるようなものです。虐待を受ける男性は、次のようなプレッシャーを感じることがあります。

- 相手を喜ばせなくては
- 2人の関係を次のレベルに引き上げなくては
- 従わなくては
- 家族や友人を拒絶しなくては

「女の子になったような気分だ」

●自分のことは後回しにしなくては

女性パートナーから虐待を受ける男性の中には、「男らしさ」という面でダメージを受ける人もいます。男性の文化的なステレオタイプや、男のあるべき姿に合わなくなるからです。女性から虐待されることで無力化されたと感じることによって、さらに虐待の影響が複雑になっていきます。

「無意味なことを理解しようと努力し続けているんだ」

Domestic Abuse Helpline for Men and Women（男性と女性のための家庭内虐待ヘルプライン）創始者のジャン・ブラウンは、ある女性から手紙を受け取りました。彼女の弟が妻から虐待を受けていると言うのです。

「弟の妻は、弟をひっかき、物を投げつけ、拳銃を向け、メガネを壊し、彼の薬をトイレに流し……手紙をくれた女性は、妻から受けた腕の傷を弟は自分で針と糸で縫ったと言うのです。病院に行きたくなかったからだと言うのです。妻からそんなことをされたのが恥ずかしくて、自分で傷を縫うなんて、想像できますか？」

男性は女性と比べると、虐待を報告することが少ないと言います。「女性から殴られるのに甘んじているなんて、人はどう思うだろう？　笑いものになりたくないし、だれも信じてはくれないだろう」と不安になるからです。

女性から虐待を受けている男性は、次のような気持ちをいくつか併せ持つでしょう（これは決して完全なリストではありません）。

- 混乱している、圧倒される
- 拒絶された
- 見捨てられた
- 腹だたしい
- 落胆、幻滅、無力
- 困惑、恥ずかしい、罪悪感、後悔
- 責任を感じる
- うつ
- アンバランス
- 否定
- 傷心
- 価値を認めてもらえない
- 自分は愚かだ：こんなことになるのが分からなかった、彼女を変えられなかった、もっと早く手を打つべきだった、出口が見出せない

「悪いのは自分だし、間違っていると言われたから、直そうとしてるんだ」

- 孤立して独りぼっちだ
- 異常な状態だ
- 自分は他の男たちと違う
- 男らしくない
- 無力だ
- 恐れ、心配、神経質、不安、パニック、ストレス
- 自尊感情も自信も喪失
- 心的外傷後ストレス
- 自分は十分ではない
- 圧迫感と閉塞感
- 悲痛と喪失感
- 裏切られた
- 絶望感（希望的観測と交互にやってくる場合もある）
- 必然的に起こることを不安な気持ちで待つだけ
- 卵の殻の上をびくびくしながら歩いているようだ
- 何もかも、きちんと、あるいは十分にできない気がする

「やめさせることができなかったから孤立してしまった」

不安

すべての感情は情報です。恐怖の情報は、「自分や他者への危険」です。不安は恐怖が高まった状態です。虐待を受ける男性は「危険だ！」という感情のメッセージを受け取り、それが不安となって、パニックへと発展することがあります。

不安感を引き起こす危険には、身体的、感情的、心理的、経済的、性的、法的、信条的なものがあるでしょう。もし危険というメッセージを無視して無効にしようとしたり、危険な状況を止められなかったりすれば、不安感が生活の他の部分に広がっていくかもしれません。

パートナーからの虐待によって生じる不安が、相手がいない状況でも現れるかもしれません。恐怖や不安の蓄積によって、比較的小さい恐怖を起こすような他の状況にも、過剰反応するようになるかもしれないのです。

「ぼくは結婚生活で、何年も地獄を味わった。混沌が妻を取り巻いていた。ぼくは、次に何をすれば妻を喜ばせるか、そのことで頭がいっぱいだった。

結婚して約7年、ぼくはパニック発作を起こすようになった。交通渋滞で不安やパニックに陥ったり、人混みで閉所恐怖症になったりした。以前はこんなことはなかった。

妻と別れて暮らすようになって急に不安がなくなった。離婚が成立する頃には、もう不安

「裏切りは感情的な暴力だ」

を感じることはなくなった。結婚に閉じ込められていたと気づいた。でも結婚しているときには気がつかなかった。だから他の状況でも、ほんの少しの閉塞感で不安になっていたんだ。ぼくの不安を治すためには妻が必要だと思っていたけど、実は、彼女が、ぼくの不安の原因だったんだ」。

悲しみと喪失感

私たちは、死に限らず、喪失を経験する度に悲しみを感じます。悲しみは、何かや、だれかを失くしたときや、夢をあきらめなくてはならないときや、手にしていたと思ったものが幻想だと気づいたときに生まれるものです。

虐待関係にある男性は次のようなことから悲しみを感じるでしょう。

- 自分のアイデンティティの喪失
- 友人や家族からの孤立
- 以前楽しみにしていた、グループや組織やアクティビティからの隔絶
- 相手との関係が思ったようなものではなかったという認識
- 物事が好転する兆しがあったのに、虐待的行動が再発する度に起こる希望の喪失

- 自分が思っていたような女性の喪失

離別によって、次のようなものを喪失したと気づきます。

- 伴侶
- 相手との幸福な人生の夢
- 子どもとの時間
- 家庭
- 夫としてのアイデンティティ
- 自分を愛してくれるパートナーがいるという幻想
- 自分は、問題を解決して関係を改善できる人間だという幻想
- 彼女の家族との関係
- 彼女の味方をする友人たち
- 普段のルーティン
- 経済力
- だれかと幸福で末永い関係を持てるという信念

怒りとうつ

怒りは二次的な感情です。直接対処されなかった感情的な痛みが怒りに変わり得るのです。

怒りは、ちょっとした皮肉やイライラした口調のような小爆発から、憤怒の大爆発まで、さまざまな形で外に向かって発せられます。

怒りが内側で爆発することもあります。それがうつです。うつとは怒りが内側に向けられたものだとよく言われます。

どんな感情的な痛みでも、対処されずに蓄積されていけば、怒りやうつに変わることがあります。３０９頁の長いリストからも、虐待を受ける男性の心の痛みの多くが、怒りやうつを起こす材料になっていることが分かるでしょう。

うつ状態から依存症になったり、自殺願望や自殺未遂が起きたり、自殺を遂げてしまうことさえあります（第30章「リソース」を参照してください）。

私は、男性の怒りやうつが、常に、あるいは通常、女性によって引き起こされると言っているのでは、決してありません。ただ、虐待の対象となる副作用に、怒りやうつがあると言っているのです。

虐待は相互的な場合もあり得ます。パートナー同士が虐待し合っていることもあるのです。ですから、ある男性の怒りやうつが女性から受けた虐待の結果なのか、彼の怒りやうつによって彼女の虐待的な行動

> 「私はブラックホールに入り込んでしまった。どうすれば彼女を幸せにできるか、長年悩んだ。愛している人に、完全に裏切られたら一体どうすればいいのか？」

や態度が引き起こされるのかを見分けるのは難しいかもしれません。「卵が先か、ニワトリが先か」というジレンマなのです。

依存症やその他の悪い選択

虐待を受けていると、抑うつ状態や無感覚や苦痛から逃れるためや、自尊感情を高めるために、依存症になったり、その他の悪い選択に引き込まれたりすることがあります。無力感に反発しようとして、偽りのコントロール感を得られる不健全な行動に引き寄せられる場合があります。

たとえば、気分をよくしたり、感情を麻痺させたり、アドレナリンを放出させたりするような、体内の化学物質の変化を起こすようなものなら、何にでも依存症になる可能性があります。中毒性の「物質」は、つらさから逃れる魅力的な方法かもしれません。

虐待を受ける男性は、次のような多種多様な物質や活動に依存することがあります。

- 食べ物
- 仕事
- 薬物やアルコール
- 愛情

- 恋愛関係
- セックス
- 怒り
- 運動
- ギャンブル

理由が何であっても、依存性の行動は許されません。私は、虐待を理由に男性が不健全な行動を取ることを許しているわけではあ、り、ま、せ、ん。ただ虐待的な行動と、不健全な選択とに、何らかの関連がある可能性を指摘しているのです。虐待を受けている男性で悪い選択をしている人は、その理由を認識し、健全な方法で状況に対処する方法を見つけ出さなくてはなりません。

身体に及ぼす影響

虐待を受けると、さまざまな身体的な影響が起きます。それが直接、身体的な虐待による場合もありますが、感情的・心理的な消耗が引き起こす場合もあります。身体的あるいはその他の虐待によって消耗し、ネガティブな身体的結果をもたらすのです。

身体的虐待による身体的なダメージには、次のようなものがあるでしょう。

- 切り傷
- 打ち身
- 目の周りの青痣
- 耳、目、鼻の損傷
- 歯の損傷
- 骨折
- 刺し傷や銃弾による傷
- 火傷
- 毒による病
- 内臓疾患
- 脳震盪
- 死

どのような虐待も、次のような身体的な副作用をもたらすことがあります。

- 不眠症
- 眠気

- 体重の増加や減少
- エネルギーの減少
- 記憶障害
- 精神錯乱
- 注意力散漫
- ストレスによる病
- 頭痛、首や肩や背中の痛み

性的な影響

性的な影響が、性的虐待によって起きる場合も、性的虐待以外の虐待によって起きる場合もあります。(性的かどうかは問わず) 虐待を女性から受けた男性は、もう女性を信頼して性的関係を持つことができなくなるかもしれません。

あるいは、前の交際相手から性的虐待を受け、そのことについて理解や対処をしないままでいると、再び、別の不健全な性的関係に陥ることもあります。不健康な性行動が常態化するかもしれません。恋愛関係とはこんなものだと、誤った結論に達することもあるでしょう。

女性から性的虐待を受けた男性は、特に、羞恥心や無気力や孤立感を感じるようになります。

現在、あるいは過去に、性的虐待をする女性と関係があった人には、次のような影響が出ることがあります。

- 性欲減退
- 性的な欲求不満
- 自分は性的に十分でないとか魅力がないとかと感じる
- セックスへの不安感
- 恋愛関係以外に性的充足感を求める
- 勃起不全
- リプロダクティブ・ライツ（生殖に関する権利）のコントロールを失う

こうしたことが常にパートナーのせいだと言っているのではありません。根底に虐待がある場合もあるということなのです。

リプロダクティブ・ライツ（生殖に関する権利）のはく奪

男性の意思に反して父親にしようとしたり、避妊についてうそをついたり、断種手術を受けさせないようにしたりする女性は、男性のリプロダクティブ・ライツを踏みにじっていることになります。

「ぼくは、3人以上子どもは欲しくないと思っていました。妻はそれを知っていましたが、とにかく妊娠して事後報告すればいいと思っていたのです。ぼくはこれ以上うそをつかれるのはいやだったので、パイプカットを受けることにしました。

ぼくは結婚しているので、手術に妻の許可が必要だと医師に言われました。妻から書面で許可を得なくてはならなかったのです！　もちろん彼女は同意しませんでした。手術を三度も予約し直して、やっと妻の承諾を得ることができました」。

この男性は、もっと子どもが欲しいかどうか、自分にも決める権利があると思っていましたが、妻によってその権利を完全に否定されていました。夫のリプロダクティブ・ライツを、妻が完全に支配していたのです。

男性の意思に反して子どもの父親にしてしまう女性は、男性のリプロダクティブ・ライツを踏みにじっていることになる。

アメリカとカナダでは、夫の精管切除手術に妻の同意が法的に必要だというわけではないようですが、それでも手術後に怒った妻から訴えられないように、事前に妻の同意を求める医師が多いのです。

2013年1月の「ハフィントン・ポスト」(注:アメリカのオンラインメディア)に、4人の子どもを持つ母親が長いブログを寄稿していました。それは「ペンを取って、夫の泌尿器科医師の精管切除手術の許可書に署名をしたとき」の思いを述べたものでした。妻の「許可」が必要だということのばからしさにはまったく触れず、ただ子どもをもう作らないという決断に対する思いだけを述べていたのです。(1)

経済的な影響

虐待的な女性と暮らすことによって生じた経済的な悪影響が、直接女性の経済的虐待のせいであることも、その他の虐待の副作用の場合もあります。短期間の関係であっても、経済的な影響が長期にわたる可能性もあるのです。

経済的虐待によって、銀行口座が空にされたり、稼ぐ能力を奪われたり、理不尽な金銭上の負担に追いまくられることがあります。

経済的虐待は次のような直接的な影響を与えることがあります。

- 彼女の浪費によって、彼や子どもたちのために買い物をするのが困難、あるいは不可能になる
- 途方もない負債を作ったり、負債を残して去ったりする

- 彼の家族から借りたお金の返済を、彼女がさせない
- 彼の信用をつぶす
- 彼女が貯金を使ってしまったり、ギャンブルで使い果たしたりする
- 彼に不可能な額の養育費を負わせる
- 彼の所有物を壊す
- 彼の仕事の経理を担当する立場を利用して、彼女が自分の懐にお金を入れる
- 離婚弁護士への必要以上の出費を彼に強いる
- 家や車やその他の財産を失わせる

経済的虐待以外の虐待も経済を大混乱に陥れることがあります。不幸な関係のせいで、男性が長年培った生産性を失い、さらには関係を終わらせてからも、圧倒されたり、邪魔されたり、経済的な窮地に立たされたりといった余波に苦しめられることがあります。

次のような場合、経済的虐待以外の虐待であっても、男性が収入を得る能力に悪影響を及ぼすことがあります。

- 彼女の「欲求」を充たすために、仕事に費やす時間やエネルギーが不当に奪われる
- 彼女のせいで彼のスケジュールが混乱し、仕事の時間が奪われてしまう

- 過剰な家庭の責任に圧倒されるため、自分のキャリアに集中できない
- 彼女から受けた身体の傷を、職場の同僚に見られないように隠す
- 彼女のための時間が失われたり、彼の立場が彼女より優位になったりすることを彼女が恐れるため、キャリアアップのための勉強や訓練を受けるのをあきらめさせられる
- 顧客や雇用主に、彼の名誉を傷つけるようなことを盛んに言ったりしたりする
- 離婚裁判や親権審問の数を過剰に増やして、彼から仕事の時間を奪う
- 共同親権を持つ元夫の仕事のスケジュールを尊重せず、彼が父親として育児と仕事の両方をこなせないようにする
- 離別によって夫は引っ越しを余儀なくされ仕事に支障が出る
- 彼女が職場に大げさな電話やメッセージを送ってきて、仕事の邪魔をする

法的影響

彼女が離婚の法的プロセスをうそやごまかしで乗り切ろうとするのは、まさに最後に毒を浴びせかけられるようなものです。男性が、たとえ親権問題や和解を円満に進められると思って離婚に踏み切っても、元妻が不意に泥仕合を仕

「彼女との10年間と、そこから回復する期間のせいで、ぼくはさまざまな機会を失った。彼女の浪費のために２つの仕事を掛け持ちし、学校も卒業できなかった。有形資産は何もない」

掛けてくるかもしれません。

加えて、現代社会の反男性的な風潮によって、離婚の処理や裁定が男性に不利な結果となる場合が多いのです。元妻から法制度を通じて虐待され、さらに法制度そのものからも虐待されれば、虐待が倍になります。

女性からの暴力から身を守ろうと、男性が警察に通報しても、多くの場合それは否定的な経験となってしまいます。信じてもらえなかったり、さらに悪いことには、逆に暴力をふるったと責められて逮捕されてしまったり、ということがよくあるのです。多くの男性が警察や司法制度を信頼できなくなっています。

「私は、夜中にラジオ付き時計で殴られて目が覚めました。

彼女は数日間、刑務所に入りました。そして釈放された日、私が家に帰ると、彼女が私の所持品を庭に投げ捨てているところでした。私に向かって怒鳴ったり叫んだりしていました。警察を呼ぶと、庭に投げ捨てられたものだけを持って家から出ていき、あとは裁判で解決するようにと説得されました。しかしそれは大きな過ちでした。

私は妻を虐待したり脅したりしたことはまったくありませんでした。それなのに妻は接近禁止令を取るために、私のことが怖いとうそをつきました。そのせいで、私は道具も、書類も、何もかも家に取りに行くことができなくなったのです。

接近禁止令を受けるとどれほど履歴に傷がつくか、人には分からないでしょう。

家に残した物を取りに行く度に、数千ドルもかけて裁判所でヒアリングを受けなくてはなりませんでした。それでも彼女が判決に従わないため、またヒアリングをしなくてはならなかったのです。接近禁止令のせいで、私は何度も余計な手続きを繰り返し取らなくてはなりませんでした。新しい職に就くためにバックグラウンドチェックをされたときにも接近禁止令のことが出てきました。アパートを借りるときも、息子を新しい学校に迎えに行く許可を得るときにも、それが出てきました。

屈辱感を味わいました。その度に不当な理由であることを説明し、相手が信じてくれることを願いました。

元妻は、結婚している間はずっと仕事をしていましたが、私が離婚届を出した翌日に仕事をやめました。退職した日付が書かれた彼女の勤務先からの書類を私は持っていましたが、裁判で彼女は、退職は取り消せないし再就職もできないと主張したのです。

彼女は2人の子どもを食べさせて養っていかなくてはならないのに、子どもたちの父親は養育費を払わないと、判事に泣きつきました。私たちの結婚生活は1年ちょっとでしたし、子どもたちは私の子どもではありませんでした。それなのに判事は、彼女を不憫に思って、私に扶養費を払わせたのです。事実なんて関係なかったのです。彼らはそんなこと、気にも留めなかったのですから。

結局、結婚していた期間よりも長い年月、彼女に扶養費を払わなくてはなりませんでした（しかも、結婚前に長く同棲していたわけでもありませんでした。だって彼女は急いで婚姻届を出そうとしていましたから）」。

信仰への影響

パートナーからの虐待によって、自分の信じる信仰集団やその実践と疎遠になることがあります。それは信仰への虐待による直接的な結果の場合も、他の虐待がもたらした間接的な結果の場合もあります。

パートナーからの虐待のターゲットとなると、混乱が頭を霧のように覆って苦しむことがよくあります。その混乱が、以前からの精神的な信条や宗教信仰に及ぶことがあります。虐待は人の存在の核心までも切り裂くので、今まで信じてきたものに幻滅したり、信仰の危機が生じたりすることがあります。

「元妻は経済的だけでなく、私の精神の支えである信仰をも奪った」

「ぼくはクリスチャンの家庭で育ちました。妻が教会の信者に軽蔑されているとか、ぼくのことも信者たちが陰で批判しているとかと言うまでは、教会に通うことがぼくの人生の重要な部分でした。離婚して初めて妻が作り話をし、うそをついて、ぼくを操っていたことに気づきました。それまでに、ぼくはすっかり宗教やスピリチュアルなものに幻滅してしまっていました。教会から拒絶され裏切られたと感じていただけでなく、神からも失望されていたと思っていたのです。

もし神がいるのなら、どうしてぼくにこんなことが起きるのでしょう？　なぜ妻はうそをついたりぼくを操ったり苦しめたりしても、罰せられないのでしょうか？　本当に神がいるのなら、なぜぼくは他者によってこれほど苦しめられなくてはいけないのでしょうか？

ぼくはある事故で死にかけました。その体験から、再び信仰を見直してみることにしました。そして、元妻が教会の信者についていてうその話をでっち上げ、裏切りを招いたことに気づいたのです。ぼくは再び、教会に心を開き、神への信仰を回復させることができました」。

社会的影響

パートナーに、家族や友人や同僚などとの関係を故意に壊されたり妨害されたりすることで、社会的な孤立が生じることがあります。

他にも、さまざまな虐待の結果、社会との関係が絶たれる場合もあります。


「私は友人を失いました。私の妻といるのが気詰まりだと言うのです。友人の前で妻が私を馬鹿にしたり、非難したりするのがいやだったと言うのです。でも当時は、私にどう言ったらよいかが分からず、言ったとしても私は聞く耳を持たなかったでしょう。

私の家族についても同じでした。妻の家族とはたくさんの時間を過ごしました。家にやってきては、長期にわたって滞在することもありました。でも私の家族は除外されていました。何度か私の家族と一緒に祭日を祝ったことがありましたが、妻のことでだれもが不愉快な思いをしてびくしていました」。

男性が女性から虐待を受けると、無気力になり疎外感を持つようになります。すると、社会生活にネガティブな影響が出ます。男性は女性から虐待を受けるはずなどないという文化的な体面が、男性を陰へと追いやってしまいます。すると周囲の人、特に他の男性から切り離されて、孤立し、孤独になることがよくあります。

「ベトナム戦争から帰ってきたようなものです。ベトナムでの体験は十分つらいものでしたが、帰ってきても、周囲の人と繋がることができませんでした。世界観はとてつもなく広がったのに、みんなは同じ体験をしていないため、体験したことを理解できません。まるで、人との繋がりが持てない空っぽの世界にいるようだと感じたものです」。

恋愛への影響

悪い恋愛関係が終わってすぐに、また次の恋愛に引き寄せられる男性もいます。運がよい場合や、前の経験から気をつけるべきことを学んだおかげで、よい相手に巡り合える人もいます。一方で、運も悪く賢くもなれなかったために、名前こそ違っていても同じような女性と出会ってしまう人もいるでしょう。

パートナーから虐待を受けた経験を持つ男性の中には、同じような悪い状況に陥ることを恐れて、相手を賢く選ぶ自信をなくしてしまう人がいます。恋愛にすっかり幻滅してしまう人もいるでしょう。そしてしばらくの間、あるいは永遠に女性を避けてしまうようになるかもしれません。

新たなパートナーを求めたとしても、過去の恋愛が彼を脅かし、次の女性に対して過剰な反応をしてしまうこともあります。前の経験によって、彼は次のパートナーに対してひどく用心深くなり、彼女の正当な行動にも過剰反応して、健全な女性との関係を壊してしまうかもしれません。

虐待的な女性は、元パートナーが新たな相手を見つけたり結婚したりすることを、あらゆる手を使って阻止しようとするかもしれません。

自分の子どもの母親でもある女性との悪い関係から立ち直った男性が、元妻と新しい妻との板挟みになることがあります。彼は元妻に合理的で理性的な行動を求めるのは無駄だと分かっています。しかし新しい妻は、元妻に理性的な行動をさせようとしない夫に、ひどく不満を持つかもしれません。

「自分を愛してくれていると思った女性に言ったどんな言葉も、後日になれば歪曲され、自分を不利な状況に陥れるということを、身をもって知り、思い知らされた。今は人を信用できないかもしれない」

パート5

では、どうすれば いいのでしょう？

虐待を受けている男性へ向けて

第21章

自分の状況を把握しましょう

「パートナー虐待を乗り越えるための課題は、まず真実を知ることだ」

ここから始めましょう

あなたがパートナーの女性から虐待を受けているなら、第一に知ってほしいのは、あなたは一人ではないということです。虐待を受けている男性は、あなただけではありません。

第二に知っておきたいことは、すべての女性が支配的や侮辱的で加虐的というわけではないということです。女性がそういうものだというのでは決してありません。

自分が受けている虐待に対処するためには、自分の状況を把握する必要があります。これは思ったほど簡単ではありません。虐待を内側から認識するのは、外から見るよりずっと難しいのです。

虐待に対し何ができるのか、何をすべきかということは、多くの要因に左右されます。

- 自分が望んだ関係なのか、ただ彼女が望んだ関係だったのか
- どのくらいの期間続いている関係なのか
- どんな虐待が起きているのか
- 虐待の行為や態度は、虐待のグラデーションのどの位置にあるものなのか
- 虐待の行動や態度の理由（言い訳ではなく）
- この関係に自分が留まっている理由
- 子どもの存在が関わっているかどうか
- 自分や子どもが身体的な危険にさらされているか
- 自分が状況を改善するために行ってきたことの内容と頻度
- 自分の懸念について彼女に聞く耳があるか、改善しようとするモチベーションが彼女にあるか
- 虐待が相互的に行われていないか
- 経済的な懸念があるか

- 情報や支援があるか

頭を整理しましょう

虐待を受け続けていると頭がぼんやりすることがあります。自分の状況をしっかり認識したり、選択肢に気づいたり、将来のための賢い決断をするためには、頭をクリアにしなくてはなりません。

虐待をするパートナーは、あなたを霧の中に閉じ込めようとするかもしれません。その霧とは、考える能力が停止したような感覚かもしれないし、考えが頭の中を高速で巡って圧倒されそうになる感覚かもしれません。頭をはっきりさせること、クリアにすることが必要です。

頭をクリアにするのに役立つステップには次のようなものがあります。

- 安全な人（友人、家族、同僚、カウンセラーなど）に打ち明けてみましょう。
- リラクゼーションの方法を覚えて練習しましょう。圧倒されそうになったときや、ストレスや不安が襲ってきたら、深呼吸をいくつかすることで気持ちが落ち着き、頭がクリアになります（第30章参照）。
- 散歩をしたり、ジムに行ったり、出張の機会を利用したりなどして、現在の状況から自分を切り離し、状況について考える時間にしましょう。

- 違法ドラッグ、アルコール、セックス、ギャンブルといった麻痺を起こす誘惑に引き込まれないようにしてください。明白な思考をすることが目的です。思考が錯乱していては状況について明確に考えられません。
- 自分を観察者だと想像して自分の状況を外から観察してみましょう。一歩下がった位置から観察することによって、より明確に見えるようになるかもしれません。
- 必要であれば、別居期間を設けることを検討しましょう。

友人や家族に相談するにあたって

自分の状況を人に話すことに抵抗があるかもしれませんね。それは、自分のことは言ってはいけないという「男としての訓練」や羞恥心のせいかもしれないし、パートナーを非難するのが怖いからかもしれません。しかし、だれかに話すことによって、自分の認識を見直したり、選択肢について考えたりすることができます。

友人や家族に打ち明けることで得られる反応はさまざまです。相談することで事態が明白になったり、助けやサポートを得られたりする場合もあります。友人や家族に善意はあっても認識が不足している場合もあるし、話そうとしてくれない場合や、あなたを拒絶する場合もあるでしょう。たとえば次のようなものです。

- 友人や家族はずっと前から虐待に気づいていたものの、うまくあなたに話せなかったり、意見を言うのを差し控えていたりしたかもしれません。その場合、あなたの方から話しかければ、彼らの目に見えているものがあなた自身にも見えるようになったり、状況に対処する方法や選択肢を知る手助けをしてくれたりするかもしれません（これは私が最もよく目にすることです）。
- 友人や家族にはそういった経験がないため、虐待を受けるのがどんなことか理解できない場合もあるでしょう。すると、「どんな関係にも問題がつきものだよ」という反応をすることがあります。虐待の積み重ねによって通常の関係が虐待的関係に移行するということが彼らには理解できていないのです。
- その話に関わりたくないので、話を避けたり話題を変えたりする場合もあります。
- あなたが虐待の対象だという考えそのものを否定し、もっと彼女の意向に添うようにすべきだと、せきたてる人もいるでしょう。

人に相談するときは、助けになる相手かどうかを見極めながら、少しずつ打ち明けてみるとよいでしょう。オール・オア・ナッシングである必要はありません。段階的に打ち明けていってもいいのです。

自分の状況を把握しましょう

自分の状況を把握するためには、いくつかの面における情報が必要です。それが最善の行動を決めるのに役立ちます。

問題をいくつかのテーマに分ければ、状況を明確にし、何をすべきかを判断する助けになるでしょう。

状況把握のために次の点について考えましょう。

1. 交際や婚姻の期間とその段階
2. 虐待のカテゴリーとタイプ
3. 虐待の程度
4. 相手の態度や行動の理由
5. 相手の変わる意志・能力
6. 相手とのそもそもの関わり方
7. 虐待状況への自分の寄与
8. 自分が留まっている理由
9. 関係を続けることで払う代償
10. 選択肢

状況の把握はすぐ簡単にできるかもしれないし、時間と忍耐が必要かもしれません。何度も頭をクリアにしてこのプロセスに当たらなくてはならないかもしれません。一度では終わらないかもしれません。

パートナーと自分の状況を見極めようとするときに重要なのは、行動や態度のパターンを見つけることです。たとえば、たくさんの異なった行為を個別に見れば、あなたは傷つき、混乱し、なぜ彼女がそんなことをするのか分からないかもしれません。しかし、そういった行為をまとめて見れば、そこにパターンが見出せるかもしれませんし（たとえば、自己中心的、支配欲が強い、真実を歪曲する傾向があるなど）、あるいは他の関連性が明らかになるかもしれません。

自分の状況を何度も評価し直すといいだろう。新たな体験がよりクリアに物事を見るための新しいデータとなる。

1. 交際や婚姻の期間とその段階

その女性との関係の長さと段階が、次になすべきことに影響を与えます。

- すでに交際期間の初期に虐待が現れるようなら、今のうちに別れた方がいいかもしれません。子どもができる前に、経済的な問題が出る前に、そしてさらに追い込まれる前に、別れましょう。
- 相手と約束（愛を誓ったり、同棲を始めたり、結婚したり）を交わしてすぐに虐待が始まったら、それは虐待などしない「デート・ガール」の幻想に惑わされていたことを物語っています。
- 長い間一緒にいて、多くの虐待に耐え、すでに改善策をいろいろ試したのであれば、改善への希望をあきらめる決心をするときです（最後に受けた虐待を、本当に最後の虐待にしましょう）。

- 一緒にいた期間がかなり長くて、その間に虐待行為が数回しかなかった場合や、虐待は何度かあったけれどまだ何も改善策を講じていない場合は、多くの希望があるかもしれません。
- その他の状況としては、好転する希望はあまり持てないものの、相手と深い関係を長く続けてきたことを重視して、彼女の態度や行動や自分の反応を改善するための努力を続けたいと思う場合もあるかもしれません。

2．虐待のカテゴリーとタイプ

どのカテゴリーの虐待ですか？

- 言葉による虐待
- 経済的虐待
- 身体的虐待
- 性的虐待
- 信条や信仰に対する虐待
- 法的虐待
- 感情的・心理的虐待

すでに交際期間の初期に虐待が現れるようなら、今のうちに別れた方がいいかもしれない。「さあ、走って逃げるんだ！」

多くのカテゴリーにまたがっていますか？

どのカテゴリーの中の具体的な虐待が行われていますか？（たとえば、「あげ足取り」は言葉による虐待タイプです）

彼女は、どのタイプの虐待をしていると思いますか？

どんなパターンに気づきましたか？

虐待のカテゴリーとタイプを知ることが、先に進むための行動に影響を与えます。たとえば、彼女から経済的虐待を受けているのであれば、経済的に自分を守る努力をすればよいのです。

こうした分析によって、今まで気づかなかった危険な領域を認識する助けになります。たとえば、真実を歪曲するというパターンが見られるなら、彼女の言葉を額面通りに受け取っていなかったかどうか考えてみましょう（家計を彼女に任せているのなら、正直に行っているかどうかを確認しましょう）。

パート2「女性による男性への虐待」を読み直して、自分の虐待の状況を調べてみましょう。


パターンを見つけよう。

3．虐待の程度

当然のことですが、軽度の虐待は重度の虐待ほど対処も改善も難解ではありません。

虐待の程度は、一つ一つの行動や態度の虐待性、ならびにそれらの蓄積によって決まります。刃物で刺されるのは、一度であっても非常に虐待的です。また、１０００回罵倒されるのも非常に虐待度の高い行為と言えます。

虐待の程度を見極めるには次のヒントが役立ちます。

- それが虐待的なものであっても愛情に満ちたものであっても、その時々のできごとに惑わされがちです。一歩下がって、全体像を見る努力をしましょう。
- 虐待はサイクルだということを忘れないように。必ずしも常に起こるわけではありません。虐待の程度を評価するためには、サイクルの中の虐待の部分に焦点を当てましょう。
- 相手があなたをどのように支配しているか、貶めているか、罰しているか、さまざまな手口に目を向けましょう。
- パターンを探しましょう。たとえば、もし彼女が「わざと偶然に」妊娠したり、生活費から新しい靴を5足も買ったことを隠したり、あなたの友だちに会わせてくれなかったりしたら、そこにはパターンがあります。それぞれのできごとは大きく異なっていますが、すべて、身勝手な支配欲による行為です。

もしあなたが、虐待が軽度から中程度のものだと思う場合、その通りかもしれないし、過小評価しているかもしれません。前に進んでみれば、どちらなのか検証できるでしょう。もし虐待が重度だと思ったら、注意深く進みましょう。

虐待の程度を見極めるには、第2章「パートナー虐待」と、パート2「女性による男性への虐待」を読み直してみましょう。

4．相手の態度や行動の理由

行動の理由は行動を説明するものですが、それが言い訳にはなりません。たとえば、彼女が不安感から支配的になっていると気づいたとしても、その支配的な行為にただ耐えるべきではありません。しかし、もし彼女が不安に対処する助けを前向きに求めているのであれば、彼女が努力している間、支えてあげてもよいでしょう。

なぜ彼女がそういう行動をするか理由が分かれば、次のようなことが判明します。

- その状態が一時的なものか長期的なものか
- 状況改善のために進むべき方向
- 状況を変えることがどの程度可能か

虐待的な行動や態度の言い訳がある場合、パターンに注視しましょう。

- 言い訳だと思われることが起きる前から、虐待があった
- 言い訳が通用しなくなった後にも虐待が続くか、または新たな言い訳へと変化していく

パート3「女性が男性を虐待する理由」も参照してください。

注意！　あなたもパートナーが、同じ動機で行動していると思い込まないようにしましょう。みんなも自分と同じ考え方をすると思うのは自然のことです。自分が基本的に正直で思いやりがあって理性的であれば、他の人も基本的に正直で思いやりがあって理性的だと考えがちです。しかしそうではありません。だれもが同じように考え、同じような動機を持っているわけではないのです。彼女の行動の理由にもそれが言えるかもしれません。それが、ごく平均的な人が非常に虐待的な関係にある場合に、自分に何が起こっているのかがなかなか理解できない主な理由の一つです。

5．相手には変わる意志・能力があるか

虐待的な行動や態度がいやだと伝えたら、相手はどんな反応をするでしょうか？

- 怒りや涙で反応し、あなたを拒絶する
- 反対にあなたの方が悪いと非難する
- あなたの気をそらそうとする
- 変わると約束してあなたを気遣ったりなだめたりするが、変わる努力を長く続けることはない
- 虐待のサイクルを繰り返して、反省や緊張緩和の期間の後、また虐待に戻る
- あなたが苦言を取り消すよう働きかける

- あなたの考えや気持ちに耳を傾けるオープンな姿勢を示す
- 純粋に変わる努力をするが、うまくいかない
- 本当に変わる

彼女が――

- 自分から変わろうとしたり
- どうすれば変われるか努力をする意欲を見せたり

しているという証拠はありますか？

彼女は変わると決めたら固守できますか？　だれでも、1時間や1日といった短期間なら変わることができるでしょう。長続きしなくては変化とは言えません。

私がカウセリングの学位を取るための勉強をしていたときに、こんな助言を受けました。「あなたは、患者自身以上に、患者の人生を変えようと一生懸命になってはいけない」と。この助言は人間関係にも当てはまります。あなたは彼女自身以上に、彼女の人生を変える努力をしてはならないのです。

あなたは彼女自身以上に、彼女の人生を変える努力をしてはならない。

6．相手とのそもそもの関わり方

交際がどのように始まったか、しっかり見直してみましょう。

- 罠にかけられたか？
- だまされたか？
- プレッシャーをかけられたか？
- 一緒に暮らそうと決める前に、荷物を運び込まれた？
- 妊娠したと告げられたか？
- 「悲嘆にくれる、か弱き女性」だと思ったか？
- 「デート・ガール」を装って誘惑し、その後別人になったか？
- 交際するよう売り込まれたか？
- 少しずつ圧力をかけてきたか？

はじめは無邪気な関係だったのに、後に変わってしまいましたか？

優しい彼女から虐待的な彼女への移行はどのようなものでしたか？

虐待をするような女性と関係を持つ傾向があなたにはありますか？　もしそうなら、あなたの脆弱さの要因や経験が何なのかを明らかにし、それに対処するための支援を受けることを考えてください。

第18章「男性は虐待的関係にどのように引き込まれるのか」を参考にしてください。

7. 虐待状況に自分も寄与していないか

虐待が相互的な場合もあります。双方が悪い場合もあるのです。あなた自身も、虐待的な状況に寄与していないかチェックすることが重要です。

- あなたは彼女の虐待的な行動や態度をけしかけていませんか?
- あなたは、虐待に虐待で応えていませんか?

自分が虐待的な行動をしているかどうかは、パート2「女性による男性への虐待」を参考にしてください。

もしあなたが虐待をしていると思ったら、その理由を考えてください。パート3「女性が男性を虐待する理由」を参考にしましょう。

パート2、パート3を読み返すときは、男女を反転させ、男性であるあなたに直接当てはまるかどうかを考えてください。あなた自身についても考えるためのよい材料になるでしょう。

注意!　私がこれまで対話をした男性の多くが、パートナーの虐待の責任を自分に課しすぎていました。そしてパートナーが望んでいると思うような人間になろうと苦労に苦労を重ね、物事を改善するための魔法の言葉や方法を見つけようと苦心していました。

けんかは一方的な場合があります。片方だけがけんか腰になったり、けんかを吹っかけてきたりして、もう片方はただただ相手の行動や態度に対処しようとするだけ、というような場合があります。あなたは彼女の悪い行動にまったく寄与していないかもしれません。それでも虐待的な関係から完全に離れなくては、虐待を止めることができないでしょう。

自分の行動や態度に責任を持つことは大切です。しかし、相手の行動や態度の責任を負いすぎないことも重要なのです。

8．自分が留まっている理由

なぜあなたは留まっているのか、その理由をよく考えましょう。

その理由は――

- 確かな情報と考えに基づいていますか？
- こだわっていたり、乗り越えたりしたい何かですか？

第19章「なぜ男性は虐待的関係に留まるのでしょうか」を参照してください。

あなたが留まるように説得するために、彼女はどんな働きかけをしましたか？

- あなたが自分の基本的価値観を捨て去るように仕向けましたか？
- あなたと彼女のアイデンティティを同一化させるよう仕向けましたか？

注意！　今まで、この関係にあまりにも多くをつぎ込んだから今さらあきらめたくない、と言う気持ちで留まっているのなら、これから何年も同じところに居続けるのがよいのか、あるいは、たとえ手放すものが多くても逃れるのがよいのか、自問してみてください。

もしパートナーからの復讐や未知の事態を恐れて留まっているのなら、さらに年月を重ねれば、より苦境に陥るだけでしょう。このまま関係を続けて何年も虐待を耐え忍ぶのがよいか、そこから抜け出して彼女から投げかけられるものに立ち向かうのがよいか、考えてください。

あなたの将来は、あなた自身が決められるのです。彼女次第ではありません。

> ただ単に２人の相性が悪いため続かない関係もある。価値観や性格が合わない場合は、どちらかを「悪い」と決めつけることはできない。

9. 関係を続けることで払う代償

あなたの今の関係が、あなた自身や子どもたちの幸福に、次の面でどのような影響を与えているか、考えてみましょう。

- メンタル面
- 感情面
- 経済面
- 性的な面
- 信仰や信条面
- 法的な面
- 身体面

（これらのいずれかが差し迫った危険にさらされているなら、自分と子どもたちの安全を確保するための方法を急いで取ってください。）

第20章「虐待が男性に与える影響」を参照してください。

虐待的な関係であっても、子どものために留まろうと思う人もいるでしょう。しかし、虐待が子どもに与える影響を認識することがより重要です。メイヨー・クリニックの医療ウェブサイトには、パートナー虐待が子どもに与える影響が述べられています（下記は家庭内暴力について書かれていますが、暴力以外の虐待が子どもに与える影響について考える手助けになるでしょう）。

「家庭内暴力は、たとえ傍観者であっても子どもに衝撃を与えるものです。あなたに子どもがいるのなら、家庭内暴力に子どもをさらすことが、発達障害や精神障害のリスク、学校での問題、攻撃的な行動、低い自尊感情などの原因となる危険があることを認識するべきです」。

助けを求めれば、子どもや自分をより危険にさらすことになったり、家庭を崩壊させたりするのではないかと心配になるかもしれません。虐待的な妻に子どもを取り上げられるのではないかと不安になるかもしれません。しかし、助けを求めることが、子どもたちを、そしてあなた自身を守る最善の方法なのです。

10．選択肢

ここまで述べてきた情報をまとめて次のことについて考えてみましょう。

1．交際や婚姻の期間とその段階
2．虐待のカテゴリーとタイプ
3．虐待の程度
4．相手の態度や行動の理由
5．相手には変わる意志・能力があるか
6．相手とのそもそもの関わり方
7．虐待状況に自分も寄与していないか
8．自分が留まっている理由
9．関係を続けることで払う代償

あなたが今の道を歩み続けたいのか、その道には改良の余地があるのか、それともその道から離れたいのかを、自分の気持ちを判断しましょう。

その関係に留まることで払う代償と、留まる利点を秤にかけてみましょう。

- その状況はどの程度変えられるでしょうか？

- 彼女が変わる可能性はどのくらいありますか？

- 関係を続けるリスクは何でしょうか？

- 努力を続けたりリスクをおかしたりする価値があるのでしょうか？

もし留まるとしたら、どんな選択肢があるでしょうか？

- 自分自身について変えたいと思うところがありますか？（彼女の行動と態度への対処の仕方の改善、自分の態度や行動の調整、状況をより明確化にすることなど）
- 彼女が変わるようにどう手助けすればいいでしょうか？
- 関係を何らかの形で調整することができますか？

もし関係を終わらせるとしたら、どんな選択肢があるでしょう？

> 虐待的な女性は、パートナーにとっての選択肢はただ一つ、すなわち彼女の望む選択肢しかないと思わせたい。

自分で選択肢を狭めていませんか？　思い込みをしているところがないか、確認してみましょう。どんな選択があるのか、専門家や信頼できる人に相談して情報を集めましょう。

たとえば、選択肢は二つしかないというような二者択一的な考え方をしていませんか。二つの選択肢の間にあるさまざまな可能性に目を向けてみましょう。

すべての関係が救えるとは限らないと知っておくことも重要です。たとえば取り壊したり放棄したりするしかないような家もあります。あまりにも破壊が進んでいるため、修復するのはお金とエネルギーの浪費になるだけでなく、危険でさえあるからです。同じように、リソースを使い果たしても、一緒にやっていけないような関係もあるのです。

虐待的な関係から立ち直ったある男性が、同じ立場の男性たちに自問してほしいと言っています。「こんなことをする相手だということが、そもそもはじめから分かっていたとしても関係を持っただろうか？」と。そして答えが「Ｎｏ」なら、それは、その関係から抜け出すべきだというサインです。

その関係に留まる決断をしたのなら、関係を改善する方法をいくつか試してみましょう。試している間も引き続き状況をチェックし続けましょう。

以降の章では、下記のような関係改善について述べます。

- 関係改善のために試す方法
- コミュニケーションや反応の変化を見る方法

- 境界線を決めて維持する方法
- 自分を強化する方法
- 自分や子どもたちや所有物を守る方法
- 関係をうまく終わらせる方法
- 破局後の影響に対処する方法

第22章

関係を変える試み

人生は実験の連続だ。何がうまくいくのか、何がうまくいかないのか、常に実験を重ねているのだ。

関係改善の試みをする

人生は実験の連続です。何がうまくいくのか、何がうまくいかないのか、常に実験を重ねています。相手との関係に時間と労力を費やして疲れたと感じたら、関係の改善や対処の方法を試してみるのもよいでしょう。

実験によって関係が改善されるかもしれないし、終わらせるべきだと分かるかもしれません。改善の可能性を試してみたいと思って、今の状況について彼女に安全に話せるようなら、お互いが冷静なときを選んで、考えや気持ちをうまく伝える工夫をしてみましょう。

下記は実験に取り組むためのアドバイスです。

- 目を見開いて、頭をできるだけクリアにしましょう。
- 彼女の本当の姿を示す情報だけを取り入れましょう（彼女の可能性やデート・ガールとしての姿ではなく）。
- 何がうまくいき、何がうまくいかないのかを純粋に認識しましょう。
- 自分が改善できる点も見つけて、自分にとって（正当な）限界を決めましょう。
- 外部からの情報を求めることも考えましょう。
- 助けを求めるのを恐れないようにしましょう。
- 実験結果を、前の章の10の評価項目に沿って検討しましょう。
- 健全で幸福で実りある関係になれると思う／そこまでは無理でも、まあまあいい関係になれると思う／もうあきらめるべきだと思う――それらの手がかりを探しましょう。

自分の懸念について相手に話そうとするときは「虐待」という言葉の使用を避けよう。

（健全な関係については第25章を参照してください。）

カウンセリングを受けるなら

カウンセリングを受けるのは、「男らしさ」として学んできたことと異なり、意気地のないことではありません。助けを求めるのは勇気がいることです。

彼女と一緒に、または一人でカウンセリングを受ける決心をしたら、カウンセラーの候補についてよく調べましょう。すべてのカウンセラーが、女性による男性への虐待を認識しているわけではありません。まず電話をかけて、そのカウンセラーの立場を確認しましょう。カウンセラーとの電話は、パートナーが同席していないところで行うのがいいこともあります。

あなたが一人でカウンセリングを受ければ、自分の置かれた状況についてよく考えたり、留まる場合の対処法を学んだり、関係を終わらせる場合の作戦を練ったりする助けになるでしょう。カップルでカウンセリングを受けるなら、カウンセリングの一環としてコミュニケーション・スキルを教えてくれる人がいいでしょう。

操作的な女性は、あなたの気が済むためだけに、カウンセリングに同意するかもしれません。彼女がカウンセラーに対して正直にならないのなら、カウンセリングに時間を費やしても、何も得ることはないでしょう。

彼女が、カップル・カウンセリングを受けることを承諾したり、自分から受けようと提案したりするかもしれません。それは、カウンセラーが彼女の味方になって、あなたが彼女の希望に添うことを強制してくれると思っているからかもしれません。しかし、もしカウンセラーが彼女をサポートしないようなら、彼女はカウンセリングを途中でやめてしまうかもしれません（そして、多分、あなたに電話をかけさせて次の予約をキャンセルさせるでしょう）。

カップル・カウンセリングで、カウンセラーから、虐待と思われる行動を変える必要があると言われた彼女が難色を示せば、状況の改善は見込めないということです。こうしたことも、２人の関係が存続できるかどうかを評価する際に考慮に入れるとよいでしょう。

自分の反応をチェックする

あなたはパートナーに対して怒りで反応する傾向がありませんか？　そうであれば、自分の怒りに対処するべきかもしれません。あなたが冷静に対応できれば、彼女が作り出している虐待的な状況について、彼女に伝えやすくなります。

怒りは二次的な感情です。怒りの根底には、何らかの精神的な苦しみがあって、それが直接処理されていないと、怒りへと転化されるのです。怒りの表明は通常相手に脅威を与えますが、根本的な問題の解決には繋がりません。

腹が立ったら、頭をすっきりさせるために、深呼吸を二度ほどしてみましょう。そして「この怒りの根底にあるのは何だろう？」と自問してください。人に拒絶されたり、威嚇されたり、正しく評価されていなかったりなどと感じているのかもしれません。どんな苦痛や不快な感情も、怒りに変わることがあるのです。

怒りの根底にある感情に正しくラベリングができると、具体的な情報が得られます。すると、自分の状況がよく理解でき、より建設的に自分を表現できるようになります。

私は、ただ虐待を受け入れるべきだと言っているのではありません。正しく自己主張できるようになるのが目標です。自分の怒りを抑えることを学べば、攻撃的にならずに、正しい自己主張で対応できるようになります。

正しく主張するというのは言いたいことをうまく告げることです。正直な考え、気持ち、問題点、意見、要望、ニーズなどを、相手を尊重しながら伝えることなのです。

怒り、感情、機転については第30章などを参考にしてください。

反応してはいけない。行動するのだ。

コミュニケーション・スキルを向上させる

自分や相手、あるいは双方がうまくコミュニケーションができないために、虐待が起きる場合もあります。パートナー間の健全なコミュニケーションとは次のようなものです。

- 自分の言いたいことをうまく伝えられる（正直にかつ尊敬の念を持って伝える）。
- 効果的なやり方でお互いの話が聞ける（お互いの考えや気持ちを理解し、自分の考えを聞いてもらえたと感じる）。
- 争い、決断、問題点を解決するために、相談できる（お互いの考えを考慮し、家族に合った創造的な解決策を見つけることができる）。

しかし、コミュニケーション・スキルがすべてを解決してくれるわけではありません。あなたのパートナーが、支配的で、侮辱的で、あなたを罰することに執着しているのなら、よいコミュニケーション・スキルを学んでも、事態は改善されません。彼女は新たに得たスキルを自分に有利なように捻じ曲げて利用するでしょう。

人間関係のより広いスキルに取り組むことも役立つかもしれません。相手への尊敬、誠実さ、パートナーシップ、その他の人間関係のスキルについて話し合えるフォーマットを作ることによって、改善が見込まれるかもしれません。

しかしそれでも、すべてが解決するわけではありません。あなたのパートナーは、依然として、あなたにとって破壊的な行動や態度に執着し続けるかもしれません。

境界線を決める

境界線とは、自分が望むことと望まないこととの境目を示すものです。境界線を巧みに表すことで、自分の望みが尊重されるような関係かどうかを試すことができます。ただ自分の望むことと望んでいないことを相手にはっきり告げるだけでは、あなたの限界や要望が尊重されるとは限りません。彼女は、あなたの決めた境界線を越えて自分のやり方を押し通したり、操作したりするかもしれません。

彼女があなたの限界や要求にどう反応してくるかを推測して準備しておけば、境界線を無視されることなく、主張し続けることができるでしょう（もし彼女があなたの正当な境界線を拒絶し続けるようなら、それが2人の状況を物語っていると言えます）。

彼女が自分に有利なことに執着すれば、あなたの境界線を拒絶するでしょう。さまざまな方法であなたの境界線を押しのけようとするかもしれません。

- 面と向かって抵抗する
- あなたのせいにする
- 受け入れたと錯覚させる
- 気をそらす

> 境界線を引く勇気とは、たとえ他者を失望させるリスクがあっても、自分自身を愛す勇気を持つことだ。——ブレネー・ブラウン

- あなたの心の琴線に触れて、罪悪感を与える
- へつらう
- 静かな抵抗をする

彼女があなたの境界線にどのように抵抗するか、家計を例にとって考えてみましょう。あなたが家計の状況について冷静に、そしてはっきりと尋ねたとしましょう。あなたが引こうとする境界線に対して次のような抵抗が示されるかもしれません。

- 面と向かって抵抗する：彼女は癇癪を起こしたり、単に「ノー」と言う
- あなたのせいにする：「あなたが○○をしなかったから、私は家計の状況を教えることはできない」とあなたに矛先を向ける
- 受け入れたと錯覚させる：一部だけを見せ、他の情報を隠す
- 気をそらす：「今は、しなくてはならないことがあるから、後でやりましょう」
- 罪悪感を与える：「そんなことをする暇があるわけないよ！」「私を信用してないのね！」あるいは泣き出す
- へつらう：「あなたは本当によくやっているわ。家計のことは心配しないで。私がちゃんとやるから」

- 静かな抵抗をする：あなたの時間があるときにやると言いながら、常に言い訳をしてやろうとしない

自分を強くする

虐待を受けていると、衰弱し、疲労困憊しがちになります。パートナーを喜ばせようと躍起にならされて、自分のケアの時間とエネルギーが大幅に減少したり、まったくなくなったりするかもしれません。自分らしさや自信がひどく損なわれることもあるでしょう。

でも、忘れないでください。彼女のあなたや他のどんなことに対する意見は、あくまでも彼女の意見でしかありません。あなたと同じ見方や、正しい見方ですらないかもしれません。彼女の辿ってきた道や、健康状態や、動機によって歪められた意見かもしれません。

私たちは、生物学的な要素（遺伝と健康状態）、これまでに自分の身に起きたすべてのこと、これまでに接したすべてのものによって作られています。それらの組み合わせが、その時々の、考え、気持ち、要求、ニーズ、問題、意見を作り出しています。

> 虐待者はターゲットが強くなるのを好まない。虐待的であればあるほど、自分の気まぐれによって服従させたいのだ。

彼女の考え、気持ち、要求、ニーズ、問題、意見は、彼女のものです。あなたのものは、あなたのものです。あなたは彼女のものについて考えられるかもしれません。でも、それでもあなたは自分の考えを持

つことができるのです。

虐待によって打ちのめされたり、疲れ果てたりしているのなら、自分自身を立て直すのに多少の努力が必要です。受けてしまったダメージから復活するためには、どこから始めればいいのか、第19章「なぜ男性は虐待的関係に留まるのでしょうか」、第20章「虐待が男性に与える影響」を読み直してみましょう。第19章「なぜ男性は虐待的関係に留まるのでしょうか」を読んで気づいたことをもとに、自分を再構築する方法をいくつか見てみましょう。あなたが現実を否定していることに気づいたら、次のようなことを考えてみてください。

- この状況において（あるいは他の状況でも）、否定することによって、あなたはどう傷ついたでしょうか？
- あなたは、どんな信念によって否定するようになったのでしょう？
- そうした信念に挑戦してみましょう。
- そうした信念を調整したいですか？
- 現在のあなたの生活体験にマッチするのは、どのような信念でしょうか？
- 否定という色眼鏡をはずしたら、あなた自身やパートナーや、あなたの置かれた状況について何が見えると思いますか？

次に、第20章「虐待が男性に与える影響」を読んであなたが気づいたことをもとに、どうすれば再構築できるのか、いくつか方法を挙げましょう。もしあなたがストレスに対処するために何かに依存するようになったのなら、以下のことを試してみてください。

- もっと運動をするようにしましょう。外に出て散歩するだけでもいいのです。
- 感情を依存で紛らすのではなく、直接、感情に対処する方法を学びましょう。
- 自分も虐待に参加しているのです。彼女はあなたを虐待によって破壊し、あなたは自分を依存によって破壊していると気づきましょう。
- 必要なら助けを求めてください。

軽度以上の虐待に留まり続けていれば、あなたの強くなろうとする努力を、相手はひそかに害そうとするでしょう。あなたが自己改善の方向に進み続けるためには、境界線を設定して、それを粘り強く守り続けなくはなりません。

第23章

自分と家族を守る

「家を出る前に必要書類のコピーを取っておけという助言に私は耳を貸さなかった。一時的な別居で、また彼女を取り戻せると思っていたから。でもそのとき、彼女がすでに次の男と一緒になろうとしていたことを、私は知らなかった。書類のコピーが欲しいと何度も頼んだが、彼女は裁判所の命令さえ何度も無視した。そのせいで、書類提出を求める召喚状を出すはめになった。

家を出る前にコピーを取るべきというアドバイスに従っていれば、これほど労力や費用をかけることも、不安になることもなかっただろう」

背後に注意

あなたが虐待について調べていることがパートナーに知れると、怒りを買うかもしれません。もし虐待の程度がひどくなっているのなら、次のことに注意しましょう。

- この本をそのあたりに放置しないでください。
- 虐待についてネットでリサーチする際は、なるべく自分の端末以外の、たとえば友人の端末や、彼女がアクセスできない図書館や職場のコンピュータを使ってください。
- Eメールもテキストメッセージも、彼女に読まれていると仮定しましょう。
- 自分のコンピュータやスマホやタブレットから、ウェブ履歴を削除しましょう（Wikihow.com/Delete/Web.History参照）。

生命保険はあなたの健康にとって危険かもしれない。

あなたが何もしていないのに、警察を呼ぶと脅すような女性は危険です。そういう人との関係を続ければ、いつか接近禁止令を出される可能性があります。あなたのキャリアや将来にまで影響を与えるかもしれない時限爆弾なのです（第9章のロブ・フリーマンの話を読み飛ばした人は、戻って読んでください）。ある時点から自己防衛が必要になるでしょう。

死んだ方が自分の命の価値が上がるなどということは、決してありません。パートナーがたとえ暴力的でなくても、操作的で支配的で執念深く、要求の多い女性なら、高額の生命保険を自分にかけてはいけません。それは死を招くような行為です。

少しでも懸念があるようなら、高額の生命保険をかけてはいけません。すでにかけているのなら、理由を見つけて解約するか、受取人を変更して、その旨彼女に伝えましょう（彼女が危害を加えたり支配したりするかもしれない子どもを受取人にしてはいけません）。

経済的虐待から身を守る

家計の実態を把握しておきましょう。

- 彼女が家の経済状態に関する情報を見せたがらないようなら、対抗しましょう。
- 彼女が家の経済に関する書類を見せないようなら、（国税局や銀行のような）機関から直接書類を取り寄せましょう。
- あなたの名義や共同名義になっていると思うものが、実際にそうなっているかを確認しましょう。
- 退職金、投資口座、保険契約などの文言をチェックし離婚してもこれらを失う危険性がないことを確認しましょう。
- 結婚前の個人財産については、離婚時の財産分与で操作されないように、事前にしっかりした契約を交わしておきましょう。さらに、こうした契約の更新についての規則も把握しておきましょう。

- パートナーが共同名義の口座から全額を引き出すことが可能だという地域もあることを認識しておきましょう。
- もし疑わしければ、共同口座から彼女だけの名義の口座にお金が動かされていないか、記録をモニタリングしましょう。
- あなたの地域では同棲カップルの財産や法的な立場がどうなっているかを知っておきましょう。

もしあなたがビジネスのオーナーで、彼女に悪意があって自己中心的あるいは操作的だと疑われるようなら、経理を任せてはいけません。もしすでに彼女が経理担当なら、帳簿のチェックをしたり、会計士に任せる時期が来たと主張したりするとよいでしょう。

もし不安定な関係なら、操作的で利己的な彼女はあなた個人やビジネスの財務をもっと支配しようとしているかもしれません。そして財務管理を続けることが2人の関係を続ける条件だと迫るかもしれません。ビジネスにもっと深く関与したがるかもしれませんが、十分な注意が必要です。一生かけて作り上げた仕事を危険にさらすことになるかもしれません。

彼女のうそに備える

パートナーに真実を歪曲する傾向があると気づいたら、これまで彼女の言ったことすべてを疑ってみることが重要です（自分の頭の中だけでいいのです。必ずしも相手に直接言う必要はありません）。相手の言うことを額面通りに受け取るのをやめて、このように自分に問いかけてみましょう。

- 「彼女の話を裏付ける確証はあるだろうか？」
- 「（彼女の話をそのまま復唱するのではなく）彼女の話に賛同する人はいるだろうか？」

たとえば、彼女が以前のパートナーから虐待を受けていたと言ったとしましょう。それはすべて本当かもしれないし、ある程度本当かもしれないし、誇張かもしれないし、もしかしたら、以前のパートナーはいい人で虐待をしていたのは彼女の方だったかもしれません。それを裏付ける証拠は何でしょう？　彼女の話に反論できそうな人を、あなたから遠ざけようとしてはいませんか？

彼女がそう言ったから「真実だろう」と思いそうになったら、立ち止まってください。それは真実ではないかもしれません。

彼女の言うことに疑問を感じて反論したいと思ったら、深掘りしてみましょう。あなたが納得できない部分を挙げて、彼女がどう言うかを見ましょう。熟練したうそつきは、一つのうそが発覚すると、新しいうそをついたり、話を回避したり、気をそらせたり、真実

> 相手の浮気を疑う理由が**少しでも**あれば、性病の検査を受けるべき。

をまた歪めたり、避けたりといったテクニックでそのうそを補強するでしょう。そういうこと自体が、うその証拠となるかもしれません。

操作のうまいパートナーなら、あなたを古い手法で操作できなくなったら、新しい操作法を考え出すでしょう。操作的な人は、次々にあなたの弱いところを見つけて操作しようとします。彼女の変化球に用心してください。

身体的虐待のおそれに備える

どんな身体的虐待にも、一度目があります。

彼女から過去に身体的虐待を受けた場合や、他のタイプの虐待がエスカレートして暴力に発展する可能性がある場合には、身体的虐待の脅威を感じるようになるでしょう。彼女に激怒する傾向があれば、今まではなくても、身体的な暴力へと発展することがあります。

パートナーからの身体的虐待に備えましょう。

1．安全策を立てましょう（次節を参照）。
2．反撃せずに、自分と子どもの安全を確保しながら対応しましょう。
- あなたを刺激して反撃させ、あなたを不利な目に合わせようとするかもしれません。

●できれば、そこから離れましょう（安全策を使いましょう）。
●もし逃げられないようなら、部屋の隅で体を丸め、両手の指を組んで頭の両側を覆いましょう。

3．証拠を集めましょう。
●虐待の証拠となるものを手に入れ、安全なところに保管しましょう（家族や友人に預けたり、職場や貸金庫やロッカーに入れたり）。
●写真、虐待の日時と目撃者とけがの記録、医療記録、警察の記録などが証拠となります。
●医療スタッフや警察官にけがの原因を告げておけば、虐待の記録を残せる可能性が高まります。

安全策を立てる

身体的虐待の可能性がある場合、自分や子どもの安全のために、事前に対応策を立てて準備しておくことが重要です。

一般的な安全策には次のようなものがあります。

1．パートナーの怒りがエスカレートし始めたとき、疑われずに家から出るための説得力のある言い訳を考えておきましょう。次のようなものです。
●犬の散歩

- 買い物
- 夕食のテイクアウト

2. パートナーの怒りがエスカレートしたことが分かるサインを知っておきましょう。
3. 家庭や職場の比較的安全な場所や、危険な場所を確認しておきましょう。口論が始まったり、始まりそうになったりしたら、次のようにしましょう。
- 出口のない場所（クローゼットやトイレなど）は避けましょう。
- 武器となるものがある部屋（キッチンやガレージなど）を避けましょう。
- 出口の近くにいましょう。

4. 暗号や言葉やサインを決めておいて（特定の照明が点灯または点滅している、ブラインドが下がっているなど）、助けが必要なときに、近所の人や家族や友人や職場の同僚に気づいてもらえるようにしましょう。特定のサインの意味（警察に通報してほしいなど）も教えておきましょう。
5. 家や職場から安全に出る練習をしておきましょう。どの窓、ドア、階段、エレベーター、出口が最も安全でしょうか？
6. 車を素早く出せるようにしておきましょう。
- ガソリンは十分に入れておきましょう。
- 道路に向けて駐車しておきましょう。

7. 緊急時に持ち出す、自分と子どもの身の回り品や書類を用意しておきましょう（詳しくは次節を参照)。

8. 携帯電話とカギをいつも身近に置いておきましょう(そうできない場合があることも頭に入れておきましょう)。

9. 家と車のスペアキー、予備の携帯電話も隠しておきましょう。予備の携帯電話とは次のようなものです。

- 緊急時の通話用として使えるようにした古い携帯電話
- 携帯電話やコンタクトリストにアクセスできなくなる場合に備えた、必要な番号を入れたプリペイドの携帯電話

10. 緊急時の行き先を決めておきましょう。

11. 警察署、消防署、病院、24時間営業のコンビニへのルートを調べておきましょう。

12. もし拳銃を所有しているのなら、どこに保管してあるかを確認しましょう。最も安全な保管場所を考えたり、家から持ち出した方がよいかの判断をしましょう。もし彼女があなたに向けて銃を使っても、あなたが彼女に向けて使っても、どちらの場合でもあなたにとって最悪の事態となります。

13. 地域社会のDV相談に、あなたや子どもたちを守るリソースがないか尋ねてみましょう(残念ながら、男性のためのリソースはほとんどありません)。

緊急時に持ち出すものの用意

パートナーに暴力をふるわれたことがあってもなくても、その可能性があるかどうかにもかかわらず、家を追い出されたり、緊急時に逃げたりしなくてはならない場合に備えて、持ち出し用の身の回り品や書類を隠し場所に用意しておく必要があるかもしれません。

いくつかの場所に分けても、1ヵ所にまとめて隠してもいいでしょう。自分の近くに置いておきたいものもあるかもしれません。

次のような隠し場所はどうでしょう?

- 車のスペアタイヤの下
- 友人や隣人の家や実家
- 職場
- 貸しロッカー（ジム、空港、駅など）
- 引き出しの中にカギをテープでとめておく
- ガレージの彼女が絶対に使わないものの中

非常用持ち出し品には、必要不可欠なものが含まれているようにしてください。

- 現金
- クレジットカード
- 予備の携帯電話
- スペアキー
- 薬
- メガネ
- 着替え
- 重要書類のコピーや原本（Ｐ３８３の「離婚の準備」を参照）
- スナック菓子
- 催涙スプレー
- 子どもの身の回り品
- 貴重品

子どもを守る

虐待のターゲットがあなただけの場合も、特定の子どもだけの場合も、家族全員の場合もあるでしょう。精神的や身体的な暴力を受けているのがたとえあなただけであっても、家にいるすべての子どもに、精神的・心理的なリスクが及びます。また身体的な危険が生じることもあるでしょう。

あなたが暴力を受けているとき、側にいる子どもにも危険が及ぶことがあります。安全策を立てるときは、リスクにさらされる子どもたちも考慮に入れてください。

下記はＤＶの専門家からのアドバイスです。

- 安全について子どもたちと話し合いましょう。
- 虐待は子どものせいでも責任でもないと安心させてください。
- あなたが暴力をふるわれているのを見ても、巻き込まれてはいけないと子どもに伝えておきましょう。自分の安全を守る方が重要だと言い聞かせましょう。
- 子どもが逃げ込める、家庭内の比較的安全な場所を見つけておきましょう。
- 緊急時に駆け込める近所の人や場所を教えておきましょう。
- 警察や緊急連絡先への電話のかけ方を教えておきましょう。
- 家を出たり、助けを呼んでもらったりするときのために、簡単な合図を決めておきましょう。
- 家族の安全プランを子どもたちと練習しておきましょう。
- 子どもたちがパートナーにあなたの計画を話したり、何らかの方法でパートナーに計画がばれたりする場合のことも、考えておきましょう。

警察や裁判所の介入

自分や子どもの安全が心配なら警察に電話することや、保護命令（接近禁止命令）を出してもらうことを考えてみましょう。

現実的には、警察への通報は、特に男性にとって一種の賭けと言えます。女性のパートナーから暴力をふるわれて警察に助けを求めた男性の体験はさまざまです。真剣に受け止められて援助が得られる場合も、問題を矮小化されてしまう場合も、助けを求めたことが逆効果となって男性の方が逮捕されてしまう場合さえあるのです(1)。

警察への通報について次の点を考えてみてください。

- 虐待を受けた男性が警察を呼んでも、警察が男性の助けになるケースは比較的少ないかもしれません。しかし通報しなければ、助けが得られる可能性はゼロなのです。
- 警察が到着しても、あなたが起こったことを話そうとしなければ、警察は彼女を告発したり逮捕したりすることができなくなってしまいます。女性が攻撃者と思われないように守るのが騎士道的精神だと思ったり、警察を呼ぶような状況が男らしくないと感じたりするかもしれませんね。しかし、そのような信念や態度が、助けを得ることの妨げになっていませんか？
- 男性に対するＤＶを通報しないでいれば、そんなことは現実に起きていないという幻想を永続させてしまいます。
- 警察に通報することによって、パートナーの暴力が記録されて、後々役に立つかもしれません。
- 身体的な傷害、武器の使用、目撃者の存在などがあれば、家庭内で暴力をふるう女性の逮捕率が高まるという証拠があります。(2)
- 警察を呼ぶことによってネガティブな結果が生じたとしても、呼ばないことであなたが重傷を負ったり死んだりするよりましでしょう。
- 子どもが巻き込まれている場合は、子どもの保護が最重要です。
- 警察を呼ぶことで彼女が腹を立て、状況がエスカレートする可能性もあります。

法的措置の第一の難関が、警察が暴力をふるうパートナーを検挙や逮捕するかどうかです。次の難関は、訴追です。ＤＶを行う女性に対するケースは、検察や裁判官に却下されることが非常に多いのです。(3)

もう一つの法的手段は保護命令を取ることです。しかし保護命令については意見が分かれます。保護命令を取得して維持することには、メリットもデメリットもあります。
- 逮捕や訴追と同じように、暴力をふるう女性パートナーから男性を守る裁判所命令を得ようとしても、男性には不利な点が多くあります。(4)
- 保護命令のメリットとして、警察の反応が迅速になって、ＤＶが減るかもしれません。

・デメリットとして、虐待がさらにエスカレートするかもしれません。

あなたの状況や地域によって、どのような選択肢があるかを確認するのが最もよいでしょう。弁護士やカウンセラーや、男性のＤＶ被害に理解のある擁護者と、問題についてよく話し合いましょう。

第24章

関係が終わるとき

虐待は終わりのない贈り物です。

彼女が別れを切り出したら

あなたに飽きたり、あなたから得るものがもう何もないと思ったり、命を吸い取る新たなターゲットが見つかったりすると、非常に虐待的で、特に社会病質的な女性は自分の方から別れを切り出すかもしれません。

彼女が意地悪で非情で、あなたにひどいことをしていても、あなたは辛抱強く、彼女を許し、優しく接してきました。たとえそうだとしても、破局の原因をあなたのせいにされるかもしれません。彼女は、自分のせいではないと、あなたの悪行を広く世間に言いふらすかもしれません。

もしあなたが彼女の挑発に乗って、彼女を取り戻そうとひれ伏し、彼女の言うあなたの欠陥を修正しようと努力する間に、彼女は金銭的な操作をしながら、次のターゲットとの関係を構築し始めるかもしれません。あるいは、ただあなたを、もてあそんで楽しんでいるだけかもしれません。

そのときには受け入れ難くても、彼女が他の男性を見つけるのが最良の筋書きかもしれません。彼女は新しい「寄生先」に本性をさらけ出さないように、あまり波風を立てようとしなくなるかもしれません。新たな相手が、今まであなたに集中していた虐待を弱めてくれるかもしれません。

しかし、彼女が別れを切り出して他に男を作ったとしても、彼女が静かに去っていくとは限りません。新たな男が、彼女が裁判であなたと闘う資金源となって支援することもあり得ます。あなたがどんなひどい人だったかと新しい男に訴えかけ、彼女は、自分の苦境に同情させ、男らしい欲望を刺激して、新たな庇護者に仕立て上げるかもしれません。

彼女は離婚を収入源とし、できるだけ多くの経済的利益を得ようとするだろう。

あなたが別れを決意したら

これまでに彼女の方から何百回も別れると脅してきたのに、あなたがそれに応じると決めたとたん、彼女は腹を立てるかもしれません。あなたというサンドバッグを手放したくないのかもしれません。あなたがいなくなったら、だれを見下して優越感に浸ればいいのでしょう？　だれに世話をしてもらえばいいのでしょう？　あなたが彼女のために果たしてきた役割を、だれがするというのでしょう？

そんなことは、あなたの問題ではありません。あなたは彼女にとって、よい買い物だったかもしれませんが、あなたにとっては、そうではありません。関係を終わらせるためには片方が決心するだけでいいのです。

非常に虐待的な女性と別れる決心をしたら、次のことに留意してください。

1．虐待を受けている人が関係から抜け出せるまでには、通常何度も試みる必要があります。
2．あなたが別れを切り出したときの、彼女の最初の反応はあなたを取り戻そうと懇願することかもしれません。その懇願は要注意です。
3．関係が終わると、しばしば虐待がエスカレートします。あなたがもう戻ってこないと分かると、彼女は懇願を中止して、虐待がこれまで以上にひどくなるかもしれません。
4．懇願する段階を飛び越して、直接あなたを罰したり脅したりするようになるかもしれません。

法的な落とし穴への心構えについては、第9章「法的虐待」を参照してください。

どれほどあなたが嫌いかと何年も言い続けてきた女性が、あなたが別れる決心をすると、「よくも私を捨てられるわね！」という反応をするかもしれない。

離婚の準備

差し迫った危険のない状況であれば、関係を終わらせる準備をすることができます。適切な場合は、選択肢を知るために弁護士の助言をあおぎましょう。

あなたの方が家を出ようとしている場合は、たとえ彼女が関係を修復しようとしているように見える場合でも、状況が悪化しても、あなたが家に戻れるとは限りません。必要なものは今すぐ持ち出しましょう。重要な情報や持ち物を持たずに家を出てしまうと、二度と家に戻れなくなり、それらを手にすることはできないかもしれません。

携帯電話の契約が自分名義になっていることや、携帯を切られることがないよう確認しましょう。あなたの仕事用や個人用の携帯電話の契約を彼女が管理しているのなら、彼女は契約を打ち切ってあなたが携帯番号を使えなくするかもしれません。

次のような、重要書類のコピーや原本をまとめて安全な場所に保管しましょう。

- パスポート、戸籍謄本、マイナンバーカード
- 婚姻証明書（訳注：アメリカでの場合）
- すべての銀行口座の取引明細書
- 保険証券

- 連絡先リスト（携帯電話を失うかもしれないため）
- 医療関連の書類
- 暴力を受けた記録
- 家や車の、賃貸借契約書や、住宅ローン書類、権利書
- パートナーのマイナンバー、生年月日、車のライセンス番号や、運転免許証の番号
- 裁判所命令
- 子どもに関する書類——予防接種記録、マイナンバー、保険証
- 納税証明書、ビジネスの記録など

別れたくないと泣きつかれたら

あなたの方から別れようとすると、彼女はあなたを取り戻そうとするかもしれません。あなたが彼女にとっての「よい買い物」でも、彼女はあなたにとってそうでなければ、彼女はあなたを簡単には自由にしてくれないでしょう。

彼女はこんなことをして懇願するかもしれません。

- 泣く

- 悲しい目をする
- あなたなしでは生きていけないと言う
- 誘惑する
- 自分こそがあなたの理想の女性だというふりをする
- 自殺をほのめかす
- 狂言自殺をする
- 妊娠したと言う

もしあなたが彼女のもとに戻れば、虐待がおそらく再び起きるでしょう。自殺をすると脅したり、自殺を試みたりするのは健全な人間のすることではありません。彼女を救いたいという衝撃に駆られたり、あなたなしでは生きられないと言われて喜んだりしてはいけません。そういう衝動に抵抗すべきです。彼女に自殺防止の支援を受けるよう仕向けましょう。彼女の友人や家族、カウンセラーに連絡して今の状況を知らせたり、必要に応じて警察に支援を頼んだりすることを検討しましょう。彼女を救うために復縁しようとしてはいけません。

もし彼女が妊娠していると言ったら、あなたも一緒に病院に行くと主張してください。彼女がそれをいやがるようなら、妊娠はうそでしょう。たとえ本当に妊娠していたとしても、子どもが生まれる前の2人の関係がハッピーでなければ、子どもが生まれた後でも、おそらくそれは同じでしょう。子どもの母親と別れて暮らした方が、むしろよい父親になれるかもしれません。

境界線を守る

自分の境界線を守るためにどうすればいいか、準備しておきましょう。

あなたは、元妻や元恋人とも友だちであり続けるタイプの人かもしれませんが、虐待的なパートナーと友人であり続けるのは賢明ではありません。彼女と友だちになろうとすると、次のようなことが起こるかもしれないからです。

- 婚姻中や交際中と同じようにあなたを虐待し続けるかもしれません。
- 優しさと意地悪のサイクルにまたあなたを引き込むかもしれません。
- うまい具合に復縁しようと、チャンスを狙ってくるかもしれません。
- 自分を売り込もうとするかもしれません（第18章「男性は虐待的関係にどのように引き込まれるのか」を参照）。
- あなたを打ちのめす企てをするかもしれません。
- あなたの気持ちを利用して、こっそり背後で操作をするかもしれません（たとえば、あなたに離婚の心構えができないようにさせておいて、実は自分に有利になるような操作をする）。

彼女が持つ洗脳のパワーから抜け出すためには、十分な時間と空間が必要です。彼女はあなたを操作するかもしれません。モヤモヤしたら、再び頭をクリアにしてください。モヤモヤしたまま行動せずに、頭をはっきりさせる時間を稼いでください。

彼女にとってすべてがうまくいくように努力するのを止めましょう。彼女の悲しみや怒りや失望は、あなたが直す必要はありません。彼女自身が直すべきです。

自分の悲しみや怒りや失望を認識し、それに反応するのではなく、自分の感情を認めて乗り越えましょう。以前のルーティンに舞い戻ることで自分の気持ちを衝動的に消し去ろうとしないでください。プレッシャーを感じているのなら、考えるための時間とスペースを作りましょう。そのために、自分や彼女に向かって言うこんなフレーズを作っておきましょう。

自分には、こんな風に言ってみましょう。

- 「関係を修復する必要はない」
- 「自分を守ろう」
- 「そこから離れよう」
- 「それは彼女の問題だ。自分の問題ではない」

彼女には、こんな風に言ってみましょう。

- 「そんな気持ちになったのは気の毒だね」
- 「それはあなたの見方だよ」
- 「ぼくにとってはいいことではないよ」
- 「もう行くよ」（または「もう切るよ」「あなたのメールにはもう返事をしないよ」）

メール戦争に巻き込まれないように。彼女が怒りや懇願のメールを1時間に百万通も送ってきて、境界線の維持が困難であれば、彼女の携帯番号をブロックすることを検討してください（子どものことで連絡を取り合う必要があれば別ですが）。番号をブロックされて彼女の怒りがエスカレートするのが心配なら、子どものこと以外の電話やメール以外には返事をしないようにしましょう。

彼女に抵抗するための手助けが必要なら、友人や家族に支えてもらいましょう。これまで、彼女に直接応答しても役に立たなかったことを思い出してください。

メール戦争に巻き込まれないように。

さまざまなトラブルから身を守る

アラブの格言に「神を信じよ。それでもラクダをしっかり繋いでおけ」というのがあります。元妻があなたに経済的や身体的な被害を与えるほど悪意があるとは想像できないかもしれません。それでも「すべてのベースをカバーして」万全の準備をしておきましょう（この段落では宗教的な格言と、スポーツの言い回しの両方を使いました。身を守るためにお気に入りの方を選んでください）。

別れた直後にはすぐ、次のようにしましょう。

- 暗証番号やパスワードを、彼女に推測できないようなものに変えましょう。
- カギをつけ換えましょう。
- ガレージドアのリモートオープナーの暗証番号を変更しましょう。
- 共同名義の銀行口座に注意しましょう。彼女がその気になれば、全額が引き出されてしまうかもしれません（一部は取り返せるかもしれませんが、そのためには闘わなくてなりません）。
- 物理的な危険があれば、セキュリティシステムやカギを増やすことを検討しましょう。
- 彼女やあなたに対する保護命令が出ている場合は、その書類を常に手元に置いておきましょう。

復讐や仕返しをしようとしてはいけません。フランシス・ベーコンはこう言いました。「復讐をしようとする者の傷はいつまでも青い」と。

弁護士が必要なら、払える範囲で最高の弁護士を雇いましょう。あなたのような状況で

「復讐をしようとする者の傷はいつまでも青い」——フランシス・ベーコン

男性を助けた経験のある弁護士を探しましょう（虐待的な妻との離婚や親権争いに経験のある弁護士など）。

彼女からの復讐に備える

あなたにうそをついていた人なら、関係が終われば、あなたについてのうそをつくようになるでしょう。そうなると承知して、毅然と振る舞い、気持ちを引き締めましょう。友人やコミュニティの中には、彼女に惑わされない人、しばらく彼女を信じても後にその誹謗中傷が馬鹿げたものだと気づく人、永続的に彼女に加担する人、などがいるでしょう。

つらくても、個人攻撃だと捉えないようにしましょう。自分の痛みをきちんと認識しましょう。誹謗中傷は彼女のお決まりの真実歪曲のパターンだと思い出してください。彼女のうそに引き込まれた人とは距離を置き、他の人たちと辛抱強く接しましょう。

これまでうそや操作をしてきた人なら、別れや離婚についても同じことをするでしょう。裁判に備えましょう。彼女は弁護士や警察や裁判官やＤＶ被害者支援者すらも操作するかもしれません。

彼女が提出する供述書のうそは、実際のできごとや真実から注意をそらすために作られたものです。あなたの最善の防御策は、記録をすることです。

「今にも、みんながぼくの敵になってしまうのではと、ハラハラした」

すべてを記録しておきましょう。言葉によるコミュニケーションはできるだけ少なくして、テキストメッセージやメールを保存するようにしましょう。長々した会話や口論に引き込まれないようにしましょう。怒りのメールやテキストメッセージを送ってはいけません。文脈から切り離されて、あなたに不利になるように使われるかもしれません。

子どもの問題

女性との間に子どもを作れば、その女性と一生繋がりを持ち続けることになります。これは虐待的な女性が相手なら、つらい問題となります。

離婚について子どもに伝えるときは、お互いを責めたり非難したりせずに、中立的な言い方にするべきというアドバイスが一般的です。子どもの母親があなたを虐待していることが離婚の原因なら、中立的な言い方をするのは非常に困難かもしれません。

- それは子どもの母親にとっても困難です。彼女は責任逃れをすることに必死で、うそであっても子どもたちにあなたの悪口を吹き込もうとするでしょう。
- あなたにとっても困難です。こうした形で、彼女から虐待され軽蔑されるのはつらいものです。あなたの子どもが、あなたをひどい目に合わせた人を愛しているのを見るのもつらいでしょう。

彼女の悪口を言わずに、自分のために立ち上がるのも容易ではありません。

子どものことや、子どもの母親のことに関しては、しばしば、あなたは寛大な人にならざるを得ません。プライドも自尊心もかなり打撃を受けるかもしれません。あなたを虐待した母親を愛する子どもに裏切られたような気持ちになるかもしれません。でも乗り越えなくてはなりません。子どもの母親に怒りで対応することをやめましょう。

子どもたちは半分はあなたですが、半分は母親なのです。あなたが子どもの前で母親の悪口を言えば、子どもは、自分の中の母親の部分が非難されていると感じて、自分が嫌われたと受け取ってしまうかもしれません。そのことと、真実の状況を教えるメリットとを秤にかけて考えなくてはなりません。自分の利益のために子どもに情報を明かすのではなく、あくまでも子どもにとって利益になるかどうかを考えてください。

親権争い

彼女が無責任で依存的であったにせよ、挑戦的で暴力的であったにせよ、虐待的な女性との関係を終わらせれば、子どもの親権の争いが始まるかもしれません。

しかし現実は、残念なことに男性は親権争いにおいて不利な立場です。たとえ彼女がひどい母親で、あなたがすばらしい父親であったとしても、裁判所は育児計画や親権について、あなたより彼女を優遇するでしょう。母親と一緒にいた方が子どものためによいという前提がまずあるためです。その前提を揺さぶるのは困難です。裁判所は、子どもが父親といる重要性については、それほど固執しない傾向があります。パートナーに虐待的であっても、子どもにはそうでない場合も、逆の場合もあります。あなたに虐待を加える女性が、子どもにも虐待的であるとは限りません。

親権問題を担当する裁判所では、彼女の虐待が暴力的であれば耳を傾けるかもしれませんが、それ以外の虐待であれば、気にもかけてくれないかもしれません。彼女に人格障害や精神疾患があったとしても、それが子どもに非常にネガティブな影響を直接与えていたことを明確に証明できない限り、おそらく裁判所は取り上げてくれないでしょう。

彼女がよい母親ではないと思う場合、彼女が子どもと過ごす時間を制限するよう主張したいなら、最もよい戦略は、彼女と子どもの関わり方だけにフォーカスを当てることです。逆に、もし彼女が、あなたと子どもの時間を制限しようとして、あなたが常に悪い父親や、悪い人間だと偽りの主張をするのなら、誹謗中傷に対して闘わなくてはなりません。

あなたにとって最大の防御と攻撃になるのは、記録です。（デジタルでも紙でも）カレンダーや日付のついた日記に、次のようなことをすべて記録しておきましょう。

裁判所から見れば、父親は親として不利な立場から始めなくてはならない。さらに、もし彼女がうそをつけば、あなたの立場はさらに急降下するだろう。

- あなたが親としての責任を果たしたときと、彼女が責任を果たさなかったときのこと
- あなたが子どもと時間を過ごすのを彼女に妨げられたときのこと
- 父親として行っていた通常の子育て：学校や病院や課外活動への送り迎え、食事の用意、宿題の手伝い、本の読み聞かせ、おむつ交換など
- あなたや子どもに対する彼女からの暴力*（P370「身体的虐待のおそれに備える」を参照）
- 子どもの友だち、教師、医師の名前
- 彼女がよい親ではないと示すような行動
- 子どもの前であなたに、あるいは子どもに対して彼女があなたの悪口を言ったときのこと
- 母親と過ごした後、子どもの具合が悪くなったり、トラウマを受けていたりしたときの詳細

こうした記録は決してだれにも渡したり貸したりしてはいけません。必要なら余分のコピーを取っておきましょう。

彼女との連絡は、言葉ではなくテキストメッセージやメールを使いましょう。テキストとメールを残しましょう。デジタル上の口論に巻き込まれないように。あなたの言葉が、文脈から切り離されて、あなたに不利になることがあります。

破局からの回復

多くの場合、関係を完全に断ち切らなければ、立ち直りのプロセスが始まりません。関係の最中にある間は、それがどれほどひどいのか、なかなか自覚できないものです。やっと関係が終わると、抑圧されたつらい感情が押し寄せてくるかもしれません。

その気づきとそれに伴う苦痛を十分にあふれ出させて、認識しましょう。処理することでつらい気持ちが、流れ出ていきます。つらい気持ちを無視しようとすれば、内側にこもってしまいます（感情の処理については、第30章を参照してください）。

離婚の最中にも虐待を続けたり、別れた後にも復讐行動を取ったりするようなら、彼女や彼女の作り出す大混乱に立ち向かうのは、大変つらいことでしょう。

虐待的な女性との熾烈な離婚を経て、孤立し孤独を感じるようになった男性は、こう認めています。

「離婚を乗り切ることなど無理だと思っていました。ブラックホールにはまったようでした。どうすれば彼女を幸せにできるのか、何年も何年も苦しみ続けてきました。愛する人に完全に裏切られたら、一体どうしますか？」

＊離婚後、子どもが母親といる間に暴力を受けたことが分かったら、児童保護サービスに連絡するべきです。弁護士やカウンセラーに状況の評価を手伝ってもらうのもよいでしょう。

破局のつらさを乗り越えるには、次のようにしましょう。

- これまでの自分の暮らしの現実を認識しましょう。
- 彼女のあなたに対する見方は、彼女自身の問題や過去や健康状態によって歪められていることを、思い起こしましょう。
- 彼女の性格やパターンから出る行動には、もうショックを受けないようにしましょう。
- 自分のフラストレーションや後悔、馬鹿げたことをしていたという思い、利用されていたという気持ち、恐れ、その他の感情を認めましょう。

彼女とのことをすべて忘れて前進することに不安や挫折感があるときに、思い出してほしいのは、何よりまず問題を解決すべきだということです。

虐待的な関係から立ち直りつつある男性が、こんなアドバイスをしています。「今彼女が何をしていようが、自分には関係ないんだ。できるだけ迅速に、何が自分のもので、何がそうでないかを認識すべきだ。そして自分のものではないものを下ろそう。怒りをなくそう。すべての悪意を追い出すんだ。傷を癒すには時間がかかる」。

彼女がなぜあんなことをしたのか、なぜこんなことをするのか、それを読み解こうとして堂々巡りをするようなら、次のステップで、正しい思考を取り戻しましょう。

- 彼女の行動の理由は、理性的でも合理的でもないと自分に言い聞かせましょう。
- 彼女が自分と同じ考え方をするという思い込みを捨てましょう。
- 彼女の行動や態度はパターン化されていることを肝に銘じましょう。相手を支配し、侮辱し、罰を与えようとする利己的な欲求によってつき動かされているもので、相手を幸福にしたり思いやったりしたいというわけではないのです。
- 彼女があなたにとってよいパートナーとなるように、あるいはあなたが彼女にとってよいパートナーとなるように、心を砕く必要はもうないというのを忘れずに。

まずこの問題を解決しなくてはならない。

あなたの元パートナーに社会病質的な傾向がある場合は、寄生虫のようにあなたの命を吸い取ろうとするでしょう。あなたの強さや善良さを取り去ることによって、自分をより強く、よりよい状態[1]にするようなものです。マーサ・スタウトの言うように人口の4％がソシオパスだとすると、私たちの多くがソシオパスとペアになり、その後、後遺症に苦しめられるという不幸に見舞われることになります。ソシオパスは、あなたが幸せになることなど望んでいません。

安心感の訪れ

早かれ遅かれ、あなたの人生はよくなるはずです。まだ片づけなくてはならないゴタゴタが残っていたとしても、もう彼女と暮らす必要はないのです。悪い関係から抜け出したり離婚が成立したりした直後には、ある程度の安心感（あるいは多くの安心感）が訪れるでしょう。みんなもそう言っていますよ。

「結婚前のぼくはうつ病ではなかった。一生懸命働いてどんなことでもやっていたのに、妻はいつだって批判の種子を見つけていた。ぼくはいつも、自分の方が問題なのだと思っていた。医師に処方された抗うつ剤でうつ病に対処できるようになった。でも離婚後はもう抗うつ剤が必要なくなったよ。彼女と共にうつ病も去っていったんだ」。

「別れは大きなロスではない。大きな解放だ」。

また友人や家族との関係を修復できるようになった人もいます。

「元妻と別れてから、次第に古い友人が戻ってきてくれた。家族との関係も再構築できた」。

「ぼくの家族が妻を嫌っていることに気づきませんでした。彼女はまずぼくを家族から引き離し、次に、友人からも孤立させたのです。彼女との関係を終わらせる決心をして、初めて知ったのは、家族も友人も彼女のことをまったく好きではなかったということでした。それをぼくに伝えようとした人もいたと言いますが、まるで覚えていません。家族と友人を取り戻せて、本当によかった」。

新たな出会い

虐待的な関係の後遺症として、恋愛そのものに懐疑的になることがあります。元パートナーによって、人生が大混乱になり、エネルギーが奪い取られ、友だちも敵になってしまった経験から、他の女性をなかなか信用できなくなるかもしれません。

現在、虐待的な関係にある男性が、本来の恋愛がどういうものかを見せてくれるような女性に出会うこともあります。優しい女性と親しくなることによって、現在のパートナーの意地悪さがより明確になります。その「優しい」女性とは、友だちであり続けてくれる人かもしれないし、新たなパートナーとなる人かもしれません。

虐待的な関係が終わる前に新たなパートナー候補となる人との出会いがある場合も、これまでの関係を終わらせこれからどうなるのかと思案しているときに新たな出会いがある場合もあるでしょう。いずれの場合でも未来を最適なものにするために、忘れてならないことがあります。

また虐待的な関係に陥らないように、以前の関係を振り返って何が起きたのかを考えてみてください。過去から学ばなければ、歴史は繰り返されるかもしれません。名前は違っていてもまた同じ女性と付き合うことになってしまうかもしれないのです。

これまでの虐待的な関係について振り返ってみましょう。

- その関係に引き込まれた原因は何だったのでしょう?（第18章「男性は虐待的関係にどのように引き込まれるのか」を参照）
- 以前、意図的に見逃したり、当時は気づかなかったりした赤信号は何でしょう?

新しい恋愛はゆっくり進めていきましょう。その女性の本当の姿を見極めましょう。自分を守るために次のことをしましょう。

- 虐待的な関係に引き込まれる原因となった個人的な問題があれば、解決しましょう。
- 自分の弱点（たとえば、「悲嘆にくれる、か弱き女性」に惹かれる）を認識して、そういうタイプの女性を避けることを学びましょう。
- その女性の本当の姿を見えなくする「デート・ガール」的な性格に惹きつけられないよう気をつけましょう。

自分の弱点を認識しよう。

- その女性の友人や家族と会ってみましょう。
- その人の言うことすべてが真実だと思い込まないようにしましょう。彼女の話を裏付けるような証拠を探しましょう。
- その女性の、あなただけでなく他者への接し方にも注意を向けましょう。
- すべての赤信号を検証しましょう。彼女の行動や態度のパターンに特に注意を払いましょう。
- 赤信号に気づいたら、それについて彼女と話し合うか、関係を終わらせましょう。
- 彼女が暴力をふるうようなら、それは自動的に赤信号となります！
- 彼女があまりにも優しい場合は、それが真実の姿ではないかもしれません。

新しい女性が、自分の態度や行動にどう責任を持っているか、そしてそれが周りの人にどのような影響を与えているか、ヒントを探しましょう。

- 彼女は言い訳ばかりしていませんか？
- 彼女は自分の状況を他人や環境のせいにしていませんか？
- 彼女は自分の間違いを認められる人ですか？
- 彼女は心から謝ることができる人ですか？

赤信号を探し、評価し、対処しよう。

あなたが経験した虐待と逆のタイプに惹きつけられないように注意してください。

- ひどく怒りっぽい女性と別れて、今度は依存的な女性に惹かれないように。
- あなたを無視していた受動的な女性と別れて、今度は攻撃的な女性に惹かれないように。

受動的や攻撃的ではなく、正しい自己主張ができる女性を探しましょう。たいていの性格に関して言えば、過少と過剰のどこか中間ぐらいが健全なのです。

自分自身も健全なバランスを保ちましょう。不健全な女性と別れて、健全な女性に好きになってもらえるようにしましょう。許し、責任、信頼、その他の恋愛の資質やスキルを健全なレベルに保つスキルを身につけましょう。

健全な関係については、第25章を参照しよう。

信頼は、健全な恋愛関係のどんな要素とも同じように、資質でもスキルでもあります。信頼のグラデーションにも、過少から過剰までの幅があります。以前の女性を信頼しすぎて火傷をしたあなたは、信頼ゼロの状態に陥りやすいのです。

信頼の健全なレベルは、少なすぎるのと多すぎるのとの、ちょうど中間がよいのです。新しい女性が信頼できるかどうか、ヒントを探し、それに応じてあなたも信頼を与えてください。

（恋愛の資質とスキルについては、第30章も参考にしてください。）

パート6

すべての人へのメッセージ

第25章　男性を虐待している女性へのメッセージ
第26章　男性の家族と友人にできること
第27章　すべての男性のために
第28章　すべての女性へ
第29章　セラピストや専門家への提言
第30章　リソース

第25章

男性を虐待している女性へのメッセージ

「過去に戻ってはじめからやり直せる人などいない。でも、今日からスタートして新しい終わりを作ることはだれにでもできる」——マリア・ロビンソン

虐待をしている女性にできること

第一に知ってほしいのは、女性が男性を虐待するのは正しくないということです。男性にされたら虐待だと思うような行為は、女性が男性にしても虐待なのです。男女が逆になったら虐

待的行為だと思うようなことをもし、女性のあなたがパートナーにしていたら自分に問いかけてみてください。なぜ自分はそんなことをパートナーにしてもよいと思っているのだろうかと。

あなたは、男性パートナーに現在、あるいは過去に虐待をしていたけれど、これから健全な関係を作ろうとしているかもしれません。そのためにこの本を手に取ってくださったことを感謝します。

どうすればいいのでしょうか？

1．自分の行動と態度に責任を持ってください。
2．パートナーの話に耳を傾けてください。
3．自分の虐待的な行動や態度がどんなもので、そういった行動や態度を取る原因や理由について考えて理解してください。
4．健全な行動や態度の目標を立ててください。
5．変わる努力をしましょう。

虐待は相互的なものかもしれません。あなたとパートナーがお互いを虐待し合っているのかもしれません。お互いがお互いの行動と態度に責任があるのです。

今の状況におけるあなたの役割と立場を、現実的に判断することが重要です。あなたの虐待的な言動に相手が反応すると、それを相手のせいにする傾向があなたにありませんか？

1. 責任を持つ

失敗しても、そこから学べばいいのです。

変化を起こし、加えて自分の行動に責任を持つ努力を、忍耐強く行いましょう。自分に改善の余地があると認めて変わる努力をするには、謙虚さと勇気が必要です。変化を起こそうとしている自分を認めてあげてください。

やってはいけないこと。

- 自分の虐待的な行動や態度を正当化しないでください。
- 相手が「ただ我慢する」ことを期待しないでください。
- 仕事や、彼や、生理やその他のことのせいにしないでください。
- 彼が戻ってくるまでの間だけ前向きな変化を起こす努力をして、その後は手を抜いて再びずるずると以前の虐待のルーティンに戻る、とならないでください。

だれかに対してひどい扱いをしたと気づいたら、謝って償うことが大切です。

心からの謝罪でなくてはなりません。「ごめんなさい。でもあなたがそうさせたのよ」のような、回り回って相手を責めるような謝罪は本当の謝罪ではありません。

償いは、過ちに直接関係のある方法で行うのが理想です。顔を殴ったからといって車をプレゼントする

> 自分の行動と態度に改善の余地があることに気づけたら、自分の謙虚さと勇気を認めよう。

のは、直接的な償いではあ、り、ま、せ、ん。最もよい償いは、相手を傷つけるような行動や態度を真摯に改める努力をすることです。

2. パートナーの話を聞く

あなたの行動や態度から受けるネガティブな影響について、パートナーはあなたに伝えようとしたかもしれません。でも、あなたは聞こうとしてきませんでした。彼はもうずいぶん前に聞いてもらうのをあきらめてしまったかもしれません。

自分の行動や態度についてパートナーがどう考えたり感じたりしているか、それに耳を傾ける努力をすることが重要です。

過去にはいろいろなことが妨げになって、彼の話をしっかり聞こうとしなかったのかもしれません。彼の言うことが引き金になって「闘うか逃げるか」のモードになったのかもしれません。身構えたり、物理的や精神的に逃げたり、反撃モードになってしまうと、相手の話を聞くことができません。

次のようなことによって「闘うか逃げるか」モードになってしまったこともあるかもしれません。

- 彼が怒ったので、あなたは脅威を感じて「闘うか逃げるか」モードになったのかもしれません。
- 彼がたとえ優しく、上手に気持ちを告げても、あなたは批判されることに過敏になっていて、自我を脅かされていると受け取ってしまったのかもしれません。

パートナーがあなたに問題を抱えているからといって、自動的にあなたが悪いとか間違っているとか言うのではありません。同じ状況について彼には彼の見方や反応があり、同じようにあなたにも、考えや気持ちがあってよいのです。

彼の話を聞いて、その視点に同意しなくても認めることはできます。相手の言い分をしっかり聞いて、その懸念が妥当かどうかを自分なりに判断することが重要なのです。

行動の理由は行動の言い訳にならない。

3．どんな行動や態度なのか、そうするのはなぜなのかを理解する

パートナーを傷つける行動や態度を取っていると認識することが、変化への重要な第一歩です。問題などないと思っている限り、状況は変えられません。

どんな行動や態度なのかを理解しましょう。

- パート2「女性による男性への虐待」を読んでみてください。そして自分に当てはまるタイプの虐待を認識できるかどうか挑戦してみてください。
- あなたの虐待的かもしれない行動や態度は、虐待のグラデーションのどこに位置すると思いますか？　それぞれの行為について、そして総合的にも考えて、それらが個別に、あるいは総合的にあなたの行動や態度のパターンにどんな影響を与えているかを評価してみましょう。

そうするのはなぜなのかを理解しましょう。

- パート3「女性が男性を虐待する理由」から、あなたに当てはまるかもしれない理由を探して、なぜなのかを考えてみましょう。
- 要因が一つだけではない可能性もあるので注意してください。
- 行動の理由があっても、それが行動の言い訳にはなりません。
- 理由を知ることで、原因が理解できるようになり、変化への道筋が見えてくるでしょう。
- 何かを、自分の行動や態度の言い訳として使っていないか考えてみてください（たとえば、「相手が怒ったから、私も怒り返す」「遅刻が心配だから、遅れた彼を怒鳴りつけてもいい」）。

4．健全な行動や態度の目標を立てる

過去の虐待的な行動の理由を知れば、変わる動機づけとなり、変わるための出発点となるでしょう。自分がどのように、そしてなぜ虐待を行っているかを認識するのはよいスタートですが、それで終わりではありません。変わる必要があるのです。

過去と違う行動をするには、どうすればいいのでしょうか？

- 健全な関係のためのスキルとはどのようなものかを学びましょう。

- 自分に何を期待するのか明確なイメージを持ちましょう。

健全な関係の要素

健全な関係ではお互いが、

- 平等な権利を持ちます。
- 自分の意見を持ち、相手にそれを聞いてもらえます。
- 相手の考えや気持ちを大切にします。
- 相手が最大の可能性を発揮できるよう支えます。
- 尊重、共感、決断力、勇気、信用、信頼性といった健全な関係のためのスキルを構築する努力をします。
- 相手の話にしっかり耳を傾けます。相手が自分の話を聞いてもらえて問題についても理解してもらえたと感じられるようにします。
- お互いに自分の考え、気持ち、問題、意見、要求、ニーズをうまく言い表せます。
- ウィンウィンの関係になれるよう努力します。
- (同意できない場合でも)相手の意見を同じように尊重します。
- 家事を分担します。

明確なイメージを持とう。

- 一緒にいることを楽しみます。
- 性的な関係については、両者が話し合いに参加して決めます。
- 家族一人ひとりにとって、身体的、心理的、感情的、経済的、性的、法的に、そして信条や信仰面における安全な環境を作ります。
- 相手も自分も、それぞれの友人や仕事や活動に適度な時間を費やせるようにします。
- 一緒に充実した時間を過ごす努力をします。
- お互いを認め合います。
- 失敗から学んで、状況を改善する努力をするのであれば、失敗しても大丈夫だと理解しています。
- 自分の行動（あるいは、行動の欠如）や態度に責任を持ちます。
- どちらにも、関係を終わらせる権利があることを尊重します。

パートナーが、あなたとの健全で幸福な関係を作る努力を続けようとしているのであれば、彼のあなたへの信頼が徐々に回復するのを、辛抱強く待ってください。短期的な変化ではなく、長期的に変わることを証明しなくてはなりません。

あなたが、心から行動と態度を変えたいのなら、現在のパートナーがやり直そうとしているかどうかにかかわらず、あなたは変わるための努力をするはずです。

（関係改善のスキル、コミュニケーション・スキル、感情などについては、第30章を参考にしてください。）

5. 変わる努力をする

人生は実験です。変わる試みをするとき、重要なのは効果のあるものとないものを見極めることです。

こんな変化に気づきましょう。

- 健全な行動と態度の目標を達することができたこと
- 変わるのが困難だと思ったこと
- 自分の基準や価値観に合っていないと思ったこと

人生は実験だ。

成功したときには、自分の努力を認めましょう。取り組んできた日々から学びましょう。どこでつまずいたのか、何が障害だったのかに気づきましょう。ネックになった部分に対処する計画を今後のために立てて、障害に立ち向かう方法を検討しましょう。

不健全な関係のスキルを健全なスキルに置き換えるには、時間がかかることが多いのです。自分の望ましくない行動に少しずつ早く気づけるようになり、次第に健全な行動が自動的に行えるようになるでしょう。

虐待のグラデーション上の「非常に虐待的な行動」には、それより穏やかな行動と比べて、対処に失敗する余裕はありません。あなたが身体的虐待をしているのなら、その反応のパターンをすぐに、そして永久にやめなければ、周囲の人たちにとって危険すぎます。
あなたは、変わるための手助けが必要かもしれませんね。カウンセリングを受ける気持ちがあれば、女性が男性を虐待することもあると認識しているカウンセラーを求めてください。

ある女性の物語

第1章で、ある夫婦に、妻の不安症が与えた苦しみについて述べました。妻は自分が多くの不安を抱えていると分かっていて、不安を最小限にするための要求をすべて夫に押し付けていました。夫が、不安から生じる彼女のイライラや怒りに対処してくれるのを期待していたのです。

不安は彼女を要求の多い支配的な女性へと駆り立てました。要求をしているのは本当は自分ではない、不安がそうさせているのだと、理屈をつけました。彼が彼女を愛しているのなら、頼んだことは何でもやってくれるはずです。

夫は親切で思いやりがありました。妻の幸せを願っていましたが、このような生き方に疲れ切っていました。自分にとって公平でも平等でもないと感じていました。妻を愛していましたが、彼女のイライラに疲れ果てていたのです。

最終的に、この夫婦はコミュニケーションを改善させるための助けを求めました。そして妻が夫の言葉に真に耳を傾けたとき、自分が2人の関係に害を与えていたと気づきました。自分の行動も、夫に対する期待も正当ではなかったと気づいたのです。

妻は不安を、自分の要求や過剰反応の言い訳にしていたと認め、不安感に対処する助けを求めようと思いました。彼女は不安の根本的な原因を見つけることができて、不安感を健全な方法で処理することを学びました。

専門家の診療を受けることへの恐怖を乗り越えた妻は、驚くほど気分がよくなって、生活も楽になりました。夫は大いに安堵し、2人の関係は、かつてないほど良好になりました。

関係が終わってしまったら

あなたにとって変わる最後のチャンスが、本当の最後のチャンスになるかもしれません。もしパートナーが関係を終わらせる決断をしたら、あなたは自分の考えや気持ちをきちんと伝えながら、彼の考えも尊重して彼を解放しなくてはなりません。関係を終わらせる決断は一人でできます。そして彼にもその権利があるのです。

あなたはよいパートナーではなかったかもしれませんが、よい元パートナーになることはできます。別れたいという彼の意思を尊重することによって、あなたは相手への敬意と公正さを表し、別れの最中もその後も、誠実さを保つことができるのです。

失敗から学ぶことができれば、失格ではありません。今の関係が終わっても、自分を高める努力はできます。

復讐したいという気持ちがありますか？　しかし、復讐から得られる満足は、はかないものです。集中力とエネルギーを消耗させてしまいます。そして、あなたの印象も悪くなります。

2人の間に子どもがいれば、常に、子どもにとって何が一番よいかを念頭に置いてください。概して、子どもと父親の強い絆が保たれることが子どもにとってベストなのです。

よい母親であることを次のように示しましょう。

- 子どもが父親と時間を過ごせるように協力しましょう（父親が子どもにとって危険な場合は別です）。
- 別れたことを子どもには、（相手の落ち度を責めるのではなく）中立的な話し方で伝えましょう。
- 子どもに対して、あるいは子どものいるところで、父親の悪口を言わないようにしましょう。

第26章

男性の家族と友人にできること

「弟の妻は意地が悪く支配的でした。私は時々腹が立ちました。弟に妻に立ち向かってほしかったのです。でも私たちは皆、できるだけ波風を立てないようにしました。代償を払うのは弟だったからです」

家族や友人に与える影響

パートナー虐待は軽度のものから重度のものまであり、それが家族や友人に目撃される場合も、隠されている場合もあります。その人がひどい扱いを受けていると、家族や友人は、何となく気まずくなったり、心配でたまらなくなったり、自分たちも虐待のターゲットになったりすることさえあります。

非常に虐待的な女性が、パートナーの家族や友人といった外の世界に気づかれないようにする場合もあります。彼自身が心を開いて、家庭内で何が起きているかを語らなければ、周囲は虐待に気づかないかもしれないのです。

しかし多くの場合、虐待的な女性はパートナーの家族や友人をも大混乱に巻き込みます。まるでエボラ出血熱ウイルスの小瓶の蓋を居間で開けるように、パートナーのサークル全体に毒をばらまいて破壊するのです。

交際初期には、パートナーの家族を「デート・ガール」的な偽りの性格で魅了しますが、彼との関係が約束されると、本来の姿を見せるようになります。

虐待を受けている男性の家族や友人は、

- 彼女の外面にだまされているかもしれません。
- 虐待に気づいたり、理解したりできないかもしれません。
- 彼から引き離されるかもしれません。
- どうすれば彼を助けられるか悩むかもしれません。
- 彼や、姪や甥、孫に会うために彼女をなだめようとするかもしれません。

家族や友人は、次のようなことで混乱するかもしれません。

- 彼女の、彼や自分たちの扱い方
- 彼女と一緒にいるときの彼の対応や、彼女からの虐待への反応
- 彼と会えないこと
- 彼が自分たちに背を向けたり、彼女が自分たちについて言うことを信じてしまったりするということ
- 彼女が彼を支配していること

そして、こんな気持ちになるかもしれません。

- 気まずい、居心地が悪い
- 見捨てられたような気持ち
- 拒絶感
- 裏切られたような気持ち
- 無力感
- 自分も虐待されたような気持ち

- 兄弟や息子や孫息子や父や友人を失ったようだ
- 自分たちが追い出されたのに、彼が自分たちと有意義な時間を過ごすために彼女に対して自分の権利を主張しないことに対するイライラ
- そういう状況から抜け出そうとしない彼に対するイライラ
- 悲しみ

そして、こんなことが心配になるでしょう。

- 彼のこと
- 彼の子どものこと
- 家族に与え続ける影響
- 彼女のこと
- どうしたらいいのか

ある女性の物語

ある女性が、自分の家族の体験について語ってくれました。

「兄の妻は意地が悪く支配的でした。兄は妻を怒らせないように、そして喜ばせようと、何でもしていました。彼女は兄に、言う通りにしないと子どもたちを連れて実家に帰ると脅していました。彼女は家計もコントロールしていました。兄が買いたいものがあっても、そんなお金はないと言うのです。彼女と子どもたちがブランド品を着ているのに、兄が穴のあいた服を着ているのを見ると、ムカつくし腹が立ちました。仕事用のブーツを買うのにも彼女にお願いしなくてはならなかったのです。

彼女はいつも家庭で問題を起こしていました。兄と結婚していた間、ずっと大混乱でした。私たち家族は兄の近くに住んでいましたが、20年の間、一度も私たちの家族と休日を楽しむことが許されませんでした。すべての休日を彼女の家族と過ごしていたのです。兄は母の日にさえ、自分の母親に会えなかったのです。

私が兄の家の前に車を停めると、彼女は玄関を閉めて決して中に入れてくれませんでした。歓迎されていなかったのです。母が兄の助けを必要としていたときにも、兄は行かせてもらえなかったのです。

私を姪の卒業式に行かせないために、彼女は卒業式の日時と場所についてもうそを言いました。兄に立ち向かってほしいと、腹だたしくなったこともあります。でも私たち家族は、波風立てないようにしていたのです。代償を払うのは兄ですから。兄は本当に寛大です。オンラインで知り合った男と付き合うために彼女から捨てられたとき、兄の心はズタズタになりました。回復に何年もかかったのです」。

家族や友人にできること

虐待を受けている男性の家族や友人にまず知ってほしいのは、虐待が実際に起きているということです。女性も男性を虐待することがあるのです。彼だけに起きていることではないし、あなただけが、虐待を受けている大切な人を守ろうとしているのでもありません。

本書から、女性による虐待がどのようなものか、なぜ虐待をするのか、彼がどうして引き込まれたのか、あなたに見えているものがなぜ彼には見えていないのか、どうして彼は留まっているのか、彼はどんな影響を受けているのか、そしてあなたは彼をどう助けられるかと言ったことが、お分かりになったと思います。

あなたが親しい友人や親戚なら、彼の状況を評価することによって、あなたにできる最善の行動が分かるでしょう。第21章「自分の状況を把握しましょう」のアドバイスを参考にして彼の置かれた状況を把握しましょう。おそらく、すべての情報を手に入れることはできませんが、それでも役に立つでしょう。

あなたにしてほしいこと。

- あなたに見えることについて彼と話すことを検討してみてください。彼が彼女をかばったり、状況を過小評価する可能性が大いにあることも覚えておきましょう。

- あきらめないで。許される限り、連絡を取り続けていれば、彼が助けを求める決心をしたときに、そこにいて助けることができます。
- 彼の準備ができたら助けられるように用意をしておきましょう（パート5を参考にしてください）。
- 彼が話す気になったら、しっかり聞いてあげてください。あなたには状況を修復できなくても、話を聞いてあげることで彼の役に立つかもしれません。
- 虐待的な関係から実際に抜け出すには、何度も試みる必要があるということも覚えておいてください。
- 彼の抱えている問題に辛抱強く理解を示してください。
- 彼やその子どもたちとの関係を保つためには、彼女にうまく接したり、彼女をなだめたりする必要があるかもしれません。
- 子どもたちが身体的な危険にさらされていると思ったら、地域の児童保護サービスに通報する必要があるかもしれません。
- 自分のことも大切にしてください。女性による男性への虐待を認識しているカウンセラーに相談するのもよいでしょう。

してほしくないこと。

●彼女に立ち向かってはいけません。おそらく事態を悪化させ、状況がより悪くなるでしょう。彼女は腹を立て、あなたか彼女かのどちらかを選ぶよう彼に迫るかもしれません。だれにとってもよい結果にはならないでしょう。
●彼に、自分か彼女を選ぶよう強要してはいけません。
●あなたの助言を彼が聞き入れなくてもがっかりしてはいけません。彼に必要なのは助言ではなくて、あなたのサポートだけかもしれません。
●彼があなたとあまり時間を過ごさなくなっても、自分が悪いのだと思ってはいけません。彼女をなだめるために、そうしているのかもしれません。
●彼が彼女から、あなたについてのうそを吹き込まれ、そのせいで彼があなたを責めたとしても、自分に非があるのだと思ってはいけません（きちんとうまく自己主張してみましょう。もし彼が、彼女から聞いた話の方を信じたとしても、ショックを受けないように。そのうち、彼も彼女のうそのパターンに気づいて、現実に目覚めるかもしれません）。

家族や友人は、難しい立場に立たされています。女性が男性を虐待することもあるという現実を見ようとしない文化によって、傷つくのは虐待を受ける男性だけではありません。彼を大切に思う周囲のみんなも傷つくのです。

男と女の間に立ってはいけない。

第27章

すべての男性のために

「危険だ！　ウィル・ロビンソン！　危ない！」

——映画「ロスト・イン・スペース」のロボット

すべての男性がまず知っておくべきなのは、女性の中には男性を虐待する人もいるということです。それがあり得ると認識することが重要です。本書が、それを見極めるための警告となれば幸いです。

次に重要なことは、すべての女性が支配的や侮辱的ではないし、男性を罰そうとしているわけではないということです。女性がそういうものだというのでは、決してありません。ですから、女性からの虐待を当然だと受け止めてはいけません。
本書の情報は次のように役立ちます。

- 虐待の赤信号に気づけるようになります。
- 「悲嘆にくれる、か弱き女性」の説得から身を守り、悪意のある女性に操作されないようになります。
- 自分のためにならない「男らしさのトレーニング」に疑問を持てるようになります。
- 虐待の初期サインが見られたら、その関係がどこに向かうかを予測できるようになります。
- これ以上巻き込まれる前に、虐待的な関係から早期に抜け出せる動機づけとなります。
- 恋愛関係に起こり得る虐待について、息子や娘に教えることができます。

本書はさらに、あなたの周りの虐待的関係に気づく助けとなります。そして、息子たち、友人、兄弟（実の兄弟も、友情で結ばれた兄弟も）、父親、その他の女性からの虐待に苦しむ人たちをサポートする方法も教えてくれるでしょう（第26章「男性の家族と友人にできること」を参照）。

また、悪意に満ちた女性であれば現実に起きていない性的虐待を作り上げることさえあると知っておくのは、性的虐待の冤罪から身を守るためにも必要なことです。女性への性的虐待の嫌疑から完全に身を守るのは不可能ですが、冤罪の可能性を最小限にするために、次のルールを心にとめておいてください。

- 酔った女性とセックスをしないこと
- クレージーな女性とセックスをしないこと
- 自分が酔ったり、ハイになったりしているときのセックスには注意をすること

これらは厳しいルールかもしれないし、実際的でもないかもしれません。それが正しいか公正かは別にして、現実は、今の文化において男性は「彼女」に対して責任があると見られているということです（たとえ「彼女」がだれであっても）。現在の文化は、男性＝悪、女性＝善、男性＝うそつき、女性＝正直と見るのです。

たとえ酔っていてもハイになっていても、あなたは自分の行動に責任がある。彼女が酔っていてもハイになっていても、彼女は自分の行動に責任はない。責任はあなたにある。

酔っているときに性的暴行をされたと彼女から訴えられたら、それは男性のあなたの責任であり、あなたが彼女にセックスを無理強いしたと言われてしまいます。

あなたが酔っているときに彼女の方が迫ってきて、酔ったあなたがそれに従ったとしても、性的虐待されたと彼女に訴えられれば、彼女は話を捻じ曲げることができ、人々はおそらくあなたに責任があると見なし、あなたが彼女にセックスを強いたと信じるでしょう。

残念ながら、性的虐待の虚偽の告発やその他のタイプの虐待は、どんな関係の局面でも起こり得ます。ただの知人、ファーストデート、カジュアルな関係、約束された関係、結婚してからでも起こり得るので

す。

彼女に、不安定さ、過剰反応、妄想癖、操作的な傾向、相手を罰そうとする傾向、異常な執着心、男嫌い、といった徴候が見られたら要注意です。そうしたタイプの女性は、あなたや他の男性にとって特に危険かもしれません。

第28章

すべての女性へ

「他人の意見を恐れて自分の中の真実を語るのをためらい始めたり、政策的な動機によって、上げるべき声を上げなくなったりした瞬間に、もはや聖なる光と命があふれ出て私たちの魂に流れ込むことは、なくなってしまう」
——エリザベス・キャディ・スタントン

すべての女性に知ってほしい第一のことは、女性が男性を虐待するのは、決してよいことではないということです。次に知ってほしい重要なことは、女性の中には男性を虐待する人もいるということです。

私たち女性は、自分に反男性的で女性寄りの偏見がないか、考えてみる必要があります。男性の女性に対する特定の行為を虐待だと思うのなら、女性が同じことを男性にすれば、それは虐待なのです。もしそうでないと思うのなら、なぜでしょう？

私たちの文化は、あたかも男性を女性より劣っているものとして扱うようになってしまいました。目を見開いてその証拠を見てください。男性は女性より頭が悪く、親として劣っていて、尊敬する価値がない、などと思われています。

メディアで、女性との関係の中で男性がどのように描かれているか注目してください。女性が男性に虐待行為をするのは当然で、傑作で、正当なものとして扱われています。それを受け入れるのをやめましょう。笑うのをやめましょう。それを称賛するのをやめましょう。

あなたの友人や母親や姉妹が男性にどう接しているか、注意を払ってみましょう。あなたは男性をどのように扱っていますか？　パートナーを尊重するべき、そしてパートナーからも尊重されるべきだと、娘たちに教えましょう。息子たちにも、パートナーを尊重するべき、そしてパートナーからも尊重されるべきだと教えましょう。そして、男性の中にも女性の中にも、虐待的な人がいることも警告しておきましょう。

女性による男性への虐待の現実を暗闇から引き出しましょう。多くの意味で、女性は、この問題を解決するためのよい立場にいるのです。男性がこの問題を取り上げようとしても、根拠のない愚痴だと思われがちです。女性の方が真面目に受け取ってもらえて、下心があるとは思われないでしょう。女性であるあなたは、変化を起こせる強い立場にあるのです。

第29章

セラピストや専門家への提言

「究極の悲劇は、悪人による抑圧や残忍な行為ではなく、それについて善人が沈黙することだ」――マーティン・ルーサー・キングJr

専門家による偏見

パートナーから虐待を受けている男性が、助けを求めようとしても信じてもらえなかったり、笑われたり、軽蔑されたりするのは、再び虐待を受けるようなものです。

専門家は患者を虐待するのが仕事ではありませんが、現実には、多くの専門家が知らず知らずのうちに（あるいは意図的に）虐待された男性に、さらに虐待を加えているのです。

女性による男性への虐待が起きていることを、カウンセラー、医師、警察官、牧師、活動家、その他の専門家が、もうとっくに認識してもいいはずです。そして、虐待の影響を受けている男性、女性、子どもたちを理解する支えとなるべきです。

女性による虐待は、長年の間、男性による女性への虐待に文化が目をつぶって来たことへの仕返しだという考え方をする人もいます。しかしそういう人は、その復讐心や誤った考え方について正直に自分と向き合ってみる必要があります。

アメリカの白人は、アメリカ先住民が白人の祖先にされたように家を取り上げられたり、独自の文化を消滅させるための寄宿学校に子どもたちを強制的に入れられたりするべきだと思いますか？

もしあなたが、一部の女性が男性を虐待し傷つけているという事実を認めることによって一部の男性が女性を虐待して傷つけているという現実が軽視されるなどと思うのなら、自分の生き方に疑問を持つべきでしょう。

すい臓がんを認めたからといって肺がんを軽視してもいいと思いますか？

どちらがより頻繁に起こるかにかかわらず、どちらも現実であり、破壊的であり、注意を要することに変わりはありません。

> 女性のパートナーから虐待を受けている男性が、助けを求めようとして信じてもらえなかったり、笑われたり、軽蔑されたりするのは、再び虐待を受けているようなものだ。

私たちは、みんなが仕返しの罰や復讐から離れたよい人生が歩めるようにする努力しなくてはなりません。女性による男性への虐待の起こる頻度が比較的低いからと惑わされてはならないのです。私は、女性から虐待されている、あるいは虐待されたと言う男性全員を信じろと主張しているわけでは、い、い、い、ありません。男性＝悪、女性＝善という二項対立的な思考を超えて、心を開き、個別の状況の真実を見極める仕事をしてほしいのです。

虐待的な人が、虐待されているのは自分の方だと偽る場合があることも忘れないでください。また、虐待が相互的である場合もあります。まず一次的な虐待があって、それに対してパートナーが、虐待のグラデーションのどこかに位置する行動で反応している場合もあるでしょう。すると、その行為がグラデーションのどこに位置するかを見極めるのは困難かもしれません。

専門家には次のようなことをしてほしいと思います。

- 専門家であるあなた自身に、反男性的および、あるいは女性寄りの偏見がないかチェックしてみてください。もしあれば、その原因と対処法を探る作業をしてください。
- 女性による男性への虐待について学んでください（本書を読んでくださるのはその第一歩です。第30章も参考にしてください）。
- 女性による虐待的行動を、割り引いて考えていれば、それに気づいてください。そのためのリトマス紙となるのが、男女を逆にした場合、それが虐待と見なされるかどうか考えてみることです。

- 男性にとって、心を開いて個人的な考えや感情を話すことや、虐待のターゲットになっていることを認めたり話したりするのが、いかに難しいことなのかを理解してください。
- 打ち明けようという、些細な兆しもキャッチしてください。そしてその扉がもっと開くよう手助けしてください。
- 表面より深いところまで踏み込んだ質問をしてください。たとえば、もし子どもがいるカップルで、妻の夫への虐待が疑われるようなら、その妊娠が計画的だったか尋ねてみましょう。返事によく耳を傾けて観察し、意図的な「偶然」の妊娠だったことを示す手がかりがないか見てみましょう。

あなたが配布している、パートナー虐待についての資料をチェックしてみてください。男性も虐待のターゲットになり得ると口先だけで述べ、それに続く文章では「彼」が虐待者で「彼女」が虐待を受ける側だという例ばかりを並べて（あるいはもっとひどく「彼」を加害者、「彼女」を被害者と決めつけて）いませんか？

虐待を受けている男性があなたに助けを求めても、あなたの配布した資料によって「男性＝悪」と繰り返し浴びせかけられると、その資料をしっかり読んだり理解したりすることが非常に困難になります。

パートナー虐待のターゲットとなる男性や、虐待をする女性を助けるための支援は圧倒的に不足しています。その空白は虐待のすべての関係者——男性、子ども、女性にとっての危機です。この空白を埋めるためにどう貢献すればよいか、私たち専門家の努力が重要です。
「見ようとしない人ほど盲目な人はいない」――ジョン・ヘイウッドからの引用。マヤ・アンジェロウの最後に録音されたインタビューより。

ある男性アール・シルバーマンの訴え

女性から虐待を受ける男性を助けようとして、多くの人が挫折と絶望を味わってきました。ある一人の活動家、アール・シルバーマンは、その惨めさに耐えられなくなり2013年4月に命を絶つことで終止符を打ちました。

彼は亡くなる3年前に、カナダのアルバータ州カルガリーの自宅にMASH（Men's Alternative Safe House：男性のためのシェルター）を開設しました。カナダで唯一のDV被害男性のためのシェルターでした。シェルターを閉鎖して家を売ることを余儀なくされるまでの間、そこは20人ほどの虐待を逃れてきた男性と子どもたちの避難所として機能していました。シルバーマンは、シェルターの食費と経費をどこからも得られず、ただ一人、自分だけでまかなっていたのです。そして資金が尽きたとき、シェルターと自宅を手放さなくてはなりませんでした。

彼自身も20年前にDVから逃れてきた経験がありました。当時助けを求めても、逆に虐待者として扱われ、アンガーマネジメントのクラスに入れられました。彼を「助けてくれる」はずの専門家から再び虐待を受けたと感じました。

友人が彼の苦悩についてこう述べています。「アールはとても思いやりのある人でした。感情が豊かで、大変率直で正直でした。公平さと正義を信じていました。彼は、ジェンダー権利や平等という実に単純で論理的なことが、これほど多くの人にとって得るのが不可能だったということに、20年の間、がくぜんとし続けていました」(1)。

カナダのナショナル・ポスト紙のジェン・ガーセン記者はアール・シルバーマンの訴えを、こう伝えています。「シルバーマン氏は自分の死が、男性への虐待の認識を高めてくれることを願っていると書き残しました」(2)。

第30章

リソース

「悪い統計は吸血鬼より殺すのが難しい」

――ジョエル・ベスト（『Stat-Spotting：A Field Guide to Spotting Dubious Data（怪しいデータを見抜くフィールドガイド）』より）

「人は、非常に強い核となる信念を持つことがある。その信念に反する証拠を突きつけられると、その新しい証拠を受け入れることができなくて、ひどく不快な感覚――認知的不協和――が生み出される。自分の核となる信念を守るのがあまりにも重要なため、それにそぐわないものがあれば、それを自分の信念に合うよう弁解し、無視し、否定さえすることがあるのだ」

――フランツ・ファノン（『Black Skin, White Masks（黒い肌、白い仮面）』より）

インターネット・携帯電話の情報

閲覧履歴を消去する方法

wikihow.com/Delete-Web-History

ウェブサイト・ヘルプライン

（注：虐待される男性のためのリソースは慢性的に資金もスタッフも不足しています。）

- Amen, UK: amen.ie, 046 9023 718
- ManKind Initiative, UK: mankind.org.uk, 01823334244
- Domestic Abuse Helpline for Men and Women, US: dahmw.org, 888-7HELPLINE/888-743-5754
- One In Three, Australia: oneinthree.com.au

精神疾患と人格障害について調べるための情報

- Psychcentral.com
- National Alliance on Mental Illness: nami.org
- National Institute of Mental Health: nimh.nih.gov
- Psychopathfree.com

- LightsHouse.org

自殺防止

- International hotline information: suicide.org
- US and Canada: SuicidePreventionLifeline.org, 800-273-8255
- Australia: lifeline.org.au, 13 11 14
- UK: samaritans.org, 08457 909090

記事、論文

（注：これらのリソースはネットで見ることができます。**あなたが虐待を受けている男性であれば、サーチの履歴を残さないよう注意してください。**閲覧履歴の消去についてはwikihow.com/Delete-Web-Historyを参照。）

Carney, Michelle, Fred Buttell, and Don Dutton. "Women Who Perpetrate Intimate Partner Violence: A Review of the Literature with Recommendations for Treatment." *Aggression and Violent Behavior* 12 (2007): 108–115.

Douglas, Emily, and Denise Hines. "The Helpseeking Experiences of Men Who Sustain Intimate Partner Violence: An Overlooked Population and Implications for Practice." *Journal of Family Violence* 26, no. 6

(2011): 473–485.

Dutton, Donald, and Tonia Nicholls. “The Gender Paradigm in Domestic Violence: Research and Theory.” *Aggression and Violent Behavior* 10 (2005): 680–714.

Dutton, Donald, and Katherine White. “Male Victims of Domestic Violence.” *New Male Studies: An International Journal* 2, no. 1 (2013): 5–17.

Hines, Denise, and Emily Douglas. “Intimate Terrorism by Women towards Men: Does It Exist?” *Journal of Aggression, Conflict and Peace Research* 2, no. 3 (2010): 36–56.

Kelly, Linda. “Disabusing the Definition of Domestic Abuse: How Women Batter Men and the Role of the Feminist State.” *Florida State University Law Review* 30 (2003): 791–855.

Leventhal, John. “Spousal Rights or Spousal Crimes: Where and When Are the Lines to Be Drawn?” *Utah Law Review*, no. 2 (2006): 351–378.

Randle, Anna, and Cynthia Graham. “A Review of the Evidence on the Effects of Intimate Partner Violence on Men.” *Psychology of Men & Masculinity* 12, no. 2 (2011): 97–111.

Shernock, Stan, and Brenda Russell. “Gender and Racial/Ethnic Differences in Criminal Justice Decision Making in Intimate Partner Violence Cases.” *Partner Abuse: New Directions in Research, Intervention, and Policy* 3, no. 4 (2012): 501–530.

追加情報

The quarterly journal Partner Abuse: New Directions in Research, Intervention, and Policy（編集長：John Hamel）は家庭内暴力についてのジェンダー・インクルーシブな全般的な役立つリソースです。

この論文のいくつかは*The Partner Abuse State of Knowledge Project*（ＰＡＳＫ）の結果を報告したものです。ＰＡＳＫは、アメリカ、カナダ、イギリスにおけるパートナー虐待に関する広範な学術報告です。ＰＡＳＫの結果を記した論文の５本は、ネットで無料で閲覧できます。http://www.ingentaconnect.com/content/springer/pa

書籍

Anderson, Peter B., and Cindy Struckman-Johnson, eds. *Sexually Aggressive Women: Current Perspectives and Controversies*. New York: Guilford, 1998.

Baker, Amy. *Adult Children of Parental Alienation Syndrome: Breaking the Ties That Bind*. New York: W. W. Norton & Company, 2007.

Baker, Amy, and Paul Fine. *Co-Parenting with a Toxic Ex: What to Do When Your Ex-Spouse Tries to Turn the Kids against You*. Oakland, CA: New Harbinger, 2014.

Cook, Philip. *Abused Men: The Hidden Side of Domestic Violence*. Westport, CT: Praeger, 1997.

Engel, Beverly. *The Emotionally Abusive Relationship: How to Stop Being Abused and How to Stop Abusing*. Hoboken, NJ: John Wiley & Sons, 2002.

Hamel, John. *Gender-Inclusive Treatment of Intimate Partner Abuse: Evidence-Based Approaches*. 2nd ed. New York: Springer, 2014.

Hines, Denise, Kathleen Malley-Morrison, and Leila Dutton. *Family Violence in the United States: Defining, Understanding, and Combating Abuse*. Thousand Oaks, CA: Sage, 2013.

Mason, Paul, and Randi Kreger. *Stop Walking on Eggshells: Taking Your Life Back When Someone You Care about Has Borderline Personality Disorder*. 2nd ed. Oakland, CA: New Harbinger, 2010.

Nathanson, Paul, and Katherine Young. *Spreading Misandry: The Teaching of Contempt for Men in Popular Culture*. Montreal and Kingston: McGill-Queen's University Press, 2001.

Pearson, Patricia. *When She Was Bad: How and Why Women Get Away with Murder*. New York: Penguin, 1997.

Real, Terrence. *I Don't Want to Talk about It: Overcoming the Legacy of Male Depression*. New York: Scribner, 1997.

Sheppard, Roy, and Mary Cleary. *Venus: The Dark Side*. Somerset, England: Centre Publishing, 2008.

Stout, Martha. *The Sociopath Next Door*. New York: Broadway, 2005.

本書著者アン・シルバースによる他の著書

“a quick look at” full-color booklet series

Demystifying Emotions

Talking With Tact

Listening That Works

Consultation, aka Problem Solving, Decision Making

Anxiety

Partner Abuse

Abuse OF Men BY Women

Booster card set series

Emotional Intelligence Booster

gives you the opportunity to practice the skills of labeling your emotions and expressing them with tact

Relationship Booster

introduces a relationship Top 40 qualities/skills (tact, respect, assertiveness, reflection . . .)

Conversation Booster

101 conversation starters with topics ranging from A to S — amusing to serious and everything in-between

Recordings

The Releasing Waterfall Hypnosis
Anti-Anxiety Hypnosis: Discover Calm
Quit Smoking Hypnosis: Break Free
Diet & Exercise Hypnosis: Get Fit & Stay Fit

著者のセルフヘルプ本についての新情報は、silverspublishing.comをご覧ください。

bating Abuse (Thousand Oaks, CA: Sage, 2013): 201–204.

(2) Shernock and Russell, "Gender and Racial/Ethnic Differences," 509.

(3) Ibid., 510, 513–516; Hines, Malley-Morrison, and Dutton, *Family Violence*, 203–204.

(4) Shernock and Russell, "Gender and Racial/Ethnic Differences," 510.

第24章

(1) Stout, *The Sociopath Next Door*, 6.

第29章

(1) Jen Gerson, "Man Who Ran Canada's Only Shelter Dedicated Solely to Male Victims of Domestic Abuse Dies in Apparent Suicide," *National Post*, April 28, 2013.

(2) Ibid.

Know (Light's House, 2012), 68.

(3) Ibid., 69.

(4) American Psychiatric Association, *Diagnostic and Statistical Manual of Mental Disorders*, 664, 668.

(5) Ibid., 659.

(6) Martha Stout, *The Sociopath Next Door* (New York: Broadway, 2005), 6.

第18章

(1) Tom Hopkins et al., *Selling All-in-One for Dummies* (Hoboken, NJ: Wiley, 2012), 11.

(2) Ibid., 14.

(3) Ben DeMeter, "4 Common Sales Techniques People Fall For," Investopedia.com, April 25, 2012.

(4) Hopkins et al., *Selling All-in-One for Dummies*, 16.

(5) Matt Thomas and Sháá Wasmund, *The Smarta Way to Do Business* (West Sussex, UK: Capstone, 2011), 131.

(6) DeMeter, "4 Common Sales Techniques."

第19章

(1) Terrence Real, *I Don't Want to Talk about It: Overcoming the Legacy of Male Depression* (New York: Scribner, 1997), 148.

(2) Ibid.

(3) Ibid., 36.

第20章

(1) Allison Tate, "The Change of Life," The Blog, HuffingtonPost.com, January 14, 2013.

第23章

(1) Stan Shernock and Brenda Russell, "Gender and Racial/ Ethnic Differences in Criminal Justice Decision Making in Intimate Partner Violence Cases," *Partner Abuse: New Directions in Research, Intervention, and Policy* 3, no. 4 (2012): 507–510; Denise Hines, Kathleen Malley- Morrison, and Leila Dutton, *Family Violence in the United States: Defining, Understanding, and Com-*

Morning News, February 19, 2010.
(4) Associated Press, "Jury Convicts Woman in Texas Stiletto Shoe Killing," *The Patriot-News*, Penn Live, April 8, 2014.
(5) Antonia Hoyle, "Why are so many MEN becoming victims of domestic violence? It's one of Britain's last remaining taboos, but abuse against men in the home is on the rise," *MailOnline*, December 4, 2013.

第9章

(1) Freeman v. Freeman, 146 Wn. App. 250 (2008).
(2) Freeman v. Freeman, No. 82283-2 (WA 2010).
(3) Freeman v. Freeman, 146 Wn. App. 250 (2008): ¶ 6.
(4) Ibid., ¶ 23.
(5) Freeman v. Freeman, No. 82283-2 (WA 2010): 1.
(6) Freeman v. Freeman, No. 82283-2 (Fairhurst dissenting).

第10章

(1) Associated Press, "Texas Woman Pleads Guilty to Sending Ricin to President," *USA Today*, December 11, 2013.
(2) Biderman, "Communist Attempts to Elicit False Confessions," 619.

第15章

(1) Christiane Northrup, M.D., *The Wisdom of Menopause: Creating Physical and Emotional Health and Healing During the Change* (New York: Bantam, 2001), 46.

第16章

(1) American Psychiatric Association, *Diagnostic and Statistical Manual of Mental Disorders*, 5th ed. (DSM-5) (Washington, DC: American Psychiatric Publishing, 2013).

第17章

(1) American Psychiatric Association, *Diagnostic and Statistical Manual of Mental Disorders*.
(2) Drew Keys, *Narcissists Exposed: 75 Things Narcissists Don't Want You to*

引用出典

第1章

(1) Kiju Jung et al., "Female Hurricanes Are Deadlier Than Male Hurricanes," *Proceedings of the National Academy of Sciences of the USA*, 111, no. 24 (2014): 8782.

(2) Donald Dutton, "The Gender Paradigm and the Architecture of Antiscience," *Partner Abuse: New Directions in Research, Intervention, and Policy* 1, no. 1 (2010): 18.

第2章

(1) Peter B. Anderson and Cindy Struckman-Johnson, eds., *Sexually Aggressive Women: Current Perspectives and Controversies* (New York: Guilford, 1998), 9.

第4章

(1) Beverly Engel, *The Emotionally Abusive Relationship: How to Stop Being Abused and How to Stop Abusing* (Hoboken, NJ: Wiley, 2002), 28.

(2) National Crime Prevention Council, *Stop Cyberbullying Before It Starts*, http://www.ncpc.org/resources/files/ pdf/bullying/cyberbullying.pdf.

第5章

(1) Anderson and Struckman-Johnson, eds., *Sexually Aggressive Women*, 4.

第7章

(1) Connor Kiesel, "Elyria Woman Bites Off Husband's Lip," *NewsNet 5 Cleveland*, March 9, 2012.

(2) Albert Biderman, "Communist Attempts to Elicit False Confessions from Air Force Prisoners of War," *Bulletin of the New York Academy of Medicine* 33, no. 9 (1957): 619.

(3) "Man Beaten with High-Heel on Waffle House Valentine's Date," *Savannah*

著者紹介

アン・シルバース（Ann Silvers, MA）

米国ワシントン州在住の認定カウンセラー、人間関係改善コーチ、著者。彼女は学術的な研究、パートナーから虐待を受けた個人的な経験、そしてパートナーから虐待されている、あるいは虐待している多くの男性や女性やカップルへの40年にわたるカウンセリングを通して、パートナー虐待というテーマに取り組み続けている。他者や自分との健全な関係を築けるよう、女性と男性の両方の幸福を支援することに力を注いでいる。本書『女性から虐待されている男性へ』によって最後のタブーのひとつとされるテーマに向き合っている。人間関係についてのセルフヘルプ書も多い。詳しくはhttps://annsilvers.com/で。

訳者紹介

上田勢子（うえだ　せいこ）

東京生まれ。慶應義塾大学文学部社会学科卒。1979年より米国カリフォルニア州在住。主な訳書に『イラスト版　子どもの認知行動療法』シリーズ全10巻、『LGBTQってなに？』『見えない性的指向　アセクシュアルのすべて――誰にも性的魅力を感じない私たちについて』『第三の性「X」への道――男でも女でもない、ノンバイナリーとして生きる』『ノンバイナリーがわかる本――heでもsheでもない、theyたちのこと』（以上、明石書店）、『わたしらしく、LGBTQ』全4巻、『教えて！哲学者たち――子どもとつくる哲学の教室』（以上、大月書店）、『レッド――あかくてあおいクレヨンのはなし』『4歳からの性教育の絵本――コウノトリがはこんだんじゃないよ！』『8歳からの性教育の絵本――とってもわくわく！するはなし』（以上、子どもの未来社）などがある。2人の息子が巣立った家に、現在は夫と1匹のネコと暮らしている。

女性から虐待されている男性へ
——女性はなぜ傷つけ、男性はなぜ留まってしまうのか

2025年1月31日　初版第1刷発行
2025年3月31日　初版第2刷発行

著　者　アン・シルバース
訳　者　上田勢子
発行者　大江道雅
発行所　株式会社明石書店
〒101-0021 東京都千代田区外神田6-9-5
電　話　03（5818）1171
FAX　03（5818）1174
振　替　00100-7-24505
http://www.akashi.co.jp
装丁　清水 肇（prigraphics）
印刷・製本　モリモト印刷株式会社

ISBN978-4-7503-5858-1
Printed in Japan　（定価はカバーに表示してあります）

男子という闇
少年をいかに性暴力から守るか

エマ・ブラウン［著］
山岡希美［訳］

◎四六判／並製／400頁　◎2,700円

全米各地で研究者、学校関係者や親子など数百名に聞き取りを行い男子の性加害・被害実態を調査。男子大学生の22%が入学前に性暴力を振るった経験をもつ国の、語られざる物語を紡ぐ。男らしさの常識に挑み、あるべき性教育を模索する、この時代の必読書。

《内容構成》

〈価格は本体価格です〉